谨以此书祝贺武汉大学恢复法科教育四十周年

国家社科基金一般项目“中华法文化的
话语体系研究”(18BFX026)阶段性成果

中国传统监察法制与司法文明

陈晓枫　钟盛　等　著

WUHAN UNIVERSITY PRESS
武汉大学出版社

图书在版编目(CIP)数据

中国传统监察法制与司法文明/陈晓枫等著.—武汉：武汉大学出版社,2019.5
ISBN 978-7-307-18279-0

Ⅰ.中…　Ⅱ.陈…　Ⅲ.监察—法制史—中国—古代　Ⅳ.D691.49

中国版本图书馆 CIP 数据核字(2018)第 298212 号

责任编辑:陈　帆　　责任校对:汪欣怡　　版式设计:马　佳

出版发行：**武汉大学出版社**　(430072　武昌　珞珈山)
(电子邮箱：cbs22@ whu.edu.cn　网址：www.wdp. com.cn)
印刷:武汉中远印务有限公司
开本:720×1000　1/16　印张:17.75　字数:242 千字　插页:1
版次:2019 年 5 月第 1 版　　2019 年 5 月第 1 次印刷
ISBN 978-7-307-18279-0　　定价:60.00 元

前　　言

中国传统的公权力体系，分为出令、行政、司法和监察四个支系统。监察权的行使，“无所不监，无所不察”，肃正百官而纠不法，其中相当一部分职权内容，从其他法系的视角来看，就是属于司法制度。监察纠弹案件，除了一部分是司法审判的案件来源之外，司法审判本身也是监察制度的监督对象，冤错案件在诉冤复审不能得到纠正者，经过纠举不法又重见天日的，历朝历代屡见不鲜。因此，中国传统的司法与文明中，存在着一个以官员对重点对象的监督纠错机制，这是传统司法文明的重要组成部分。由于中国自古有典型的权力一元化特点，这就决定了难以产生以西方式的分权为基础的机制。为了维护国家机器的正常运转，保证国家职能的顺利实现，统治者需要制定针对权力运行过程的有效监督制度，监察制度因此应需而生。该项制度自产生之后，随着历朝的职官制度发展而不断变化，形成了诸多鲜明的特点。从制度设计来说，它以御史监察为中心，并衍生出繁多的监察职官和赋权。它由皇权派生，其权力来自君主，并只向君主负责，具有相对独立性。在实施中，监察制度直隶于皇权，简易高效，其肃正官秩的作用十分明显；同时，监察官员处理案件，追逐绩效，甚至卷入派系斗争，办案中刑酷肆滥，不遵守秩序成法，也是必须警视的历史教训。概言之，中国古代监察制度的发达是中央集权的必然产物，发达的监察体系也为中央集权提供了有力保障。它以治官为要点，不仅蕴涵了传统国家治理中独有的政治智慧和法律理念，而且对于当前如火如荼展开的国家监察体制改革而言，其经验教训、成败得失亦具有宝贵的借鉴意义，这都是应该予以深入挖掘的制度文化财富。

基于以上认识，武汉大学司法文明协同创新中心“中国特色司法制度”研究团队举办了“中国传统职官法中的行政与司法”学术研讨会。许多著名学者与青年才俊共聚一堂，共同研论传统监察制度及相关的行政、司法问题，会议达成广泛共识，研究结论亦具有较高的学术价值。在会议研讨成果的基础之上，本研究团队进行了深入的探研，得以萃成此书。本书以朝代顺序为纲，不仅对历史上监察制度的流变情况作了细致梳理，而且还以专题研究形式对监察及相关制度进行深论；不仅对域外监察制度的成功经验予以关注，而且还对当前监察体制改革所面临的问题作出回应。总之，本书力求实现研究广度与深度的有机融合，反映出对于监察制度的最新研究成果。这一成果推出刊世，以此就教于广大读者和业界方家，冀求“以鉴于往事，有资于治道”。

本书各章节的具体分工情况如下：

第一章　陈子远

第二章　第一节　于澜　　第二节　赵蕊　第三节　王佳红　第四节　钟盛

第三章　第一节　肖普焮　第二节　周波　第三节　周波　第四节　邹娟

第四章　第一节　彭宝龙　第二节　彭宝龙　第三节　金潇

第五章　第一节　张雅雯　第二节　陈晓枫、张实根

第六章　王雨潇

第七章　柳正权、黄雄义

全书由陈晓枫提出总体构想，拟定大纲，由钟盛统稿完成。

司法文明协同创新中心研究员　陈晓枫

2018 年 7 月

目　录

第一章　监察、行政与司法均势的文化式样 …………………………… 1

第二章　秦汉至南北朝：监察制度发源与发展 …………………………… 19

第一节　秦汉的监察制度 …………………………… 19

第二节　魏晋南北朝时期监察制度的发展与变化 …………………………… 40

第三节　专论：两汉司隶校尉司法职能的行使及其文化意涵 …………… 63

第四节　专论：从丞相司直到廷尉司直 …………………………… 76

第三章　隋唐宋元：监察制度的成熟期 …………………………… 89

第一节　隋唐时期监察制度 …………………………… 89

第二节　宋代监察制度的多样化趋势 …………………………… 111

第三节　元代的监察制度 …………………………… 132

第四节　专论：唐代刑部尚书与《周礼》大司寇的职能比较 ………… 143

第四章　明清：监察制度的巩固与强化 …………………………… 156

第一节　明代的监察制度 …………………………… 156

第二节　清代的监察制度 …………………………… 170

第三节　专论：明大诰贯彻中的司法与行政问题 …………………………… 180

第五章　民国监察权制度的党政分立 ………………………………… 198

第一节　民国初期监察制度的探索 ………………………………… 198

第二节　专论：训政时期监察权之二元配置 ……………………… 220

第六章　域外监察专员制度 ………………………………………… 242

第七章　问题与回应：中国御史文化视域下的监察委员会创制 ………… 266

第一章　监察、行政与司法均势的文化式样[①]

步趋之下，难觅灼炬；揆诸历史，或可开新。当前监察改制的现实基础是反腐需要，理论依托是分权学说，历史资源则是中国两千多年的监察制度和相应的法政文化。陈顾远先生谓“监察制度，中国之特有也”[②]。保持国家政治权力分支间的均势制衡，是权力结构这一重要的政治上层建筑方面的中国传统智慧，古代祚命数百年的王朝多善用之。本章尝试对相关法律史进行宪法文化理解。

如何让国家政治权力像西西弗斯推石头上山那样自缚前行是个经久不衰的话题。监察改制的实质是国家政治权力结构的调整，国家监察组织定位为兼有行政和司法权的反腐败机关似显权宜，何不直接定性为国家政治权力的监督机关？中国行政机关缘何可以行使一定的司法权，该种司法权的行使又何以不用遵循司法常经(规律和原理)？这与中国传统法政文化对法律与治理的认识、对司法的理解以及国家政治权力分支间的均势制衡观念和实践有深刻渊源。

一、解说关键词得到的启示

有关法律与治理的中国思想堪称宏富，字义对于理解这些思想观念的渊

---

① 本章系中国博士后科学基金第58批面上一等资助项目“宋代州府司法职权配置的经验与理性”(资助编号：2015M580683)的阶段性研究成果。

② 陈顾远：《中国法制史》，商务印书馆1934年版，第160页。

源意义非凡。清中期著名学者孙星衍评价汉许慎的文化贡献称："唐虞三代五经文字毁于暴秦而存于说文。说文不作，几于不知六艺；六艺不通，唐虞三代古文不可复识，五经不得其本解。"①汉代对文字的解说蕴含了中国古人对法的价值及其判断标准、法的功能、法的适用等问题的基本认识。

中国古代所称"监察""行政""司法"等，内蕴了对一元统治权的当然服从。国家政治权力整体上具有行政性，各权力分支是同一源头下的分工配合关系，权力属性并无实质不同。这一方面制约着今日所谓司法权的依法独立公正行使，另一方面也形成国家政治权力的其他分支可以行使一定司法权的文化现象。这一理解源自相关文字的意义勾连，如"政"与"正""是""直"，"司"与"臣""牵""君""尊"，"法"与"刑""刭""荆""律""平""直"，"监""察"与"覆""御""史"，等等。

中国古代"行政"的本质与法的价值重合于"直"，"直"既是事实判断也是价值判断，这是理解司法权以外的国家政治权力分支可以行使一定司法权的关键点。以言"行政"。"行，人之步趋也"，"政，正也"，"正，是也"，"是，直也"，"直，正见也"。② 据此可以认为，行政的本质涉及是非判断。以言"司法"。"司，臣司事于外者。从反后。"也就是说，"司"主要是指臣属居外做事，引申为执行。进一步理解需要考察这里面的关键字"臣"。"臣"与"牵"通释，"臣，牵也。事君也。象屈服之形"。"臣"作为象形字与"君"对称，意指屈服事君。"牵"也是个象形字，"引前也。从牛，象引牛之縻也"。这样看来"臣"相对于"君"的地位不过是执鞭坠镫，就像走在牛车前面牵住绳套的引路人。比较"臣"所服务的对象"君"，印象会更加深刻。"君，尊也。从尹。发号，故从口。古文象君坐形。"处于高贵地位，向人发号施令，还能从容入座，君其显赫矣。而与"君"通解的"尊"，释义为"酒器也"，"周礼六

① （汉）许慎撰，（宋）徐铉校定：《说文解字》（大字本），中华书局2013年版，《孙氏重刊宋本说文序》第1页。

② （汉）许慎撰，（宋）徐铉校定：《说文解字》（大字本），中华书局2013年版，第151、246、131、1048页。

尊：犧尊、象尊、著尊、壶尊、太尊、山尊，以待祭祀宾客之礼”。① 按照周代礼制，能在国家祭祀大典上有酒喝并且享受宾客待遇的显然非等闲之辈。伴随皇帝制度确立后“君”的地位上升，君尊贵、臣卑贱这一“司”的内在规定性得到强化。再说“法”。古字“灋”与“刑”“刭”互训，即“灋，刑也”，“刑，刭也”，“刭，刑也”。单看这些还是言不及义，不过“刑”的异体字“荆”释义比较清晰，“罚辠(罪)也”。可见古人理解的法的基本功能是罚罪。作为会意字，“灋”除了与“刑”可以互相解释外，还蕴含一定的法律价值观念。“平之如水，从水。廌，所以觸不直者去之，从去”，结合对象形字“廌”的理解，“解廌兽也。似山牛，一角。古者决讼，令触不直”，广为引用的这些文字凸显了“法”的原初价值是“平”和“直”。又，“平，语平舒也”，“直，正见也”。判断“平”“直”的基本标准是明辨是非。再者，“律，均布也”，蕴含了法律适用的普遍性。②

所以，一方面，“司法”注重维护“法”的“平”和“直”的价值，并且在明辨是非的意义上与“行政”理念重合，这是值得肯定的；另一方面，在国家政治权力整体具有行政性的时代，这也使得“司法”并不具有显著区别于国家政治权力其他分支的特殊属性，依法独立公正行使司法权的空间不大。司法本身内蕴了对一元统治权的屈服事从，国家政治权力的其他分支在一元统治权的授意下行使一定的司法权，也就不是司法规律和原理可以解决的问题了。中国古代的“监察”就是个典型例子。“监，临下也。”强调上级对下级的监督，并未言及反向制约。“察，覆也。”徐铉注：“祭祀必天质明，明察也，故从祭。”这意味着复核、复审是监察工作的主要方式，并且以事后处理为常态。明察秋毫对监察人员的业务素养也有比较高的要求。即便如此，通过考察中国古代主要监察官“御史”的字义，也不难发现作为国家政治权力重要分支的

① (汉)许慎撰，(宋)徐铉校定：《说文解字》(大字本)，中华书局 2013 年版，第 724、239、93、103、1233～1234 页。

② (汉)许慎撰，(宋)徐铉校定：《说文解字》(大字本)，中华书局 2013 年版，第 786～787、382、1048、345～346、400、150 页。

"监察"对一元统治权的依附性。"御，使马也。"徐锴曰："卸车马也。"行驶和装卸车马"皆御者之职"。"史，记事者也。从又持中，中正也。"①虽然作为职官的"史"应有秉笔直书的"中正"品性，"御史"依然具有一元统治权仆从的性质。无论从监察官的名称还是司法的内在规定性看，中国古代所称"司法""行政""监察"在执行一元统治权的指令意义上并无本质区别。国家政治权力的不同分支都有可能行使一定的司法权，是由这种法政文化决定的。基于社会学和文化学者对文化的一般理解，作为人类整体生活方式一部分的许多文化观念是一以贯之的，在人们选择行为的价值观念指令意义上，其中部分影响仍及于当代。② 以当今中国官方理解的广义司法为例，"公检法司安"均被视为司法机关。③ 这与司法权专指审判权的西方法理不同。

二、国家政治权力各分支均势制衡的观念

九百多年前，大器晚成的秦观一口气向宋哲宗进献了"策三十篇，论二十篇，序一篇"。这些政论文贴近现实，不为空谈，多有言及"主术""治势""法律"者。秦观所称"常使两者之势适平，足以相制，而不足以相胜"，实质上说的是今称行政权与监察权之间的均势制衡。④ 淮海先生强调二者既分工合作又相互制约，其关键在于实际制约能力的落实。斯言诚可谓"思想与宗教大奔流"时代的长河一浪，⑤ 也是中国古代国家政治权力配置上均势制衡观念的

① (汉)许慎撰，(宋)徐铉校定：《说文解字》(大字本)，中华书局2013年版，第657、579、150、235页。

② [美]戴维·波普诺：《社会学》(第11版)，中国人民大学出版社2007年版，第72页。

③ 除了公安机关、检察机关和法院以外，司法行政机关和国家安全机关在中国也被视为司法机关。

④ 秦观元祐三年(1088年)应制科(即贤良方正能直言极谏科)时虚岁已四十，初入秘阁校订黄本书时仍很潦倒，邻居因"日典春衣非为酒，家贫食粥已多时"而接济其米粮。参见(宋)秦观撰，徐培均笺注：《淮海集笺注》(上)，上海古籍出版社1994年版(2010年重印)，前言第16页及正文508页。周勋初等：《宋人轶事汇编》(四)，上海古籍出版社2015年版，第1737页。

⑤ 这也许是小岛毅所说宋代总能让人深思的一部分。[日]小岛毅：《中国思想与宗教的奔流：宋朝》，何晓毅译，广西师范大学出版社2014年版，前言第15页。

精确表达。

先要明确的是，国家政治权力配置方面的均势制衡观念不是中国古代法政思想家已经抽象出来的理论，而是本章努力呈现的法律史解释。即使中国古代没有形而上的分权制约等国家法权理论，并不意味着政治实践中没有权力分工和制约的事实。立足现有时空环境的法律史解释，需要对既往法政现象怀抱理解基础上的共情。① 着眼于政治实践中不同分支权力系统所造就的威势之间的相互制衡，而非汲汲于形而上的分权理论，是中国传统政治务实的重要表现。这种政治原则和国家法权理念也贯穿于整个官僚体制的每一条支脉，是实践中沉淀下来的国家政治权力监督智慧。

国家政治权力依托政治组织来实现，由此形成国家政治权力的不同分支。皇权政治下的官僚系统是国家和社会治理的主体。国家政治权力的分支体现为不同官署分曹、分案治事，不同官署的职权集中表现为属官的政治作为，涵盖今时所谓立法、行政、司法诸事宜。皇帝制度确立后，中国两千多年政治文化最突出的特点是一元权力核心统摄的国家政治权力只能在封闭系统内自上而下地单向度传递。② 整个国家整体性不可分割的一元权力集中于以皇帝为符号的个人，皇帝主权下所有官僚机构及其官员的政治权力在源头意义上均来自对君上统治大权的分割，这种分割主要通过自上而下的授权，分授的权力整体上统属于行政权，与今时所谓立法、司法、监察等权力同样都是从整体性一元统治权派生出来的。所有这些整体上属于执行一元统治权威决策意志的行政性权力，基于维护一元统治权所需要的平衡，从权力分工行使和相互制约的角度去理解，在中国古代大致可以归为两类：一类是行政权（“司法”可理解为其中一部分），一类是监督行政权的权力即监察权。监察权

① 庞德认为，法律史的解释须结合特定时空的具体社会环境。陈景良称：“用现实的眼光洞察法史，于法史研究中体悟现实。”参见［美］罗斯科·庞德：《法律史解释》，邓正来译，商务印书馆2013年版，第5、30页。陈景良：《用现实的眼光洞察法史，于法史研究中体悟现实》，《法学研究》2009年第2期。

② 陈晓枫、柳正权：《中国法制史》（上册），武汉大学出版社2012年版，第293页。

又区分为“谏官”和“言官”两个子系统，在皇权的一元统治下大体分别负责谏上和察下，形成对行政执行性权力的有效监督和制约，并且监察权自身也受到行政权的反向制约。①

国家政治权力结构这一政治上层建筑，需要从法律与治理的关系等更广阔的视野去认识和理解。从“霸王道杂之”到“综合治理”，无不表明单一治理方略的局限性，“法治”亦然。② 就法政思想史而言，先秦时期完整的法家思想是将“术”“势”“法”通盘考虑的，三者交互为用，相辅相成。重“势”是中国政治的务实面。这从相关成语之多可见一斑，“抱法处势”“兵无常势”“势均力敌”“势如破竹”“势在必行”“因势利导”“趋炎附势”皆其类。慎到言及“势位”之“足恃”和“贤智”之“不足慕”，意思是不管成事还是败事都得靠权力带来的威势和地位。他打了个形象的比喻，龙蛇如果不是腾云驾雾，跟“螾螘”(蚯蚓、蚂蚁)就没什么区别。韩非则认为“释贤而专任势”不足为治，权力具有的威势是把“双刃剑”，“贤者用之则天下治，不肖者用之则天下乱”。韩非区分“自然之势”和“人设之势”，他指出后者的一般规律是“抱法处势则治，背法去势则乱”③。以今日话语解读，其中具有一定的职权法定意涵，即要明确国家政治权力行使的边界。一元权力核心的统治术多被抽象为某种理想的政治观念，立足社会现实审时度势后往往借助法律等手段去达成，“术”“势”“法”三者其实是理想、现实和行动的关系。汉儒修饰后的“法治”貌似已不具有本来面目，其实已经沉淀了先秦精神并后继有人。在国家政治权力结构层面强调各权力分支间的均势制衡算是政治上的一种远见。这在中国古代属于君主驾驭臣下的“君道”和“君术”。保持国家政治权力分支间的均势制衡根本上是为了巩固一元权力核心的统治并安定社会秩序。为此，必要时不惜

① 陈顾远：《中国法制史》，商务印书馆 1934 年版，第 160~163 页。

② 《汉书》卷 9《元帝纪》。汉宣帝训导时为太子的汉元帝：“汉家自有制度，本以霸王道杂之，奈何纯任德教，用周政乎！”

③ 《韩非子·难势》。

藏弓烹狗，杀戮功臣。照此理解，贾谊“众建诸侯而少其力”的“治安策”也是为了维持各诸侯王之间的权势均衡以便控制。① 抽出君臣之象，均势制衡是一元权力核心均衡配置国家政治权力以维护政治秩序安定的关键，这既是理念也是举措。西汉中期以降渐次形成内朝官（或称中朝官）和外朝官的权力相互制衡的国家政治权力结构，这固然是皇帝集权的统治策略，政治实践中也确实长期在国家政治权力各分支系统相互之间形成比较有效的制约和平衡。

官制是承载国家政治权力的政治组织的重要制度表现。基于政务履行的实际需要而分设不同种类和层级的官职，每一职官对应一定的行政管理事务，均有相应法律保障或辅助其完成既定政务。宋代官制因循唐故而有所损益，重视官僚机构的相互制约和层级合作。“国朝建官遵用唐旧，上下相维之制益复详密。”②“上下相维”一方面表明官制设计中有层级高下之分，另一方面则强调不同层级官员各有职守而需要相互配合，也可以理解为其中隐然有权力分工制约的意识。权力制约的落实则有赖于官员个体恪尽职守。唐代崔沔为中书侍郎，时人对他说中书令是“承宣制命”的宰相，中书侍郎别太当回事，名义上是中书令的“副贰”，实际上不过是合署而已。崔沔反驳说，不然，“设官分职，上下相维，各申所见，方为济理，岂可俯默偷安而为怀禄士也”③。他认为恪尽职守是职官本分。范祖禹评价宋初中央收集地方权力的经验称，“上下相维，轻重相制，建置之道，最为合宜”，可见宋代发展了唐代的官制理念。④ “轻重相制”表明国家政治权力分支间应相互监督和制约以规范权力的正确行使。

与范祖禹同时代的秦观的认识，可谓国家政治权力均势制衡观念的代表。秦观把以“宰相执政”为主体的“政事之臣”比作“人主之股肱”，把以“谏官御

① 《汉书》卷48《贾谊传》。

② （宋）李心传：《建炎以来系年要录》卷68，绍兴三年九月壬申。

③ （宋）李昉：《太平御览》卷220《职官部·中书侍郎》。

④ 《宋史》卷337《范镇传》。

史”为主体的“议论之臣”比作“人主之耳目”，强调两者权势均衡，“二者不可偏胜，使之适平而已”。国家政治权力分支间如能真正均势制衡，君主等一元权力核心就有望垂拱而治，即“弁冕端委而无事”①。国家政治权力分支相制而不相胜，可以防止尾大不掉危及一元权力核心的统治。这种制衡而不制胜的均势制衡观念十分注重保持各政治权力分支间的力量平衡。秦观所谓的“势”以“力”为底气。国家政治权力各分支仅有政治正当性(主要是权力来源方面的政治正确)和权力合法性(主要是职权法定)意义上的权势还不够，还必须有现实的行动能力，即对其他分支权力的有效制约。所以淮海先生的政论文非常强调中央政府层面监察权与行政权的权势应该旗鼓相当。后世类似观念也不绝于史，本章以秦观之典型且置他论。

一言以蔽之，中国古代国家政治权力分支间的均势制衡不只是理论抽象，更是政治实践。权力分工与制约的效果关乎国祚命运。

三、国家政治权力各分支均势制衡的实践

监察权与行政权的均势制衡是历史上浓墨重彩的一笔。除了认为监察制度为中国所特有，陈顾远先生把中国古代的中央监察组织总称为“台谏”。“台”即御史台，是汇聚监察官员的官署；“谏”指谏官，专以“谏诤朝廷阙失”。② 详考历史，实际上台官(也称“言官”“察官”)和谏官的职责区分并不总是那么明显，存在职能交叉和相互替代的情况。以宋代的政治实践为例，史学研究多从“祖宗之法”的角度畅言“誓不杀大臣及言事官”。③ 法律史学者也认为：“宋代的国家元气在台谏，台谏与政府的斗争非常激烈。”④

---

① (宋)秦观撰，徐培均笺注：《淮海集笺注》，上海古籍出版社 1994 年版，第 507~508 页。

② 陈顾远：《中国法制史》，商务印书馆 1934 年版，第 160 页。

③ 参见《建炎以来系年要录》卷 4，建炎元年(1127 年)四月丁亥条，徽宗语。可参考邓小南、刘浦江、王曾瑜、杜文玉、周勋初等的研究。

④ 感谢王忠灿博士作如是说并提供宋代案例。

虽然汉代就有“封还”和“平署”等限制一元统治权的制度设计，但政治实践的效果并不理想。汉制，诏书须三公平署(连署)始生效。钟离意是汉代多次封还诏书的几乎唯一记载，这恐怕与其所处东汉中兴时代有很大关系。钟离意早年曾任会稽郡督邮，郡府将治下“县亭长受民鸡酒”一类的受贿行为记录在案以备考课，钟离意“封还记”，认为“春秋责重，先内后外，政化之本，由近及远。宜先清府内，且阔细微”①。作为一郡专司监察的属官，钟离意对于基层官吏贪污受贿不是熟视无睹，而是主张正人先正己，上级官署先得有表率。汉明帝性子急，“好以小察为明”，朝臣动辄得咎而多苟且避诛，钟离意“独犯颜论事，数封还诏书。群臣获怒者，辄救请之”②。相比之下，王嘉和陈蕃就没有那么好的时运。汉哀帝元寿元年(前 2 年)，丞相王嘉因为反对封赏董贤而封还诏书，后被严厉责问。③ 汉桓帝时，太尉陈蕃因李膺等具有“海内人誉”的“忧国忠公之臣”被宦官构陷，以“罪名不章”之由“不肯平署”诏书，后免官。桓帝绕过定制直接“下膺等于黄门北寺狱”的做法激起“天下士大夫”的公愤，普遍认为“污秽朝廷”，即当时朝政太肮脏。④ 伴随行政中枢由外廷向内朝转换，三省六部制逐渐形成，国家政治权力分支间的分工和制约越来越被制度设计和政治实践重视。监察权与国家政治权力其他分支间的均势制衡成为权力监督的关键。

近千万字的《宋会要辑稿》保存了宋代“台令”的几处节文，虽只数百字，却是研究宋代监察立法精神的宝贵资料。所谓“台令”，一种情况是指具有监察机关组织法性质的《御史台令》，如《崇宁重修御史台令》；另一种情况是指

① 《八家后汉书辑注·司马彪续汉书》卷 3《钟离意传》。
② 《后汉纪校注》卷 9《孝明皇帝纪》。
③ 《汉书》卷 86《王嘉传》。
④ 《后汉书》卷 67《李膺传》。

与御史台履行职权有关的其他法令，常称“本台条令”或“本台条法”。[1] 这些台令节文中，除涉及朝会礼仪和官员病休起复的监督外，多与监督和制约国家政治权力有关。[2] 一是“台参”制度。“台参”是唐宋时期文武官员新上任、趁赴朝参或有御史台官员新任时，前往御史台参谒御史台官员的一种礼仪制度。[3] 这一制度的政治意义是宣示所有的官员均应受到御史台的监察，体现了国家监察机关对国家政治权力各分支的监督和制约。宋高宗绍兴四年(1134年)二月一日，“诏南班宗室自今并赴台参”。起因是侍御史辛炳言此前有宗室未赴台参，违反了御史台关于台参的条令。[4] 二是监督尚书省集议。绍兴三年(1133年)四月十五日，御史台言：“今检准本台令，诸尚书省集议，轮御史一员监，告而不赴及不委议意而书者并弹奏，有异议者听具状论列。”[5] 三是两院御史点检三省、枢密院文簿。南宋初年，这一制度由于战乱几近荒废，绍兴三年(1133年)御史台主簿陈祖礼奏请恢复旧制，称“两院御史有分诣三省、枢密院取摘点检之文，监察御史有轮诣尚书六曹按察之制。凡奉行稽违，付受差失，咸得纠弹”。“两院御史”即殿中侍御史和监察御史，这在《御史台令》“总例”中已经明确。御史台随后详细查阅了台令节文，所据当为前述《崇宁重修御史台令》：“诸上下半年轮两院御史四人就三省、枢密院取摘诸房文簿等点检，中书、尚书省以仲月中旬，门下省、枢密院以仲月下旬。”可见，两院御史半年一度监察全国行政、军事机关的文书档案已有定制。

---

① 出于对辑者保存史料之功的尊重，本书引用点校本《宋会要辑稿》时特意补上其名字。参见(清)徐松辑，刘琳、刁忠民、舒大刚、尹波等校点：《宋会要辑稿》，上海古籍出版社2014年版，第143、2468页。

② (清)徐松辑，刘琳、刁忠民、舒大刚、尹波等校点：《宋会要辑稿》，上海古籍出版社2014年版，第2468、5156页。

③ 杨志玖：《释“台参”并论韩愈和李绅争论》，《社会科学战线》1982年第3期。

④ (清)徐松辑，刘琳、刁忠民、舒大刚、尹波等校点：《宋会要辑稿》，上海古籍出版社2014年版，第143页。

⑤ (清)徐松辑，刘琳、刁忠民、舒大刚、尹波等校点：《宋会要辑稿》，上海古籍出版社2014年版，第2458页。

门下省、中书省合并为一省后，御史台请示如何派员监察，诏令明确了“依点检中书省簿书条例施行”①。四是监察御史缺员时的职权代理。据绍兴十一年(1141 年)御史台援引本台令节文，“诸监察御史阙，牒殿中侍御史权，仍奏知。每员止权一察，余察官兼。若阙员多，两院御史分领”。原则上代理监察御史只能兼任吏、户、礼、兵、刑、工“六察”中的“一察”，由于当时监察御史缺员十分严重，“契勘监察御史即日止有一员，正管兵察，所有其余察见今阙官”，一时找不到合适人选，只能一人身兼多职，“殿中侍御史胡大明权礼、吏察，监察御史陈时举兼户、兵、刑、工察”。② 其实宋代御史缺员不是渡江前后政局不稳才有的现象，与对御史的职能定位和资格要求应有很大关系。神宗元丰五年(1082 年)，详定官制所言：“朝廷以天下事分六曹以治之，都省以总之，六察以案之。六曹失职，则都省在所纠；都省失纠，则六察在所弹。上下相维，各有职守。”③哲宗元祐五年(1090 年)六月，诏令御史中丞苏辙、侍御史孙升共同举荐监察御史二员。“三省”反对他们提出的人选，理由是“一员不曾实历通判，不应条，一员与执政官碍亲”，即不符合地方实务工作经历和任职回避方面的规定。苏、孙二人虽引吴安诗、刘唐老、司马康三人故事，谓“今来人才难得之际，若台官独拘苛法，必至阙官”，哲宗还是没同意，“诏依条别举”。④

宋代国家元气在台谏突出表现为言谏官员经常弹劾朝堂大臣。宋仁宗明道二年(1033 年)十月，御史中丞范讽弹劾宰相张士逊、枢密使杨崇勋，理由一是张士逊作为首相应对蝗灾旱灾不利，二是在百官上庄献太后谥册之际到

---

① (清)徐松辑，刘琳、刁忠民、舒大刚、尹波等校点:《宋会要辑稿》，上海古籍出版社 2014 年版，第 3459、3466 页。

② (清)徐松辑，刘琳、刁忠民、舒大刚、尹波等校点:《宋会要辑稿》，上海古籍出版社 2014 年版，第 3466 页。

③ 《续资治通鉴长编》卷 330。

④ (清)徐松辑，刘琳、刁忠民、舒大刚、尹波等校点:《宋会要辑稿》，上海古籍出版社 2014 年版，第 3465 页。

杨崇勋家饮酒，怠慢了群臣。结果二人均被贬官，“门下侍郎、兼兵部尚书、平章事张士逊罢为左仆射、判河南府，枢密使、山南东道节度使杨崇勋罢为河阳三城节度使、同平章事、判许州”①。皇祐三年(1051年)，殿中侍御史唐介弹劾当朝宰相文彦博，称其在益州知州任上送蜀锦给仁宗宠幸的张贵妃，因此获得相位。“知益州日，作间金奇锦，因中人入献宫掖，缘此擢为执政。”仁宗震怒曰：“介言他事乃可，至谓彦博因贵妃得执政，此何言也。”结果唐介被贬为“春州别驾”这一虚衔。② 宋哲宗元祐元年(1086年)，殿中侍御史林旦弹劾刑部侍郎崔台符，称其学行才识不足以胜任断狱，且“舞文罔陷，多失本情”，造成很多冤假错案，“台符实为首恶，曾不引退，尚敢安然据其职任，恐非所以慰安士民之望也”。结果刑部侍郎崔台符被调任潞州知州。③ 宋代史料中多见这类案例。当时监察官员通过弹劾权的行使，对行政官员和司法官员正确履行职权发挥了有效的权力监督和制约作用。

御史台的司法权多能通过诏令或行政性法典来明确，如“推鞫狱讼”“点检禁囚”等。《唐六典》明确了侍御史和监察御史的职分，“侍御史纠举百僚，推鞫狱讼；监察御史分案尚书六司，纠其过失”，宋初承继了这一制度，元丰年间已有变迁。元丰六年(1083年)五月十一日，御史黄降指出监察御史既当“运动员”又当“裁判员”不利于公正履职，“今推鞫狱事，独付察官，而近准朝旨，又以六曹定夺公事，亦送本察，即于检察职事有所妨废”。朝廷随即降诏明确了“六察”与“六曹”(即“六部”)的“分守”(职权范围)，“定夺文字送本曹。如合再定，即送御史台本察”。黄降当日就认为这一诏令不妥，从案件复杂性和审判专业性的角度他认为即使疑难案件也不能由御史台专擅。“事之最难者莫如疑狱。夫以州郡不能决而付之大理，大理不能决而付之刑部，刑部不能决而后付之御史台，则非甚疑狱必不至付台再定。若御史联事之众非

---

① 《续资治通鉴长编》卷113。
② 《续资治通鉴长编》卷171。
③ 《续资治通鉴长编》卷379。

如大理、刑部，必不能胜其责矣。近有旨：‘定夺文字送本曹，如合再定，即送本察。’臣愚以谓与夺刑名，事重体大，宜仍旧众官参定，余事则随曹付察。如此，则大小繁简皆得其称，是正疑谳罕有不当。”后来刑部提了个解决方案被诏准，“诸鞫狱、言事御史轮治；其定夺刑名，则众官参定；余事随曹付察”①。之所以不辞赘引，是感于当时御史台没有今所谓本位主义，不是为了揽权，而是为了妥善审理疑难案件。从国家政治权力结构或配置的角度去理解，这多少体现了权力分工制约的理念。绍兴三年(1133 年)正月十七日的一道诏令明确了御史台“点检禁囚”的职责，“御史台每季专委本察官一员，躬诣大理寺及应有刑职去处点检禁囚，淹留不决或有冤滥，并具当值官职位、姓名以闻”②。以上均表明宋代御史台作为监察机关而行使一定的司法权。

明清两代各有两三百年国运，这一时期部分时段出现的权臣现象是国家政治权力分支间均势制衡被打破的典型表现。在与执政权臣的行政性权力抗衡时，御史监察权往往处于劣势，这是政治难以清明的重要原因。嘉靖四十五年(1566 年)二月，时任户部主事的海瑞以“治安疏”惊醒了痴迷修仙、荒废国事的明世宗。耿直刚正的海瑞上书前就做好了赴死准备，买好棺材，诀别妻儿，遣散童仆。在其振聋发聩的言说中，嘉靖帝的重大过错之一是纵容外忠内奸的权臣严嵩父子乱国。“用人而必欲其唯言莫违，此陛下之计左也。即观严嵩，有一不顺陛下者乎？昔为同心，今为戮首矣。”言外之意是说，嘉靖皇帝想要培养个能干忠顺的奴才的愿望算是落空了，严氏父子结党营私、卖官鬻爵无以复加，再不收拾这些人，恐怕国将不国。加上严厉批评皇帝的其他说辞，也难怪嘉靖看后暴怒，“趣执之，无使得遁”！要不是徐阶极力周

① (清)徐松辑，刘琳、刁忠民、舒大刚、尹波等校点：《宋会要辑稿》，上海古籍出版社 2014 年版，第 3454~3455 页。

② (清)徐松辑，刘琳、刁忠民、舒大刚、尹波等校点：《宋会要辑稿》，上海古籍出版社 2014 年版，第 3458 页。

旋，嘉靖静心反思，海瑞早无可能延命二十余年，卒于南京右都御史任上。①在权臣总揽朝政时期，皇帝的想法有时很难落实。明神宗万历年间多次想重用海瑞，都因张居正阻挠而未果。“上数欲召用瑞，执政阴沮之。”②说的就是海瑞罢官后赋闲在海南老家的那段历史。历史表明行政权力坐大时最不希望受到国家政治权力其他分支的制约。辽东巡按御史刘台在与当国执政张居正的斗争中落败更说明了这一问题。刘台弹劾张居正“专擅威福，如逐故辅高拱，私赠成国公朱希忠王爵，引用张瀚、张四维为党，斥逐言官余懋学、傅应祯等”不法情状。结果张居正反称刘台违背师生之礼并声言辞官，“台为臣所取士，二百年来，无门生劾师长者，计惟一去谢之”。万历皇帝连忙好生抚慰并将刘台下狱。③ 宋时国家元气在台谏之象从此罕见，国家政治权力分支间的均势制衡已难维持。

清末因应千年局变，本着“中体西用”原则改良政治而变法修律。光绪三十二年(1906年)开始筹备，宣统二年(1910年)正式开院的资政院具有临时国会的性质，“弹劾军机案”虽因民党不再坚持而取消，隐然是近代立宪意义上立法权对行政权的监督和制约。④ 深町英夫研究近代广东的政党、社会与国家时，探讨了中国国民党及其党国体制的形成。⑤ 越过民国初年几部宪法性文件不论，最能体现中国国民党以党治国的是1931年《中华民国训政时期约法》以来的宪法性文件。按照孙中山的建国分期说、区分政权和治权的理论以及五权宪法思想建构的国家政治权力，在宪法文本中的表达与政治实践割裂，最终结果是政治正当性和政权合法性的丧失。基于对“训政约法”“五五

① (清)夏燮撰，沈仲九标点：《明通鉴》，中华书局2013年版，第2531~2533、2742页。

② (清)夏燮撰，沈仲九标点：《明通鉴》，中华书局2013年版，第2742页。

③ (清)夏燮撰，沈仲九标点：《明通鉴》，中华书局2013年版，第2648~2649页。

④ 张玉法：《清季的立宪团体》，北京大学出版社2011年版，第296、322~324页。

⑤ [日]深町英夫：《近代广东的政党·社会·国家：中国国民党及其党国体制的形成过程》，社会科学文献出版社2003年版，第264~265页。

宪草”“46 宪草”“47 宪法”文本的考察，可以形成以下认识：第一，立宪精神和指导思想蕴含权力制约观念。孙中山先生的建国三时期说、三民主义、五权宪法以及区分政权与治权的思想是民国立宪的精神，基于国家权力来源于国民托付或人民同意的西方法政理论，国家政治权力的构造以分权制约为重要原则。这在上述文本中均有所体现。① 第二，从执政党的统治权转向代议机关行使政权。“训政约法”虽明确了“主权属于国民全体”，却规定“训政时期由中国国民党全国代表大会代表国民大会行使中央统治权。中国国民党全国代表大会闭会时，其职权由中国国民党中央执行委员会行使之”。按照孙中山“政”“治”区分的设想，“训政约法”明确了人民的四种“政权”，即“选举、罢免、创制、复决四种政权之行使由国民政府训导之”；同时规定了政府的五种“治权”，即“行政、立法、司法、考试、监察五种治权由国民政府行驶之”。关于政府的组织，规定“国民政府总揽中华民国之治权”，“国民政府设行政院、立法院、司法院、考试院、监察院及各部会”。不过“训政约法”并未指出五种治权之间以及五院之间的关系。这些规定给今人的突出印象有二：一是被代表的人民；二是无所不能的政府。“五五宪草”规定“中华民国之主权，属于人民全体”，“47 宪法”称“中华民国之主权属于国民全体”并申明

① “训政约法”即 1931 年 6 月 1 日《国民政府公报》第 786 号公布的《中华民国训政时期约法》，其对立法精神和指导思想的表述为“国民政府本革命之三民主义、五权宪法以建设中华民国。既由军政时期入于训政时期，允宜公布约法共同遵守，以期促成宪政，授政于民选之政府。兹谨遵创立中华民国之中国国民党总理遗嘱，召集国民会议于首都，由国民会议制定《中华民国训政时期约法》如左”。“五五宪草”即 1936 年 5 月 5 日《国民政府公报》第 2039 号宣布的《中华民国宪法草案》，称“中华民国国民大会受全体国民托付，遵照创立中华民国之孙先生之遗教制兹宪法，颁行全国，永矢咸遵”。“46 宪草”即 1946 年 11 月 22 日由立法院通过并于同月 28 日提交制宪国民大会的《中华民国宪法草案》(《国民政府公报》第 2688 号)。“47 宪法”即 1946 年 12 月 25 日由国民大会通过、1947 年 1 月 1 日《国民政府公报》第 2715 号公布、自 1947 年 12 月 25 日施行的《中华民国宪法》，称“中华民国国民大会受全体国民之托付，依据孙中山先生创立中华民国之遗教，为巩固国权，保障民权，奠定社会安宁，增进人民福利，制定本宪法，颁行全国，永矢咸遵”。参见荆知仁：《中国立宪史》，台北联经出版事业公司 1984 年版，第 526、534、594、613 页。

“国民大会依本宪法之规定，代表全国国民行使政权”①。人民主权和代表行使的原则才得以彰显。第三，国家政治权力分支间的均势制衡。“五五宪草”明确了国民政府五院的法律地位和五权的性质。五院分别为中央政府行使五项治权的最高机关，除行政院对总统负责外，立法院、司法院、考试院、监察院均对国民大会负责。② 鉴于“47 宪法”与“46 宪草”的多数表达一致，更有必要重点分析。就政府五院与国家元首的权力制约来说，一方面，总统对行政院、司法院、考试院主要官员的任命有提名权，具体包括行政院院长，司法院院长、副院长、大法官，考试院院长、副院长、考试委员；另一方面，总统提名的行政院院长须经立法院同意才能任命，总统提名的司法院和考试院主要官员须经监察院同意才能任命；总统依法公布法律或发布命令都需要副署，要么是行政院院长的副署，要么是行政院院长会同有关部会首长一起副署；总统依法发布紧急命令事后须经立法院追认。就政府五院之间的权力制约来说，主要体现为立法院对行政院长的任命之同意权，监察院对司法院院长、副院长、大法官以及考试院院长、副院长、考试委员的任命之同意权。此外，监察院所承载的监察权对国家政治权力的其他分支享有广泛的监督权力，监督的主要方式除了同意还包括弹劾、审计等。③ 值得注意的是，中国历史上监察机关行使一定司法权的制度在民国宪法性文件中已经难觅踪影，但并不意味着政治实践中这一法政文化现象的销声匿迹。事实上，以戡乱剿匪之名严格党禁以及军事特务组织对紧急状态法的滥用，正是非司法机关行使司法职权这一中国法政文化现象的再现。国家政治权力分支间均势制衡的

---

① 详见“训政约法”第 2、30、31、32、65、71 条；“五五宪草”第 2 条；“46 宪草”第 2 条；“47 宪法”第 2、25 条。荆知仁：《中国立宪史》，台北联经出版事业公司 1984 年版，第 526~533、594、613~615 页。

② 详见“五五宪草”第 55、59、63、76、77、83、84、87 条。荆知仁：《中国立宪史》，台北联经出版事业公司 1984 年版，第 539~545 页。

③ 详见“47 宪法”第 37、43、55、79、84、90 条。荆知仁：《中国立宪史》，台北联经出版事业公司 1984 年版，第 618~624 页。

破坏往往是政治崩溃的重要原因。

四、结语：对当前监察改制的法政文化省思

中国的监察组织可以行使一定的行政权和司法权，实质上是一元权力中心主导下的法政文化现象，其在观念层面与对法律和治理关系的认识、对司法的理解以及国家政治权力分支间的均势制衡有关。就国家政治权力的分工行使和相互牵制而言，中式均势制衡与西式分权制约互相轩邈，其中监察权兼行政与司法的利弊于监察改制之际尤其需要从法政文化层面去省思。

言及国家政治权力的构造，不管区分为多少项分支权力，要保持各权力分支间的权势持平，任何分支都不应当具有显著超出其他分支的能力，是所谓相制而不相胜。国家政治权力构造要想形成这种平衡的政治生态，还需要高明的制度设计和有效的实施机制，以协调权力制约和政治效率的关系。清末民国以来，中国社会在内外压力下面临千年变局，政治权威主体由以皇帝为符号的君主个人转变为以执政党为符号的政党组织，权力集中的政治理念继续沉淀与更新，国家政治权力各分支之间的均势制衡理念在“五权宪法”体制框架内继续延伸。这种一以贯之的政治文化和权力配置模式固然可能影响行政效率，用得好时也有利于保障国家政治权力的正确行使。历史的启示是，除了在国家政治权力结构上尽可能保持各权力分支间的均势制衡，明确它们各自行使的边界和规则，还要真正落实权力监督和制约的体制机制，把人民监督的权利能力转化为真正的行为能力。

中华人民共和国成立以来，执政党的纪律检查组织与政府监察部门合署办公成为制度特色。当前监察体制改革将正在地方试点的国家监察委员会定位为反腐败机关，整合了纪委、监察、检察的相关职能以及制度和实践资源，但未必是一劳永逸的反腐败制度设计。长远看来，国家监察组织应定性为政治权力的监督机关。当前监察改制即使只是为了反腐，也应立足于腐败产生的法政文化根源，进行标本兼治的制度设计。撇开经济因素和社会因素不论，

单从法政文化层面看，政治权力腐败的原因主要是两点，一是国家政治权力结构不够均衡，二是法律的不平等适用。前者易造成政治权力分支系统内的结构性腐败，后者体现为柔性执法滋生的腐败。前者作用于国家政治权力分支系统内官员的迁升冲动，容易在上下级官员之间形成宗法式依附关系，区分所谓自己人和非自己人，政治忠诚往往比腐败行为更受重视。① 这与历史上允许官员通过耗羡获取灰色收入是一个道理。后者是因为基本立法的宏观和疏阔为法律的选择性适用预留了豁口。二者的共同点是将相对处于优势的政治权力变现为经济利益。史为今鉴，当前监察体制改革作为重要的国家法权现象，应当直面其"宪法时刻"。② 应当重视监察权与国家政治权力其他分支间的均势制衡，结合权责清单明确权力行使的边界和规则，同时完善公务员选任和政绩考核制度，健全国家政治权力监督的多元参与机制。

---

① 参见陈子远、陈晓枫：《中国考绩文化与宪政原理的方枘圆凿》，《法学评论》2013 年第 2 期。

② 此处用"宪法时刻"只是想说明监察改制问题必须从宪法层面去思考，并非阿克曼所说的 constitutional moment，不具有群众运动升级到要求根本性变革的意义。参见［美］布鲁斯·阿克曼：《我们人民：奠基》，汪庆华译，中国政法大学出版社 2013 年版，序言第 3 页。

第二章　秦汉至南北朝：监察制度发源与发展

第一节　秦汉的监察制度

一、创设对监察制度的需要及监察制度的起源

监察制度的存在，首先是出于权力运行的需要。权力，作为主体对客体进行控制的能力，普遍存在于人类社会中。而政治权力则是所有权力中最强大的权力之一。人类社会中的政治制度都是围绕着政治权力而展开，或者可以说，人类设计和建立政治制度的目的就是分配政治权力。而在所有政治权力中，最强大也最重要的莫过于国家权力。国家权力之所以强大，很大程度上是因为国家内部的种种资源，如以经济生产为基础的物质资源和以军队警察为主要形式的强制力资源等，都被用于保障其运行和实施。在此基础上形成的强大的国家权力，具有以下几个属性：

第一是有阶级属性。马克思认为，国家无非是一个阶级镇压另一个阶级的机器。① 特定的阶级——国家的统治阶级，通过掌握国家权力，运用国家的种种制度实现并保障其阶级利益。第二是具有必然性，国家是社会生产力发展到一定阶段的必然产物，原始社会的人们通过某种方式，使用多数人共同认同的规则来保障他们的人身和财产安全，保障其利益的实现，就形成了

① 《马克思恩格斯选集》(第二卷)，人民出版社 1972 年版，第 336 页。

国家。国家的出现，人们通过国家权力保障自身权利，是历史的进步，也是历史的必然。第三是具有强制性，国家是特殊的强力组织，是用来镇压一个阶级的暴力组织。① 国家内的所有成员都要被强制服从国家权力，否则便会受到惩罚，甚至丧失生命。这是国家权力强制性的体现。第四，国家的权力还具有可分解性。无论国家权力的来源为何——武力征伐，权力让渡，还是宗教神授，无论国家权力的拥有者是具体存在的君王还是其他抽象概念，因为国家权力的广泛，其所有者都无法亲自行使全部权力，进而选择将权力分解并分别授予其下属的人和机构，通过对这些人和机构的控制来实现国家权力。这就使得国家权力在维护阶级利益、保障人民群众生活的同时也具有一些危险的因素。任何权力都有危险性。

孟德斯鸠说："权力的存在必然会导致权力的滥用。所以必须要用权力制约权力。"监察制度的产生由来已久，其根本原因在于权力的扩张性与权力运行的根本矛盾：一方面，权力是现有体制(分配方式)的产物，现有的体制保障了权力的运行；另一方面，权力的扩张性作为权力的固有属性，若任由权力无限制扩张则会破坏其赖以存在的体制，导致权力的重新分配。所以，限制权力是保障权力运行的必要条件，限制权力的手段成为国家政治体制中的必要一环，古今中西，概莫能外。而监察即是限制权力的一个重要手段。

中国早在先秦时期就产生了监察制度在思想和制度层面上的萌芽，这在先秦典籍中已有所反映。《尚书·甘誓》记载，夏启曾告诫受命讨伐有息氏的六卿："用命，赏于祖；弗用命，戮于社。予则戮祭汝。"这句话的意思就是，如果六卿听从命令的话，就会加以奖赏，如果六卿不听从命令，则会被杀。可以看出，这是对用于官员管理监督的法令的表述。一般认为，到殷商之时，已经出现专门治官的"官刑"，《尚书·伊训》有记载："制官刑，儆于有位，曰：敢有恒舞于宫，酣歌于室，时谓巫风，敢有殉于货色，恒于游畋，时谓

① 《列宁选集》，人民出版社 1972 年版，第 190 页。

淫风，敢有侮圣言、逆忠直、远耆德、比顽童、时谓乱风，惟兹三风十愆，卿士有一于身，家必丧；邦君有一于身，国必亡。”由此可知，在秦汉之前，国家(或是类似早期国家的氏族组织)已经出现了规范官员行为的意识，并且不限于官员在国中朝中之时，官员代表国家外出作战时，其行为也有规范的必要。并且还出现了具体的规则以及违反这些规则所对应的相应的罚则。

到了西周时期，典章制度更加完备，规范官吏行为的规则也就更多了。《周礼·春官》记载：“御史，掌邦国都鄙及万民之治令，以赞冢宰，凡治者受法令焉。掌赞书，凡数从政者。”其中，凡数即有监督之意。可见御史作为官名在周代即存在，并且具有一定的监察职能。《周礼》对于监察的职官、法规也有相关规制。《周礼·天官》明确规定，“大宰之职，掌建邦之六典，以佐王治邦国”，这六典之中，第一是治典，用来治理天下各国，治理官府，治理民众；第二是教典，用来安定天下各国，教育官府的官吏，使民众顺服；第三是礼典，用来协调天下各国，统御百官，使民众和谐；第四是政典，用来使天下各国政治公平，百官政风端正，民众赋役平均；第五是刑典，用来禁止天下各国的叛逆，惩罚百官的违法者，纠察民众；第六是事典，用来使天下各国富强，百官胜任职事，民众能得生养。此外，还“以八法治官府”。第一是官属，用来开展王国的政事；第二是官职，用来区别王国官吏的职责；第三是官联，用来会合各官共同办事；第四是官常，用来考察官吏的工作；第五是官成，用来治理王国的政事；第六是官法，用来端正王国的政风；第七是官刑，用来纠察王国的政事；第八是官计，用来评断王国的吏治。除了大宰之外，小宰也有相关监察职能，《周礼·天官冢宰》即载：“小宰之职，掌建邦宫刑，以治王宫之政令，凡宫之纠禁，掌邦之六典、八法、八则之贰，以逆邦国都鄙官府之治。”

周代监察的具体方式主要是考课。按《周礼》的规定，对百官的业绩要经常进行考课，在时间上有月计、岁计、三岁大计(或称大比)之分。《周礼·天官》记载大宰：“岁终，则令百官府各正其治，受其会，听其致事，而诏我王废置。三岁，则大计群吏之治而诛赏。”“岁终，则考其属官之治成而诛赏，令群吏正要会而致事。……令群吏宪禁令，修法纠职，以待邦治，及大比六乡四效之吏。”可见大宰不仅要对官员平时履职情况进行监督，还要对官员进行定时的政绩考核，并以此决定官员的升迁调动。

其中可以得出两点结论，其一，大宰和小宰确实有治理官吏的职责和权力，如六典中的教典，就有教育官吏的功能。还有刑典，也有惩戒违法官吏的功能。再如八法中的官常、官法、官刑、官计，形成了从平时行政要求到违法之后训诫和行刑的一整套从纠察到惩处、用于整顿吏治的典章制度。其二，如此多的职责都加于大宰一个人(或部门)之上，个人的行政能力有限，想必是无法面面俱到，另外，如果考虑到周代低下的社会生产力和原始的社会分工状况以及松散的社会组织形式，那么《周礼》中对官吏多方面的审查和惩戒就显得有些不太现实了。所以，考虑到以上两点现实情况，《周礼》中关于监察或是类似监察的典章制度就显得有些理想化，其具体的实施情况想必是与理想情况有很大差别。但无论《周礼》中的制度施行与否，具体实施状况如何，它至少证明了早在周代时期我国就有关于监察官吏的最早的制度和思想萌芽，并且已经初具体系了。

到了春秋战国时期，监察有了更进一步的发展。鲁国大夫臧哀伯告诫宋庄公说：“国家之败，由官邪也。”①《吕氏春秋·知度》更强调“故治天下之要，存乎除奸；除奸之要，存乎治官”②。这些都是站在君主的立场上指明治官重要性的表现。

不过需要指出的是，先秦时期出现的监察制度尚处于萌芽起步阶段，尚未形成系统化的监察职官体系和运作机制，究其原因，还是由当时的国家政权结构决定的。周代分封制较为松散，其政治制度还未发展到专制主义中央

① 《左传·桓公二年》。

② (汉)高诱注：《吕氏春秋》卷17《审分览第五·知度》，上海书店1986年版，第208页。

集权制的阶段。尤其是在地方管理上，地方封国的诸侯在本国享有高度的自治权，包括行政、司法、税收、军事甚至除涉及周王室利益以外的外交决策等权力都掌握在诸侯的手中，诸侯仅对周天子有定期朝贡、祭祀和进行军事援助的义务，且该义务往往是基于血缘，而不是君臣之间臣服的关系。在这种松散的政治体制下的监察制度与本书叙述的主干有很大差别，所以我们仅把它看作我国古代监察制度的萌芽。

中国古代监察制度真正的奠基始于秦代。秦朝作为我国古代第一个专制主义中央集权的王朝，开诸多制度之先河，监察制度也在其中。秦朝建立之后，“海内为郡县，法令由一统”，确立了专制主义中央集权制度，“无论中央机构还是地方机构以及中央与地方之间，都形成了一个以皇帝为顶点自上而下的等级结构，皇帝对于群臣具有绝对的权威性。唯有如此，自上而下的监察和考核才有真正落实的物质基础”。① 秦朝治理国家主要采用法家思想，法家思想中可以找到监察制度的发源。但秦历二世而亡，很多制度虽具雏形但并不完善。汉承秦制，两朝政治制度一脉相承，高度相似，且汉朝的许多政治制度是在秦朝的基础上进一步发展完善。所以本书将秦汉放在一起，作为中国古代监察制度的发源和筑基阶段。

二、监察思想的发源——法家思想

法家的思想以君权为中心，从巩固君权出发，讲求对臣下的控制，是秦汉时期监察制度建立的思想基础。

与春秋战国时期其他几个显赫的思想流派相比，法家的理论最适合为监察制度奠基，对比其他几家思想，可知历史选择法家理论作为监察制度建立的基础思想有一定的必然性。

首先是儒家，有研究者指出：“儒家的德治或仁政思想决定了其关注的重

① 宋洪兵：《韩非子学说与中国古代监察制度理论基础》，《求是学刊》2015 年第 1 期。

心不在他律式的监察。儒家对于君臣关系的认识过于理想化，尤其对于人臣滥用权力的危害性缺乏足够的认识，除了荀子之外，儒家对人性的负面作用也认识不足。即使荀子，也更多假设官员有德，而在制度层面未能重视对官员的权力监管……士大夫出任公职主要以礼制来加以监督。毫无疑问，先秦时期的礼制作为一种行为规则，具有弱性的行为监督功能。”①

先秦儒家是贵族等级秩序的拥护者，秉持“刑不上大夫”的法律思想，“预设贵族犯罪应保存其颜面与尊严，适当减轻或变通行刑，其隐含的逻辑依然在于依赖上层贵族的道德自觉。这种贵族化的制度设计重在柔性教化，并非专门针对官员可能滥用权力的监督体制，并且带有一定的随意性，自由诠释的空间比起硬性的法制来说，相对较大，所以无法有效监督各级官员滥用权力的行为。春秋战国时期‘礼崩乐坏’的事实足以证明这点”。② 在君臣关系层面，儒家主张所谓“君使臣以礼，臣事君以忠”③。即是在君臣关系上讲求相互尊重，相互合作。而“君之视臣如手足，则臣视君如腹心；君之视臣如犬马，则臣视君如国人；君视臣为草芥，臣视君为寇仇”④，则从正反两面进一步深化了这种君臣之间基于相对性的关系。可见，儒家理论多是围绕君臣关系的良性状态所作的设想，而对于权力本身却缺乏深入的理论探讨。在如何防范人臣滥用权力的问题上，儒家缺乏有效的系统化的制度设想。

主张清静无为的道家思想则更不适合监察制度的建构。主张静而无为的道家在如何作为——入仕和政治的问题上，尤其政治领域的制度建构层面，并没有进行过相关的论述。道家更倾向于跳脱尘世之外，以旁观者的视角进行引导。显然这对监察制度的建构毫无帮助。

墨家的理论对人性之恶有着非常多的论述，《墨子·尚同上》曾说：“古

① 宋洪兵：《韩非子学说与中国古代监察制度理论基础》，《求是学刊》2015 年第 1 期。
② 宋洪兵：《韩非子学说与中国古代监察制度理论基础》，《求是学刊》2015 年第 1 期。
③ 《论语·八佾》。
④ 《孟子·离娄下》。

者民始生，未有刑政之时。盖其语人异义，是以一人则一义，二人则二义，十人则十义。……天下之乱，若禽兽然。夫明乎天下之所以乱者，生于无政长。是故选天下之贤可者，立以为天子。天子立，以其力为未足，又选择天下之贤可者，置之以为三公。”墨子指出，首先，在墨家看来，人性本恶，作为个体的人都是自私的，如果在纯粹自然的状态之下，人的内心并不存在原发性的善念。其次，天子是负责平定乱世、稳定社会的贤人。再次，因为天子个人能力的局限，必须要选三公来辅佐之。不仅如此，三公之下还有诸侯国、乡长、里长，从而形成“一同天下之义”的政权组织结构。不过，这种“尚同”“尚贤”的政治设想只是墨子针对当时贵族世袭制之弊所提出的解决方案，但对于如何防范官员滥用权力，仍缺乏系统性的制度设计构想。

与上述三家相比，以君权为中心，讲求巩固君权，控制臣下的法家思想的优势就显而易见了。

（一）监察的原因——君权至上、君臣异利

法家思想认为，监察制度建立的根本原因是“利异”，正如《商君书》中所言：“吏虽众，同体一也。夫同体一者相不可。且夫利异而害不同者。先王所以为保也。故至治，夫妻、交友不能相为弃恶盖非，而不害于亲，民人不能相为隐。上与吏也，事合而利异者也。今夫驺、虞以相监，不可，事合而利异者也。若使马、焉能言，则驺、虞无所逃其恶矣，利异也。利合而恶同者，父不能以问子，君不能以问臣。吏之与吏，利合而恶同也。夫事合而利异者，先王之所以为端也。”①商鞅认为，官吏虽众，但“同体一也”，“利合而恶同”，即利益一致。利益一致不可能互相监督。而且利害不同，才是古代君主用以互相保证的。所以，好的政治，夫妻、朋友都不能互相包庇罪恶，这不是不顾念亲情，而是人民不容他们隐瞒。君主与官吏，事务相关而利益不同。只有事务相关而利益不同的人们，才是帝王建立互相保证的根据。若是利益

① 《商君书·禁使》。

相合，则不能相互监督，必须要利益不同才可以相互监督。若进一步解读，利益不同则又可以分为两个层面。

第一，君臣利益不同，这为监察制度的建立创设了需求。“主卖官爵，臣卖智力”①，君臣双方是利益相对但相互合作的关系。买卖者，各取所需耳。“君臣之利异，故人臣莫忠，故臣利立而主利灭”②，更进一步揭示了这种利益的相对，在这种利益相对的前提下，臣子对君主的绝对忠诚是不可能存在的。臣子和君主共同治理国家，都以国家政治权力为最终目的，那么显而易见，臣子最终利益的实现也就标志着君主利益的消灭。所以，对君主权力最大的威胁不是来自海外异族敌邦，也不是来自下层的群众，而是君主身边的臣子。申不害说：“今人君之所以高为城郭而谨门闾之闭者，为寇戎盗贼之至也。今夫杀君而取国，而取国者非必逾城郭之险而犯门闾之闭也。”③想要夺取国家权力，跨越城墙，通过城门并非唯一办法，而说到篡权夺位，身边的近臣才是最大的威胁。而之后的韩非则进一步对臣下篡权夺位的心思和手段作了分析。“凡人臣之所道成奸者有八术：一曰同床，二曰在旁，三曰父兄，四曰养殃，五曰民萌，六曰流行，七曰威强，八曰四方。”④“凡奸臣皆欲顺人主之心以取亲幸之势者也。是以主有所善，臣从而誉之；主有所憎，臣因而毁之。凡人之大体，取舍同者则相是也，取舍异者则相非也。今人臣之所誉者，人主之所是也，此之谓同取；人臣之所毁者，人主之所非也，此之谓同舍。夫取舍合而相与逆者，未尝闻也。此人臣之所以取信幸之道也。夫奸臣得乘信幸之势以毁誉进退群臣者，人主非有术数以御之也，非参验以审之也，必将以曩之合己信今之言，此幸臣之所以得欺主成私者也。故主必蔽于上，而臣必重于下矣，此之谓擅主之臣。”⑤奸臣通过曲意逢迎，获得君主的好感，

① 《韩非子·外储说右下》。
② 《韩非子·内储说下》。
③ 《申子·大体》。
④ 《韩非子·八奸》。
⑤ 《韩非子·奸劫弑臣》。

然后进一步分化君主的权力以加强自己的权力。所以，作为君主就要用权术来驾驭(臣下)，用一定的措施来审核(臣下)，才能维护自身的统治。

第二，臣下之间的利益不同，是监察制度建立的前提条件。利益相异是互相监察的必要条件。并且，君主要想监督臣下，仅凭其一人之力显然是不够的。“夫为人主而身察百官，则日不足，力不给。且上用目，则下饰观；上用耳，则下饰声；上用虑，则下繁辞。先王以三者为不足，故舍己能而因法数，审赏罚。”①面对庞大的官僚群体，君主自己“日不足而力不给”，并且还要提防其下百官“上有政策，下有对策”地欺瞒君主，所以唯一的解决办法还是将监察权授予臣下，并建立起完备的制度来保障其实施，“以臣查臣”，“以官治官”。这种制度的首要任务就是要保障臣下之间——监察的主体之间的利益不同，监察才能顺利运行下去，这就是商鞅所言：“今恃多官众吏，官立丞、监。夫置丞立监者，且以禁人之为利也；而丞、监亦欲为利，则何以相禁？故恃丞、监而治者，仅存之治也。通数者不然也。别其势，难其道，故曰：其势难匿者，虽跖不为非焉。故先王贵势。”②

(二)监察的实质——治官

上文已经提到，因为君主精力有限，所以“以官治官”，让臣下之间互相制衡，成了监察唯一可行的方法。韩非介绍了维护自身权力的方法：“人主有三守。三守完，则国安身荣；三守不完，则国危身殆。……三守不完，则三劫者起；三守完，则三劫者止。三劫止塞，则王矣。”③君主必须深藏不露，时时隐藏自己的想法，要自主决策，不能过分依靠手下人的意见，还要学会巩固自己的权力。“人主之过，在己任臣矣，又必反与其所不任者备之，此其说必与其所任者为仇，而主反制于其所不任者。今所与备人者，且曩之所备也。人主不能明法而以制大臣之威，无道得小人之信矣。人主释法而以臣备

① 《韩非子·有度》。
② 《商君书·禁使》。
③ 《韩非子·三守》。

臣，则相爱者比周而相誉，相憎者朋党而相非。非誉交争，则主惑乱矣。人臣者，非名誉请谒无以进取，非背法专制无以为威，非假于忠信无以不禁，三者，惛主坏法之资也。人主使人臣虽有智能，不得背法而专制；虽有贤行，不得逾功而先劳，虽有忠信，不得释法而不禁：此之谓明法。"①

君主要彰明法度，建立严格的规章制度来约束臣下的行为，韩非主张："人主欲为事，不通其端末，而以明其欲，有为之者，其为不得利，必以害反。知此者，任理去欲。举事有道，计其入多，其出少者，可为也。惑主不然，计其入，不计其出，出虽倍其入，不知其害，则是名得而实亡。如是者功小而害大矣。凡功者，其入多，其出少，乃可谓功。今大费无罪而少得为功，则人臣出大费而成小功，小功成而主亦有害。"②还要明辨是非，严惩言行不一致的臣下。

总之，法家为加强君主集权提出一系列措施，包括制定法度，执行法度，进行赏罚，等等，其目的都是为了"治官"，通过治官来巩固君主的权力。

三、监察制度的筑基——秦汉时期的监察制度

秦代奉行法家思想，以法家思想建立国家。在法家思想的指导下以及在三公九卿郡县制的政治制度框架内建立的监察制度为之后的各王朝奠定了基础。

(一) 中央监察制度

1. 御史大夫及其属官

御史大夫位列三公，主揽监察。其官制的起源可以追溯到秦之前。

商代的甲骨文中就有关于"朕御史""北御史""我御史""美御史"的记载。但当时的御史主管祭祀。西周金文《御史兢簋》中也提到御史一职，但其执掌似乎是文书和档案，与监察相去甚远。战国时期，御史掌记言记事之职，并

① 《韩非子·南面》。

② 《韩非子·南面》。

被赋予了一定监察职能。秦国、赵国渑池之会，秦国的御史记录了赵王为秦王鼓瑟，赵国的御史记录了秦王为赵王击缶。齐国国君在设宴款待群臣时也是“执法在旁，御史在后”，以御史纠察百官的言行。此外，战国时，各国都已经在地方郡县机构中设置御史。《战国策·韩策三》载：安邑之御史死，其次恐不得也。输人为之谓安令曰：“公孙綦为人请御史于王，王曰：‘彼固有次乎？吾难败其法。’”因遽置之。① 可见在秦之外的其他国家也有御史一职。《韩非子·内储说上》记载，魏国“卜皮为县令，其御史污秽，而有爱妾。卜皮乃使少庶子佯爱之，以知御史阴情”。县令设计掌握御史的阴事，显然是为了制约御史对他的监察。可见在这一时期，御史已经有了监察的职能。这种职能变化的发生主要因为两点：一是御史本掌记言记事，往往秉笔直书，有了刚直不阿的品性。二是因为御史往往在国君左右，属于近臣，容易得到国君的信任，所以国君也就听信于御史对百官情况的反映，御史渐渐成为君主的耳目。

而御史作为监察官的权力增加与春秋战国时期的大环境也有关系。春秋战国时期，群雄逐鹿，弱肉强食。各国都在想尽办法革除旧制，增强国力。很多国家鼓励设立谏官，直言上谏，广开言路，利用监督的方式纠正过错，提高行政效率，从而最终达到富国强兵进而称霸的目的。《吕氏春秋·勿躬篇》记载：“犯君颜色，进谏必忠，不避死亡，不重贵富，臣不若东郭牙，请置以为大谏臣。”②《史记》载：“武灵王少，未能听政，立博闻师三人，左右司过三人。”③董说《七国考》解释说：“司过乃谏官耳。”可见各国的监察官吏地位都有提高。

秦始皇统一六国之后，设立御史大夫，总掌全国文书，兼理监察。且有专门御史府和属官，其属官包括御史中丞、侍御史和监御史。这些职官在秦

① 《战国策》卷28《韩三》。

② 《吕氏春秋·审分览》。

③ 《史记》卷43《赵世家》。

朝的设置情况，史籍有载，《通典》曰：“御史大夫秦官，侍御史之率，故称大夫。”①《晋书》曰：“御史中丞，本秦官也。”②《汉书》曰：“监御史，秦官，掌监郡。”③

御史大夫是秦朝和西汉成帝之前国家的最高监察官。《汉书》卷19《百官公卿表上》记载：“御史大夫，秦官，位上卿，银印青绶，掌副主相。”《汉书》卷83《薛宣朱博传》载谷永疏称：“御史大夫内承本朝之风化，外佐塞相统理天下，任重职大，非庸才所能堪。”《汉书》卷83《薛宣朱博传》记朱博奏言：“高皇帝以盛德受命，建立鸿业，置御史大夫，位次丞相，典正法度，以职相参，总领百官，上下相监临，历载二百年，天下安宁。”在当时的官僚机构中，御史大夫虽说是“副丞相”，但其职责却并不是一般地协助丞相处理政事，而是负有彼此的监督和牵制之责。御史大夫单独开府办事，与皇帝的关系较之丞相与皇帝的关系更加密切。他不仅经常代皇帝起草诏、告、命、令，而且常常接受皇帝的差遣去完成许多重要使命。如由皇帝颁发经丞相、御史大夫下发的诏、告、命、令，一律由御史大夫下丞相再下二千石的朝官和郡守。凡是重大的案件，往往由御史大夫出面会同廷尉和其他官员“杂治”，丞相倒不一定参加，这说明御史大夫有着司法审判权。御史大夫的职责虽然很多，但对百官的监察、纠劾之权却是其中特别重要的一项，即所谓“典正法度，以职相参，总领百官，上下相监临”④，御史大夫也特别重视这一项职责。

御史大夫之权还与西汉中期中枢权力格局的变化密切相关。秦到汉初，尤其汉初丞相权力很大，已经到了“丞相所请，靡有不听”⑤的程度。到了武帝朝，为了改变这种局面，削弱相权，加强君权，武帝除了建立“中朝”这种

① 《通典》卷24《职官六》。
② 《晋书》卷24《职官志》。
③ 《汉书》卷19《百官公卿表第七上》。
④ 《汉书》卷83《薛宣朱博传第五十三》。
⑤ 《史记》卷54《曹相国世家》。

近臣参谋系统之外，还需要在外朝继续削弱丞相的行政权力，遂选择加强御史大夫的权力来分散、制衡相权。御史的空前活跃、御史府的规模增加，都是御史大夫权力扩大的表现。如张汤任御史大夫后，“每朝奏事，语国家用，日旰，天子忘食。丞相取充位，天下事皆决汤”①。但对御史大夫本身来讲，一旦具体接触了外朝事务，他的内朝职掌也便宣告结束。他若参与内朝事务，须由皇帝加“给事中”，如不参与内朝事务，便俨然成为纯粹的外朝官员，命运也因此与丞相紧紧相连了。于是，在武帝后，时人多把丞相、御史府并称为“两府”。《汉书·楚元王传》有“今二府奏佞谄不当在位，历年而不去”的记载，如淳注曰：“二府，丞相、御史也。”处理一些重大事务时，丞相和御史大夫均是“共奏言”，然后皇帝“章下丞相御史案验”。②

随着御史大夫外朝化，御史中丞这个内外相维的职官便在日常政治生活中显得日益重要，占据了御史大夫作为皇家近臣的位置，并充分发挥其监察职能。御史中丞是御史大夫府中最重要的属官，“受公卿奏事，举劾按章”，其“在殿中兰台，掌图籍秘书，外督部刺史，内领侍御史员十五人，受公卿奏事，举劾按章”③。实际上是御史中丞代御史大夫具体行使纠察之权。具体说，就是对外领导、监督监郡御史和武帝以后设置的刺史的活动，对内领导侍御史 15 人，担任宫中和殿中的执法，纠劾朝中所有的官员。同时，御史中丞还时常根据皇帝的命令，与廷尉共同审理大案要案。另外，身居殿中的御史中丞与皇帝很近，所以还时常根据皇帝的指派处理一些违反法度的官员，“诏补御史中丞，是时，成帝初即位，宣为中丞，执法殿中，外总部刺史……宣数言政事便宜，举奏部刺史郡国二千石，所贬退称进，白黑分明，由是知名”④。御史中丞成为朝廷最高的监察官，在朝会时，享有与尚书令、司隶校

---

① 《汉书》卷 59《张汤列传第二十九》。
② 《汉书》卷 73《韦贤传第四十三》。
③ 《汉书》卷 19 上《百官公卿表第七上》。
④ 《汉书》卷 83《薛宣朱博传第五十三》。

尉同样的专席独坐的殊荣，京师号曰“三独坐”。这时，其地位仅次于尚书令，是朝中举足轻重的实权派官员。

在御史大夫的属官中，除御史中丞外，尚有御史45人，分别由两丞领录。其中，给事殿中的15人称侍御史，由御史中丞领导，监察百官的任务主要就是通过他们具体执行的。正如《后汉书·百官志》所说，他们“掌察举非法，受公卿群吏奏事，有违失劾举之”。在15名侍御史中，有2名治书御史(或称持书御史)地位比较重要，他们还掌管法律，专门对疑难案件的量刑提出法律上的根据。御史中除15名侍御史外，其余30名主要是派出监察郡国和军队的御史，即监郡御史和监军御史，通称监御史。

到了武帝年间，又增加了绣衣御史一职。绣衣御史属于地方监察官员。

2. 丞相司直和司隶校尉

丞相司直属于丞相府的下级属官，它始设于汉武帝元狩五年(前118年)，“掌佐丞相，举不法”①，亦具备监察职能。丞相司直的设置意味着丞相府也有了掌管监察的专门官吏，与御史中丞的权力相制衡。

丞相司直设立之后，其名称和地位不断地随着丞相名称的变更及地位的升降而变化。汉哀帝改丞相为大司徒，丞相司直也相应改称为大司徒司直，其地位、职权不变。东汉光武帝将丞相改称司徒，又置司直居司徒府。不过，职掌有所改变，主司“助督录诸州”②。建武十八年(42年)废司徒、司直，以后直到汉献帝建安八年(203年)十二月，才“复置司直不属司徒”③，但此时的司直职权范围也有所缩小，只“掌督中都官，不领诸州”④，即只负责监察京师各官府的官员，不再监察地方。关于汉代丞相司直的职掌及权力变化，本章第四节有专论研究，可参见。

---

① 《通典》卷21《职官三》。

② 《后汉书》卷114《百官一》。

③ 《献帝起居注》。

④ 《献帝起居注》。

司隶校尉的设立也是在武帝朝。司隶校尉，其始设是因汉武帝办理“巫蛊”一案临时设置的督捕之官。巫蛊是当时的一种迷信活动，认为将施加过法术的人偶埋入地下可以害人。在当时，很多贵族都迷信巫术，“是时，方士及诸神巫多聚京师，率皆左道惑众”，“女巫往来宫中”。① 武帝晚年多病，于是怀疑有人用巫术诅咒，遂于征和四年(前89年)设置司隶校尉，且持节，领京城公府官奴1200人，缉捕设巫蛊法术之人，惩办奸猾。这时的司隶校尉还不具备监察职能。等到巫蛊风波过去后，司隶校尉的官职保留了下来，专司察举京城及三辅(京兆尹、左冯翊、右扶风)、三河(河内、河东、河南三郡)及弘农七郡等地的百官违失，成为常设监察官员。《通典·职官十四》也说：“征和四年初置司隶校尉，持节，从中都官徒千二百人，捕巫蛊，督大奸猾，后罢其兵，察三辅、三河、弘农。”

(二)地方监察制度

1. 绣衣御史

绣衣直指，亦称绣衣御史。始置于武帝天汉二年(前99年)，司职为讨奸猾，理大狱。为了显示其特别的身份，表示对他们的尊宠，皇帝特颁发绣衣作为官服，故称绣衣直指。注引服虔语：“指事而行，无阿私也。”师古注：“衣以绣者，尊宠之也。”《汉书·王䜣传》：“武帝末，军旅数发，郡国盗贼群起，绣衣御史暴胜之使持斧逐捕盗贼，以军兴从事，诛二千石以下。”绣衣直指虽是武帝为镇压“群盗”而临时设置的，但他们也可以纠弹百官。称充“拜为直指绣衣使者，督三辅盗贼，禁察逾侈，贵戚近臣多奢僭，充皆举劾，奏请没入车马，令身待北军击匈奴”。王莽时，改绣衣直指为绣衣执法。《后汉书·伏湛传》记载，伏湛“至王莽时为绣衣执法”。李贤注：“武帝置绣衣御史，王莽改御史曰执法，故曰绣衣执法也。”至东汉光武省绣衣御史。顺帝复置，魏置之。

① 《资治通鉴》卷22《汉纪十四》。

2. 从丞相史到刺史

刺史是武帝朝、后汉朝地方监察官员的典型代表。通过刺史的设立及职权的变动，可一窥秦汉之际监察制度的很多本质属性。

刺史的设立与汉初地方监察的缺失有很大关系。汉初刘邦大肆分封同姓王，各诸侯国高度自治，国内虽然也有仿照中央制度设置的御史府，但其只对诸侯国王负责，并不隶属于中央。同时，刘邦认为秦朝所设郡过大，不利于统治，遂将秦郡“稍复开置”，新增设了二十六郡，放弃了对诸侯国及其所辖郡县的监察。《汉书·百官公卿表》记载：“监御史，秦官，掌监郡，汉省。”汉初刘邦放弃了监御史对地方的监察，使得汉初中央集权大大削弱，地方吏治也渐渐腐败。

汉惠帝三年(前 192 年)，部分地区恢复了御史监郡制度。“惠帝三年，相国奏遣御史，监三辅不法事。”①先是在国都周围的三辅地区恢复了御史监郡制度，之后“诸州复置监察御史”②，接着，文帝又令丞相加派东曹史巡行各地，考察地方官吏，并督察监郡御史。《通典·职官十四》：“文帝十三年以御史不奉法，下失其职，乃遗丞相史出刺，并督监察御史。”卫宏《汉旧仪》详记其设置缘由：“及吏不奉法，乘公就私，凌暴百姓，行权相放，治不平正，处官不良，细民不通，下失其职，俗不孝弟，不务于本，衣服无度，出入无时，众强胜寡，盗贼滋彰，丞相以闻。于是乃命刺史出刺，并察监御史。”所谓“刺”，原是“直伤”与“杀”之义。《周礼》记载秋官司寇之下有属官“司刺”，“掌三刺三宥三赦之法”。“三刺”即“一刺曰讯群臣，再刺曰讯群吏，三刺曰讯万民”，“三讯罪定则杀之”。据此则“刺”又有探察讯问之意，即《宋书·百官志》所谓“刺之为言犹参觇(检验察看)也”。因此“出刺”就是出巡各郡国，访察官吏过失而纠举之。后来“刺史”的名称即由出刺郡国之丞相史而来，丞相史就是刺史的前身，因而丞相史又称相刺史。如《汉旧仪》卷

① 《唐六典》卷 13《御史台》。

② 《通典》卷 24《职官六》。

上说："丞相初置，吏员十五人，皆六百石，分为东、西曹。东曹九人，出督州为刺史。"但当时"丞相遣使分刺州，不常置"①，丞相史由丞相派遣到各州，都是临时的，并不常驻。这种临时性的监察职官和常设的监察御史都未能达到对地方的有效控制。在景帝末年，地方豪强势力强大，土地兼并严重，百姓生活苦不堪言。这严重威胁到了中央的统治。

到了武帝即位，地方上的混乱状况仍未得到改善。"或至并兼豪党之徒以武断于乡曲，宗室有土，公卿大夫以下争于奢侈，室庐车服僭上亡限。"②便是当时状况的真实写照。从元鼎四年(前113年)开始，武帝多次亲自巡行郡国，发现监郡史已经完全丧失其功能，地方治理一片混乱。"天子始巡郡国，东渡河，河东守不意行至，不办，自杀。行西逾陇，陇西守以行往卒，天子从官不得食，陇西守自杀。于是上北出萧关，从数万骑，猎新秦中，以勒边兵而归。新秦中或千里无亭徼，于是诛北地太守以下，而令民得畜牧边县。"③于是，在元封元年(前110年)，武帝首先废除了实际上已失去监察职能的监郡御史。接着在元封五年(前106年)设立十三部刺史，驻地专司监察地方。《汉书·百官公卿表》记载："武帝元封五年初置部刺史，掌奉诏条察州，秩六百石，员十三人。"《汉书·武帝纪》："元封五年，初置刺史部十三州。"所谓十三部刺史，即除京畿附近七郡外，又把全国划分为十三州部，每个州为一个监察区，设一名刺史负责所在州部郡国。十三部中有十一部基本上以自古相传的"州"为其名称范围，如冀州、青州、扬州、益州(原名梁州)、凉州(原名雍州)、幽州、兖州、徐州、荆州、并州、豫州，其余两部则称朔方与交趾，此两者是上述古州之外增设的新区划，故其名不加"州"字。十三部刺史皆隶属于中央最高监察机关御史府，由御史中丞总管，在地方设有固定治所。《汉旧仪》："初分十三州，假刺史印绶，有常治所。"《汉

① 《汉书》卷19《百官公卿表七上》。

② 《汉书》卷24《食货志第四上》。

③ 《史记》卷30《平准书》。

书·朱博传》颜师古注："治所，刺史所止理事处。"刺史还拥有一批属吏，以"六条"刺举吏治。《汉书·百官公卿表》注："刺史班宣，周行郡国，省察治状，黜陟能否，断治冤狱，以六条问事，非条所问，即不省。一条，强宗豪右田宅逾制，以强凌弱，以众暴寡。二条，二千石不奉诏书遵承典制，倍公向私，旁诏守利，侵渔百姓，聚敛为奸。三条，二千石不恤疑狱，风厉杀人，怒则任刑，喜则淫赏，烦扰刻暴，剥截黎元，为百姓所疾，山崩石裂，袄祥讹言。四条，二千石选署不平，苟阿所爱，蔽贤宠顽。五条，二千石子弟恃怙荣势，请托所监。六条，二千石违公下比，阿附豪强，通行货赂，割损正令也。"从"六条问事"中可以看出，除第一条的纠举地方豪强之外，其他都是专门针对两千石官吏的纯粹的监察活动。可见，与之前御史及其府内各职官兼有行政、监察职权不同的是，刺史是纯粹负责监察的单一职能的官职。另外，刺史的禄秩仅有六百石，却可以监察两千石的高级官吏。正因为刺史秩卑、权重，使他们大多能兢兢业业地尽责尽力，对加强中央集权起了重要的作用。

然而，随着时代的变迁，刺史的职责也随之发展变化。西汉后期，特别是东汉中期以后，随着阶级矛盾与社会矛盾的不断激化，刺史逐步被赋予六条以外的更多权力。于是刺史摇身一变成为包揽军政财大权的地方最高行政长官。灵帝中平五年(188 年)，东汉朝廷根据久已变化了的实际情况，接受刘焉的建议，干脆改刺史为州牧，一批位尊秩高的朝廷重臣出任州牧，从内容到形式上完成了刺史一职由监察官到行政长官的转化，史载："时灵帝政化衰缺，四方兵寇，焉以为刺史威轻，既不能禁，且用非其人，辄增暴乱，乃建议改置牧伯，镇安方夏，请选重臣，以居其任。焉乃阴求为交阯，以避时难。议未即行，会益州刺史郗俭在政烦扰，谣言远闻，而并州刺史张懿、凉州刺史耿鄙并为寇贼所害，故焉议得用。出焉为监军使者，领益州牧，太仆黄琬为豫州牧，宗正刘虞为幽州牧，皆以本秩居职。州任之重，自此而始。"①

---

① 《后汉书》卷 75《刘焉传》。

（三）司法监察

关于司法监察的情况，秦代就有较为严明的制度规范。睡虎地秦简中的《语书》提到对官吏不履职或履职不当行为的考核标准和惩处规范："今法律令已布，闻吏民犯法为闲私者不止，私好、乡俗之心不变，自从令、丞以下智（知）而弗举论，是即明避主之明法殹（也），而养匿邪避（僻）之民。如此，则为人臣亦不忠矣。若弗智（知），是即不胜任、不智殹（也）；智（知）而弗敢论，是即不廉殹（也）。此皆大罪殹（也），而令、丞弗明智（知），甚不便。今且令人案行之，举劾不从令者，致以律，论及令、丞。有（又）且课县官，独多犯令而令、丞弗得者，以令、丞闻。"

《语书》是当时对官吏发布的告示，具有法律效力，由此可见官吏若对自己所辖子民的犯罪行为不加处置或因疏漏未予惩处，也会受到惩罚。另外，在同批出土的《秦律杂抄》和《秦律十八种》中，有《除吏律》《置吏律》，也涉及官吏职务犯罪的内容。可见，除了行政监察外，司法监察在秦朝也已经出现。

四、秦汉时期的监察方式

秦汉的监察制度一脉相承，而史书对汉代监察方式的记述更为详实，故本书以汉代为例。

（一）组织方式

第一，汉代实行专职和非专职相结合的监察方式。除了具有专门监察机构外，上级部门对下级部门也有监察权。中央的专职监察机构有御史台、丞相司直、司隶校尉，此外丞相、尚书令、丞相长史等官员也有监察权。在地方上，刺史仅负责监察二千石官员，而对郡属职官和郡之下各县的监察则由郡守负责，并由督邮来具体实行。正是通过这样的制度，天下百官无不处于严密的监督之下，包括监察官员也受人监督。

第二，实行分职常设和临时派遣相结合的监察方式。监察在行政、财务、军事、人事、司法等各个方面分别进行，并且有时还有临时派遣增设的监察领域。

第三，实行常驻与巡行相结合的监察方式。刺史和督邮即是此种监察方式的典例。刺史属于常驻地方的监察官，在刺史之外，中央监察机构也经常临时派遣人员前往地方巡察，甚至还有皇帝亲自巡察，以确保监察权的全面覆盖。

（二）实施方式

第一，通过官员奏事进行监察。如御史中丞居殿中，通过接受公卿奏事，如发现有违失则劾举之。御史台在接受书奏劾章过程中，履行监察职能的一般方式是：①中丞接收弹劾检举的奏章后转呈皇帝。②对官员的奏章及各类行政文书进行日常审查，发现问题后检举。③对司法案件进行复核。这项工作由治书侍御史职掌。《汉官典职仪式选用》载："治书侍御史二人，治廷尉奏事，罪当轻重。"《后汉书·百官三》载："凡天下诸谳疑事，掌以法律当其是非。"④按法审核，视实际需要，奏请并参与修订法律。

丞相司直主要通过对丞相府的各类文书进行监督来行使纠察权。《汉书·孙宝传》载，孙宝迁司直后，时帝舅红阳侯王立通过南阳太守李尚，占垦草田数百顷，将百姓早已开垦的官田也算在其中，然后隐瞒真情，"上书愿以入县官"。汉成帝"有诏郡平田予直，钱有贵一万万以上。宝闻之，遣丞相史按验，发其奸，劾奏（王）立、（李）尚怀奸罔上，狡猾不道。尚下狱死"。

第二，在考课工作中监察。汉代考课制度的基本方式采取"上计"与"会课"。上计考课有常课、大课和会课三种形式。每年八九月，在郡国县编制上计簿册的"案比之时"，刺史、督邮进行巡计，检查上计簿编制的虚实，同时对地方的情况进行调查，作为考课的重要依据。另外，上计簿送到中央后，御史府与丞相府共同考课。丞相、御史各有分工。丞相接受上计，并配有专人负责审计，御史大夫负责按察虚实真伪。《汉书·宣帝纪》载："上计簿，具文而已，务为欺谩，以避其课……御史察计簿，疑非实者按之，使真伪毋相乱。”

第三，派专员前往现场督察。如进行朝课、祭祀及其他大型活动时，就会有专员对文武百官的行为进行督查。《后汉书·百官三》说：“凡郊庙之祠及大朝会、大封拜，则二人监威仪，有违失则劾奏。”

第四，进行各种形式的检查和调查。赋予监察官以检查和调查权，这不仅仅是对监官职权的规定，而且也是一种监察方式的规定。检查有一般检查和专项检查两种，如刺史、督邮行部为一般检查，御史台和丞相司直的派使巡察则往往带有专项检查的性质。如五凤四年(前54年)“遣丞相、御史掾二十四人循行天下，举冤狱，察擅为苛禁深刻不改者”①，即带有专项检查的性质。又如鸿嘉元年(前20年)，“临遣谏大夫理等，举三辅、三河、弘农冤狱”②，更是属于专项检查的性质。调查是监察机关对一般检查、专项检查中发现问题时进行的，或处理吏民检举揭发的违法违纪案件时，再经过一定的立案程序进行调查，它是监察机关履行监察职能的一种特殊方式。如翟方进为司直，“是时，起昌陵、营作陵邑。贵戚近臣子弟宾客多辜榷为奸利者，方进部掾史复案，发大奸赃数千万”③。这里的复案，即基于当时有关官吏已揭发了这些人的罪行，翟方进立案后再派掾史调查，结果查出了更多的罪行。

第五，侦察民谣。这一独特的检查方式存在于东汉。它的前身当为西汉时期的“风俗使”。汉宣帝曾派使臣十二人，“循行天下，存问鳏寡，览观风俗，察吏得失”④。民间的民谣多涉及对当时当地政治和社会状况的评判，中央派遣专人对民谣进行考察记录，有助于评判官员的政绩。这种监察方式独辟蹊径，具有鲜明的特色，开辟了获取信息的新路径。“举谣言”的监察方式

① 《汉书》卷8《宣帝纪第八》。
② 《汉书》卷10《成帝纪第十》。
③ 《汉书》卷84《翟方进传第五十四》。
④ 《汉书》卷8《宣帝纪第八》。

至两晋演变为“风闻奏事”。

第二节　魏晋南北朝时期监察制度的发展与变化

一、以御史台为核心的中央监察机构

魏晋南北朝时期，监察制度上承秦汉之筑基，又因政权割据、南北分治等新的时代背景而有所嬗变，从而为唐代监察制度奠定了基础。就中央监察系统而言，呈现出多重监察之特征，形成以御史台为主、其他监察机构为辅的监察体系。除御史台外，司隶校尉的监察职权也颇有变化，司隶校尉设置于汉武朝，“无所不纠”。至曹魏时期，仍“掌察举百官以下及京师近郡犯法者”①。西晋时，“司隶与中丞俱共纠皇太子以下，从皇太子以下无所不纠”②。至东晋，司隶校尉被撤，由扬州刺史来代替其职掌。此外，尚书左丞亦有监察权，曹魏尚书有左右丞二人，其中左丞“主台内禁令、宗庙祠祀、朝仪礼制、选用置吏、纪诸不法，无所回避”③，即尚书左丞职掌兼有一部分监察性质。

随着御史台脱离行政系统，从少府独立出来。且司隶校尉的职掌被扬州刺史被替代，监察权逐渐向御史台靠拢，主要体现在御史中丞权力扩大，监察职能细化。

（一）扩大御史中丞权力

汉初，御史大夫有两臣：御史丞和中丞，中丞即御史中执法，“中丞在殿中兰台，掌图籍秘书，外督部刺史，内领侍御史十五员，受公卿奏事，举劾案章，盖居殿中，察举非法也”，后御史大夫更名为大司空，由中丞率御史

---

① 李小树：《秦汉魏晋南北朝监察史纲》，社会科学文献出版社 2000 年版，第 63 页。

② 《晋书》卷 47《傅咸传》。

③ 《三国职官》，转引自李小树：《秦汉魏晋南北朝监察史纲》，社会科学文献出版社 2000 年版，第 63 页。

台，属“周官小宰之职，掌建邦之宫刑，以理王宫之政令，凡宫之纠禁，又其任也。周礼‘小宰’注曰：‘若今御史中丞’”，“哀帝元寿二年，御史中丞更名御史长史，后汉光武复改为中丞……凡中丞以下，并文官，属少府”，曹魏初，“改中丞为宫正，后复为中丞”，晋亦因汉，以中丞为台主，与司隶分督百僚，“后魏为御史中尉，督司百僚……后周有司宪中大夫二人，掌司寇之法，辨国之五禁，亦其任也”①。

御史中丞经东汉时期的演变和沉淀，到曹魏时期，其地位得到了进一步的巩固。御史中丞成为最高的监察官员，品秩虽不能与丞相等相提并论，但地位显赫。

首先，御史中丞在礼仪上的地位得到了提高，以震慑百僚。在汉代，台官声威已很显赫，蔡质《汉仪》曰：“凡三公、列卿、将、大夫、五营校尉，行复道中，遇御史中丞、侍御史，皆避车，豫相回避，台官过后，乃得去。”②至东汉时期，御史中丞地位进一步提高，光武帝特诏其与司隶校尉独坐，与尚书令平肩，仅比尚书丞郎稍低一等，即御史中丞遇尚书丞郎需停车行版揖之礼，尚书丞郎行举手之礼。③ 南北朝时期，御史官威仪更盛，不仅废除了御史中丞遇尚书丞郎停车行版揖之礼，且中丞专道而行，众官皆受停驻，即“今中丞则职无不察，专道而行，驺辐禁呵，加以声色，武将相逢，辄致侵犯，若有卤簿，至相驱击。宋孝建二年制，中丞与尚书令分道，虽丞郎下朝相值，亦得断之，余内外众官，皆受停驻”④。如在梁代，只有尚书令、皇太子、扬州刺史、丹阳令、建康令可与中丞分道，且后三者只有在特殊情况下与中丞分道，即检校非法、赴救水火等应急之事，不宜稽驻时，才与中丞分道。对于其他官吏，遇到中丞都得避车。在南朝时，中丞上殿，“各给威

① 《通典》卷24《职官六》。
② 《通典》卷22《职官四》。
③ 参见邱永明：《略论魏晋南北朝监察制度之得失》，载《社会科学》1991年第2期。
④ 《南齐书》卷16《百官志》。

仪十人。其八人武冠绛鞲，执青仪囊在前。囊题云‘宜官吉’，以受辞诉。一人缃衣，执鞭杖，依列行，七人唱呼入殿，引喤至阶。一人执仪囊，不喤”①。北魏时期规定：“后魏为御史中尉，督司百僚，其出入，千步清道，与皇太子分路，王公百辟，咸使逊避，其余百僚，下马弛车止路傍，其违缓者，以棒棒之。”②《北史·高道穆传》载，道穆选用御史后，帝姊寿阳公主行犯清路，执赤棒卒呵之不止，道穆令卒棒破其车。公主深恨，泣以诉帝。帝曰：“高中尉清直人，彼所行者公事，岂可私恨责之也？”道穆后见帝，帝曰：“一日家姊行路相犯，深以为愧。”③可见，御史中丞之威严不允许任意触犯，即使是皇家成员违背其礼规，亦得以棒棒之。且孝庄帝严于律己，并未袒护寿阳公主，更加说明皇帝极力维护御史中丞之权威性。

可见，君主首先从形式上确定御史中丞地位极高，威严之盛。此种方式一方面提高了御史的威仪，确定了其至高的地位；另一方面也起到了震肃百僚的作用，使监察官员在行使监察权时无所障碍。

其次，在南北朝时期，御史中丞不纠三公的限制被打破。汉时“有司不宜省察公辅”，晋初仍有不得纠尚书的规定。但至晋惠帝时期，此防线被突破，时为司隶校尉的傅咸曾上疏提出疑问，御史中丞纠皇太子以下的内朝官，但尚书也属于内朝官，却不在御史的纠察范围之内，此无道理。④ 傅咸上疏正中惠帝下怀，至此禁令被解除，之后御史也纠尚书。这进一步维护了皇权，抑制了相权。中丞之权限扩大至“自皇太子以下无所不纠”。齐少帝初，江淹兼任御史中丞时，以“久疾不预山陵公事”弹中书令谢朏、司徒左长史王缋、护军长史庾弘远，又奏前益州刺史刘悛、梁州刺史阴智伯，并赃货巨万，辄收付廷尉治罪；以及临海太守沈昭略、永嘉太守庾昙隆，及诸郡二千石并大

① 《隋书》卷26《百官志上》。
② 《通典》卷24《职官六》。
③ 《北史》卷50《高道穆传》。
④ 参见《晋书》卷47《傅咸传》。

县官长，多被劾治，内朝外府无不恭敬，齐明帝萧鸾认为江淹是刘宋以来少见的严格清明的御史中丞。① 御史中丞监察权限之扩大，无疑巩固了皇权，使百官无不在皇权势力的监察之下。

最后，监察具有随意性，即允许“风闻弹人”，仅凭传闻，无须获得真凭实据就可立案。南朝徐陵任上虞县令时，“御史中丞刘孝仪与陵先有隙，风闻劾陵在县赃污，因坐免”②。御史中丞风闻奏事之权表现为广泛地行使弹劾权，不论弹劾依据，不论事实真相，御史中丞若要纠查官吏，证据捕风捉影亦可。

（二）细化御史职能

御史台机构分为三级：（1）御史台长官之御史中丞。（2）治书执法，掌弹奏；治书侍御史，掌律令。（3）侍御史，分曹办事，又遣二侍御史于殿中，监察违法者，故称殿中侍御史。在军队出军时，还临时设督军粮治书侍御史和督军治书执法之职。③若从职能的角度划分，可以分为三大类：专职型监察官、外置型监察官以及衍生型监察官。④ 就专职型监察官而言，主要有御史中丞、治书侍御史、治书执法、殿中侍御史、禁防御史以及监察侍御史。在曹魏时期，还设有三台五都侍御史和曹部侍御史。

首先是掌律令和弹奏的治书侍御史和治书执法。治书侍御史，掌律令，“案汉宣帝幸宣室斋居而决事，令侍御史二人治书侍侧，后因别置，谓之治书侍御史”⑤，即治书侍御史是从持书侍立于皇帝两侧的侍御史中分离出来的，主掌律令。“治书侍御史二人，六百石。本注曰：‘掌选明法律者为之。凡天下诸谳疑事，掌以法律当其是非。’”⑥据《三国志·高柔传》载，高柔为治书

① 参见《梁书》卷 14《江淹传》。

② 《陈书》卷 26《徐陵传》。

③ 参见陈琳国：《魏晋南朝监察制度的变迁》，载《北京师范大学学报》1988 年第 1 期。

④ 参见张琦：《曹魏御史台考述》，郑州大学 2010 年硕士学位论文。

⑤ 《晋书》卷 24《职官志》。

⑥ 《续汉书》卷 26《百官志·少府》。

侍御史时，对于诽谤妖言之现象，高柔反对“有妖言辄杀，而赏告者”的方式，上疏文帝曰：“臣愚以为宜除妖谤赏告之法，以隆天父养物之仁。”①高柔认为，只有用法律的手段才能更好地治理此种社会痼疾。文帝听从此谏言，乃下诏：“敢以诽谤相告者，以所告者罪罪之。”即以罪治之。不久，便达到“遂绝”之效果。至魏时，又置治书执法，主掌奏劾，与治书侍御史配合办案，正所谓“二官俱置”，即治书侍御史掌法，治书执法执法。但治书执法仅存于曹魏这一时期。西晋时期，“又置黄沙狱治书侍御史一人，掌诏狱及廷尉不当者皆治之”，“后并河南”，遂省之。②

其次，是分曹办公的侍御史，将监察的触角伸向各行政部门。侍御史在继承汉制的同时，又进一步发展，权力多样化、复杂化，并发展出殿中侍御史等职。侍御史，依沿袭汉制分曹办公，是御史机构中最主要的构成人员，在两汉时期，掌五曹：一曰令曹，掌律令；二曰印曹，掌刻印；三曰供曹，掌斋祠；四曰尉马曹，掌厩马；五曰乘曹，掌护驾。曹魏时期，因史料匮缺，曹数不详，《宋书·百官志下》载：“魏置御史八人，有治书曹，掌度支运，课第曹，掌考课，不知其余曹也。”即治书曹和课第曹为曹魏时期所新增。西晋时期，增至十三曹：吏曹、课第曹、直事曹、印曹、中都督曹、外都督曹、媒曹、符节曹、水曹、中垒曹、营军曹、法曹、算曹。到东晋时，废课第曹，置库曹，以掌厩牧牛马市租。③

殿中侍御史，纠察朝会之官员。“殿中侍御史，案魏兰台遣二御史居殿中，伺察非法，即其始也。”④每当朝会之时，两名殿中侍御史侍立于大殿内，伺察殿内百官，发现不法行为，立即纠举之。曹魏之创设此官职，是为了打击东汉后期所出现的权臣在朝堂上耀武扬威、藐视君权之现象。“又案魏晋官

① 《三国志》卷24《高柔传》。
② 《晋书》卷24《职官志》。
③ 参见《晋书》卷24《职官志》。
④ 《晋书》卷24《职官志》。

品令又有禁防御史第七品，孝武太元中有检校御史吴琨，则此二职亦兰台之职也。”①

符节御史，秦符玺令之职也。汉因之，位次御史中丞。至魏别为一台，位次御史中丞，掌授节、铜武符、竹使符。及泰始九年(273年)，武帝省并兰台，置符节御史掌其事焉。②

检校御史，掌行马外事。“初，秦以御史监理诸郡，谓之监御史，汉罢其名。至晋太元中，始置检校御史，晋志云：‘古司隶知行马外事。晋过江，罢司隶官，故置检校御史，专掌行马外事。’宋、齐以来无闻。后魏太和末，亦置此官，宿直外台，不得入宿内省。北齐检校御史十二人。后周司宪旅下士八人，盖亦其职。”③

除专职型的监察官，在曹魏时期，由于战争频频，为保证军队纪律，粮饷供应无障碍，还发展出一套军队监察系统，可分为衍生型监察官和外置型监察官。

所谓衍生型监察官，是指督军御史中丞，其任务在于及时制止军队违法乱纪现象，更重要的是保证军队行为符合皇权意志，及时向朝廷汇报军队情况，其权力之大，发展至可自主招募士兵作战。在西汉成帝时期，御史中丞就有临时督军、领军的权力，在汉末，御史中丞这项临时性的任务被固定化，曹魏时期沿用。

所谓外置型监察官，指派御史台的监察官到军队监督和管理督运粮草，主要是督军粮治书侍御史、督军粮执法和督军粮御史，形成督军粮监察系统。依治书侍御史职掌，可推出督军粮治书侍御史在军队主要掌有关粮草供给、后勤保障的军令规定，同样督军粮执法则负责相关律令的执行。

因此，就中央层面的监察而言，不论是从官职设置还是制度设计，堪称

---

① 《晋书》卷24《职官志》。

② 《晋书》卷24《职官志》。

③ 《通典》卷24《职官六》。

"监察之眼无处不在"，无不体现了君主希望通过监察之手掌控国家的各个层面。

二、具有时代特色的地方监察体制

魏晋南北朝时期，由于政局动荡，国家分裂，各朝统治者为了稳固局势，在吏治方面不遗余力地创设制度，以保证地方官吏在皇权的掌控之中。曹魏政权和孙吴政权先后创设校事一职；南朝时期，君主又遣典签作为其耳目来监督地方官吏；巡行制度在北魏得到空前的发展，体现为巡行之常态化、专业化和区域化。

(一)固定性的地方监察官吏

1."密探型"的校事

校事始于三国，终于三国，最先由曹魏政权创设，然后在孙吴政权中出现。校事作为君主的耳目，其职责即为刺探百官大臣的活动。黄门侍郎程晓上疏曰："军旅勤苦，民心不安，乃有小罪，不可不察，故置校事，取其一切耳，然检御有方，不至纵恣也。"①《三国志·魏书·徐邈传》记载，徐邈为尚书郎时，因在禁酒之规定下，饮酒至于沉醉，校事赵达向他询问曹中事时，道出了挑战君主神圣性的话语——"中圣人"，校事便将此事"白之太祖，太祖甚怒"②。可见，校事深入基层政权，无所不纠，无所不察。因此设立校事是为达到监察无所不及的目的。

校事职掌事无巨细的内容，决定了其应由身份低下、地位卑微的人来担任。程晓上疏罢免校事官时，用"校事小吏""校事区区"等来形容。东吴步骘上疏孙权，称校事吕壹为"今日小臣"，又说校事"小人因缘衔命，不务奉公而作威福，无益视听，更为民害，愚以为可一切罢省"③。最终导致吕壹被

---

① 《三国志》卷14《程晓传》。
② 《三国志》卷27《徐邈传》。
③ 《三国志》卷52《步骘传》。

杀。可见，不论是在曹魏还是东吴，校事的地位都很低下。由低微之人来担任校事，主要原因是他们身份卑微，君主容易控制，是君主控制百官的工具。

校事制度在三国时期出现并非偶然。在一个军阀混乱、新旧交替的时期，制度不健全，正如程晓上疏所说："昔武皇帝大业草创，众官未备，而军旅勤苦，民心不安，乃有小罪，不可不察，故置校事，取其一切耳。"①即在众官未备之情况下设校事一职。在曹魏政权中，常见官吏未设置或有名无实，如钟繇在建安时期任司隶校尉时，一直在关中为曹操输送粮草马匹，关于纠举不法之事，史书的记载很少，可推知其所担任的司隶校尉一职只是徒有虚名罢了，并未真正行使监察权，且曹操曾对高柔说："要能刺举而辨众事，使贤人君子为之，则不能也。"②可见，刺举不法之事，涉及方方面面，需要大小悉知，曹操认为这是贤人君子很难做到的。

另外，曹魏政权中，紧张的君臣关系与校事制度的产生也有密切的关系。在曹操时代，政治形态不稳，军事不统一，政变之事不断发生，如建安五年（200 年）董成发动宫廷政变，建安二十三年（218 年）少府耿纪等人在许都叛乱，建安二十四年（219 年）相国西曹掾魏讽在邺城叛乱。这种动乱的政治环境使得曹操很难相信大臣。同时，曹操实施唯才是举的政策，也直接关系到他与部下的关系。以"才能"为中心的选拔方式，必然导致曹操对自己的百官大臣有强烈的猜疑心理，与曹操意志不符之人，很容易被铲除，如杨修、崔琰、荀彧等。因此，对于曹操而言，了解诸臣百官的一举一动，设置校事可以达到立竿见影的效果。

2."出身寒门"的典签

典签，亦称"签帅"，是南朝特置的监察官，典签制度始于宋，盛于齐，衰于梁。设置之目的在于控制掌有行政军事和监察大权的刺史，尤其是要控制由宗室诸王出任的刺史，以防威胁皇权。与三国时期的校事一样，其任职

① 《三国志》卷 14《程晓传》。

② 《三国志》卷 24《高柔传》。

者身份卑微，由寒人充当。

据《南史·吕文显传》："故事，府州部内论事，皆签前直叙所论之事，后云谨签，日月下又云某官某签，故府州置典签以典之。本五品吏，宋初改为七职。宋氏晚运，多以幼少皇子为方镇，时主皆以亲近左右领典签，典签之权稍重。"①可见，府州最初置典签一职主要是掌文书，后由于幼小皇帝出任方镇，典签职权范围扩大，包括照顾幼小皇帝的饮食起居。最后，演变成皇权控制地方势力的工具。

孝宋武帝时期，典签制度趋于完善，典签遍布于各州府，《南史·吕文显传》载："大明、泰始，长王临蕃，素族出镇，莫不皆出内教命，刺史不得专其任也。"②即使是成年皇子或庶族出任州刺史的，遇到事情也要请示典签，刺史不能按照自己的意愿行事。典签之权与日俱增，不仅可以随时向皇帝报告诸王刺史的言行，还可以干预地方政务和限制刺史的行为。这种权力的膨胀在萧齐时期达到顶峰。齐武帝时期，宜都王萧铿为南豫州刺史、都督二州军事，但"举动每为签帅所制，立意多不得行"③，徒有地方长官之名。典签甚至可以依朝廷旨意处死诸王刺史。齐海陵王萧昭文在位时，丞相萧鸾执掌朝政，诛除宗室诸王，遣人杀湘州刺史南平王萧锐，萧锐的部下周伯玉劝其起兵，但被萧锐的典签所制止，且典签当即将萧锐斩首，将周伯玉下狱处死。④ 可见典签权力之大，已远超其他监察官员。

南朝典签除了有显赫的监察权，还赋予其相应的保障措施。首先，严惩伤害典签之人，齐高帝即位那年，长沙威王萧晃"欲用政事，辄为典签所裁，晃执杀之，上大怒，手诏赐杖"⑤。此种保障典签人身安全的措施有利于极大地发挥典签的监察作用。此外，对于失职的典签亦有追责措施，"道中戏部伍

① 《南史》卷77《吕文显传》。
② 《南史》卷77《吕文显传》。
③ 《南史》卷43《齐宜都王萧铿传》。
④ 《南史》卷43《齐南平王萧锐传》。
⑤ 《南齐书》卷35《长沙威王晃传》。

为水军，上闻大怒，杀其典签"①。典签失职会受到极其严重的惩罚。因此，一般情况下，典签都会随时密报皇帝。同时，统治者对典签贪赃枉法之行为，亦是严惩不贷。萧惠基弟惠朗为西阳王长吏时，"典签何益孙赃罪百万，弃市，惠朗坐免官"②。

在萧梁时期，典签恢复至原来的职掌，即掌文书。综观南朝典签制度的发展，统治者设立的目的是想通过典签制度来集中皇权，巩固封建统治，但随着典签权力的越来越大，其所发挥的作用越来越小。寒门士族的兴起，必然导致统治集团内部矛盾更加复杂尖锐。如典签权力之大，必然使君主与诸王方镇的矛盾进入白热化的状态，诸王刺史在无权、受制的情况下势必反抗，反而加速南朝政权瓦解。典签制度是南朝所特有的监察方式，是封建社会的必然产物，同时亦是集权、分权的恶性循环。

（二）临时性的巡行使者

由于东汉后期，州的性质发生变化，以前的监察区变为一级行政区，刺史由单一的监察官员变为地方行政长官，导致中央对地方的监察有所割裂，所以，在魏晋南北朝时期，统治者采用遣使者出巡的方式来控制地方。晋武帝时期，石苞上奏："州郡农桑未有赏罚之制，宜遣掾属循行，皆当均其土，宜举其殿最，然后黜陟焉。"武帝接受此建议，遣司徒督察州郡播殖。③ 至南北朝，遣使者出巡成为制度，南朝时期，监察职权的合法性主要来自皇帝诏书。如宋武帝下诏："遣大使分行四方，旌贤举善，问所疾苦。其有狱讼亏滥，政刑乖愆，伤化扰治，未允民听者，皆当具以事闻。"④建元元年（前140年），齐武帝"诏遣大使分行四方，遣兼散骑常侍十二人巡行"⑤。在北朝时

① 《南史》卷44《庐陵王子卿传》。
② 《南齐书》卷46《萧惠基传》。
③ 《晋书》卷33《石苞传》。
④ 《宋书》卷3《武帝纪》。
⑤ 《南齐书》卷2《高帝纪》。

期，巡行制度的发展具有了专职化、区域化和常态化之特征。

1. 巡行之常态化

北魏时期，仅道武帝、明元帝两朝就多次遣使者巡行，这里以《北魏》本纪所载略举如下：

道武帝天兴年间：

三年春正月，“分命诸官循行州郡，观民风俗，察举不法”。

四年春正月，“分命使者循行州郡，听察辞讼，纠劾不法”。①

明元帝永兴年间：

二年春二月，“其遣使者巡行天下，省诸州，观民风俗，问民疾苦，察守宰治行。诸有不能自申，皆因以闻”。

同年秋九月，“分遣使者循行州郡，观察风俗”。

三年春二月，“诏北新侯安同等持节循行并、定二州及诸山居杂胡、丁零，问其疾苦，察举守宰不法。其冤穷失职、强弱相陵、孤寒不能自存者，各以事闻”。

同年冬十一月，“诏使者巡行诸州，校阅守宰资财，非自家所赍，悉簿为赃。诏守宰不如法，听民诣阙告言之”。②

北魏建国初期，巡行的次数变多，范围逐渐扩大，不难看出，统治者十分重视巡行制度。

2. 巡行之专业化

大使巡行的名目颇多，如“巡简”“巡行”“巡察”“巡历”“省察”“巡抚”等，

① 《魏书》卷2《太祖纪》。

② 《魏书》卷3《太宗纪》。

但其核心任务就是纠举不法官吏，考察地方官吏是否尽职尽责。根据出巡使臣职权的不同，可以概括为四种类型：(1)省察地方官吏，纠举不法行为的监察使；(2)巡察监督统军将领的监军使；(3)广施恩惠、宣扬皇恩、安定社会的抚恤使；(4)掌劝课农桑，落实经济政策的经济使。其中，起监察作用的主要是监察使和监军使。

根据权力的大小以及考核的方式，可以将监察使分为两种：一是黜陟使，即在巡行过程中，直接调查官吏行为，以施赏罚。如北魏道武帝曾派遣使者，“循行郡国，举奏守宰不法者，亲览察黜之”①。北周武帝建德五年下诏，“大使，周省四方，察讼听谣，问民恤隐。其狱犴无章，侵渔黎庶，随事究验，条录以闻。若政绩有施，治纲克举，及行宣圭荜，道著丘园，并须捡审，依名腾奏”②。二是风俗使，即在巡行中，通过考察各地风俗教化、百姓生活，了解地方官的为政情况，此类使者无黜陟权。北朝时期遣使“观省风俗”的事例不在少数。北魏时，道武帝天兴三年(400年)正月，“分命诸官循行州郡，观民风俗，察举不法”③。至于观风俗所巡察的内容，文成皇帝以诏书的形式加以明确，“今遣尚书穆伏真等三十人，巡行州郡，观察风俗。入其境，农不垦殖，田亩多荒，则徭役不时，废于力也；耆老饭蔬食，少壮无衣褐，则聚敛烦数，匮于财也；闾里空虚，民多流散，则绥导无方，疏于恩也；盗贼公行，劫夺不息，则威禁不设，失于刑也；众谤并兴，大小嗟怨，善人隐伏，佞邪当途，则为法混淆，昏于政也。诸如此比，黜而戮之。善于政者，褒而赏之”④。即废于力、匮于财、疏于恩、失于刑、昏于政的现象都是地方官为政不尽职的表现，巡行使者通过观民风俗可以了解吏治情况。北齐时，皇建元年(560年)八月亦“诏分遣大使巡省四方，观察风俗，问人疾苦，考求得

---

① 《魏书》卷2《太祖纪》。
② 《周书》卷6《武帝纪》。
③ 《魏书》卷2《太祖纪》。
④ 《魏书》卷5《高宗纪》。

失，搜访贤良”①。

除了有监察地方官员的巡行使者，亦有专门巡行监察统军将领的使者。据《魏书·杨播传》载：“孝昌初，除征虏将军、中书侍郎，迁给事黄门侍郎。时北镇饥民二十余万，诏昱为使，分散于冀、定、瀛三州就食。后贼围豳州，诏昱兼侍中，持节催西北道大都督、北海王颢，仍随军监察。”②此外，孝庄帝永安年间，鹿悆亦有“兼殿中侍御史，监临淮王彧军”的活动。③

3. 巡行之区域化

随着出巡使者职责加重和职权细化，在出使的区域上亦有了一定的划分。但因为出巡本身具有任意性，所以对区域的划分也没有统一的标准，往往出现划分标准多样化的情况。或完全按照地理的分区派出大使，如关右大使、关中大使、河南大使、山东大使、河北大使、河西大使等；或根据行政区划派出大使，如荆郢和籴使、徐兖和籴使、梁州北豫西兖三州检户使、六州大使等；还有一种则是将全国分为多个道，下辖数州，分别派出使者。④

这一时期巡行制度中还出现“道”的概念。《魏书·高祖纪》载：“陇西公元琛、尚书陆睿为东西二道大使。”⑤孝文帝太和改革后，遣使分道出巡逐渐常制化，太和八年(484年)就曾分东西道出巡，即以洛阳为中心分为外州和畿内，外州又分为东西二道，宣武帝正始二年(505年)有派遣畿内大使的记载：“诏尚书李崇、太府卿于忠、散骑常侍游肇、谏议大夫邓羡，崇、忠使持节并兼侍中，羡兼黄门，俱为大使，纠断外州畿内。”⑥此后，道的划分不断细化，“出现了南道、东南道、东北道、山南道、西北道、北道西南道的划

① 《北齐书》卷6《孝昭帝纪》。

② 《魏书》卷58《杨播传》。

③ 《魏书》卷79《鹿悆传》。

④ 武剑青：《南北朝遣使巡行制度探讨》，郑州大学2006年硕士学位论文。

⑤ 《魏书》卷7《高祖纪》。

⑥ 《魏书》卷8《世宗纪》。

分”①。如史载，“诏以崇为使持节、兼侍中、东道大使，黜陟能否，著赏罚之称”②。“萧衍遣将寇逼徐扬，除端抚军将军、金紫光禄大夫、使持节、东南道大使，处分军机。”③这些都是史籍所见的各道大使的派驻情况。

三、监察的实施状况

（一）三国时期，反监察事态突出

在战争频繁的情况下，曹魏政权和孙吴政权为了控制内乱，巩固政权，设置了校事一职。曹操时期，校事属于丞相的属官，其权力有限，加之曹操的限制，所以不至于恣意妄为。但是在曹丕时代，校事权力极速扩大，“上察宫庙，下摄众司，官无局业，职无分限，随意任情，唯心所适。法造于笔端，不依科诏；狱成于门下，不顾覆讯。其选官属，以谨慎为粗疏，以謥詷为贤能。其治事，以刻暴为公严，以循理为怯弱。外则托天威以为声势，内则聚群奸以为腹心。大臣耻与分势，含忍而不言，小人畏其锋芒，郁结而无告”④。即校事的权力远远超过其他监察官员。不可否认，校事一职的设置在很大程度上起到监管地方官吏的作用，是皇权控制地方势力的得力工具，如魏明帝时期，“猎法甚峻，宜阳典农刘龟窃于禁内射兔，其功曹张京诣校事言之”⑤，明帝知道后大怒，将刘龟逮捕下狱。

校事权力过大，必然损害世家大族的利益，招致其不满，因此校事成为两股势力的矛盾点。在魏明帝死后，由于继位者曹芳年幼，皇权势力开始衰落，因此以皇权为依托的校事也失去了坚强的后盾，一股反校事势力开始崛起，如黄门侍郎程晓上疏曰：“校事小吏，益不可信。若此诸贤各思尽忠，校

---

① 武剑青：《南北朝遣使巡行制度探讨》，郑州大学2006年硕士学位论文。

② 《魏书》卷66《李崇传》。

③ 《魏书》卷21《献文六王传》。

④ 《三国志》卷14《程晓传》。

⑤ 《三国志》卷24《高柔传》。

事区区，亦复无益。若更高选国士以为校事，则是中丞司隶重增一官耳。若如旧选，尹模之奸今复发矣。进退推算，无所用之。昔桑弘羊为汉求利，卜式以为独烹弘羊，天乃可雨。若使政治得失必感天地，臣恐水旱之灾，未必非校事之由也。"①表达了对校事的深恶痛绝，强烈要求取消此职。卫臻上疏亦曰："古制侵官之法，非恶其勤事也，诚以所益者小，所堕者大也。臣每察校事，类皆如此，惧群司将遂越职，以至陵迟矣。"②可见，大族势力无一不反对校事的存在。

在孙吴政权，设校事同样遭到世家大族的强烈反对。吕壹为校事，开始备受宠信，权力极大，但却遭到世家大族的排挤。步骘认为，吕壹"小人因缘衔命，不务奉公而作威福，无益视听，更为民害，愚以为可一切罢省"③。又《潘濬传》载："濬每进见，无不陈壹之奸险也。"④可见，二者矛盾已经发展到了不可调和的地步，因此孙权不得不作出让步，杀死吕壹，取消校事一职。至此才使矛盾有所缓和。吴末，皇帝孙皓再置校事，自然又遭到了士族的反对，陆凯上疏曰："夫校事，吏民之仇也。先帝末年，虽有吕壹、钱钦，寻皆诛夷，以谢百姓。今复张立校曹，纵吏言事，是不遵先帝也。"⑤

可见，校事本是三国时期特有的监察制度，是巩固皇权的得力助手，在皇权得到巩固时，必然会触及世家大族的利益。加之，校事身份卑微，在等级分明、卑尊有别的门阀社会，较之御史类的监察官吏，校事易遭世家大族的排挤，尤其是在皇权走向衰落时，校事便失去了依靠，极易被权贵势力所打压。

（二）两晋时期，监察走向衰弱

从晋武帝后期始，监察走向衰弱。因为在晋武帝前期，一方面，从内部

① 《三国志》卷14《程昱传》。
② 《三国志》卷22《卫臻传》。
③ 《三国志》卷52《步骘传》。
④ 《三国志》卷61《潘濬传》。
⑤ 《三国志》卷61《陆凯传》。

看，由于晋武帝以“禅让”的方式取代曹魏政权，难免会激起曹魏政权拥护者的不满，因此内部政权不稳定；另一方面，从外部看，虽然蜀国已亡，但孙吴政权尚存。在这样的形势下，晋武帝在笼络世家大族的同时，亦必须继承曹魏政权的监察制度，给监察官吏较大的权力来打击不法行为，保证内部稳定，以便储蓄力量攻打孙吴政权，完成统一大业。

成就之时亦是祸患之时，完成统一大业后，晋武帝认为天下太平，不再留心政事，《晋书·杨骏传》载：“帝自太康以后，天下无事，不复留心万机，惟耽酒色，始宠后党，请谒公行。”①同时，武帝对于世家大族以及各级官吏恣意横行的行为亦采取放纵的态度，不再注重监察职能的实施，不再支持监察官纠举百官。在太康三年（282 年），羊琇恃宠娇侈，放恣犯法，司隶校尉刘毅劾之，应以重刑处之，但晋武帝念旧恩，“乃遣齐王攸喻毅，毅许之”，但程卫认为不可，“径自驰车入护军营，收琇属吏，考问阴私，先奏琇所犯狼藉，然后言于毅”②，为此，晋武帝不得不免去羊琇官职，但“寻以侯白衣领护军。顷之，复职”③。士族王戎任侍中时，“南郡太守刘肇赂戎筒中细布五十端，为司隶所纠，以知而未纳，故得不坐”，但依然有议论者认为这是王戎的过错，晋武帝却替王戎向众臣解释：“戎之为行，岂怀私苟得，正当不欲为异耳！”④晋武帝对监察态度的逆转，不仅使监察官员不能正确行使监察权，还会助长违法世家大族对监察官员的排挤。此种变化，使得监察官在晋武帝后期受到削弱，借此，世家大族更是有恃无恐，目中无法，吏治走向腐败。到太康九年（288 年），已出现“二千石长吏不能勤恤人隐，而轻挟私故，兴长刑狱，又多贪浊，烦挠百姓”⑤的局面。

晋惠帝继位后，监察职能再次被重度削弱，在外戚、皇后以及宗室诸侯

① 《晋书》卷 40《杨骏传》。
② 《晋书》卷 45《程卫传》。
③ 《晋书》卷 93《羊琇传》。
④ 《晋书》卷 43《王戎传》。
⑤ 《晋书》卷 3《武帝纪》。

彼此争夺权位的战争中，皇权被搁置，使得监察权亦不能被保障。虽有些监察官尽心职守，但监察效果微弱，弹劾不被采纳，违法者不受其罪是常见之事，如外戚王恺性豪侈，“石崇与恺将为鸩毒之事，司隶校尉傅祗劾之，有司皆论正重罪，诏特原之。由是众人佥畏恺，故敢肆其意，所欲之事无所顾惮焉”①，甚至还有监察官因弹劾而遭受打击报复，如御史中丞刘乔弹劾齐王司马冏的腹心载重董艾“罪衅者六”，“艾讽尚书右丞苟晞免乔官，复为屯骑校尉”。② 更有甚者，还有些监察官另辟歧路，依附权贵，打击贤良。如贾南风掌权后，废除愍怀太子司马遹，并下诏故臣不得辞送，但“众官不胜愤叹，皆冒禁拜辞”，此时，司隶校尉满奋“敕河南中部收缚拜者送狱”③。因此，在西晋时期，监察制度随着皇权的没落被曲解，没能达到纠举不法、整肃吏治的目的。

西晋灭亡后，琅琊王司马睿在南方即位建立东晋。同样，在建国之初，为稳固王朝，他充分总结了西晋灭亡的原因，认识到西晋监察之效果甚微，导致大臣贵族恣意妄为，从而使王朝走向灭亡，因此，下诏曰：“二千石令长当祗奉旧宪，正身明法，抑齐豪强，存恤孤独，隐实户口，劝课农桑。州牧刺史当互相检察，不得顾私亏公。长吏有志在奉公而不见进用者，有贪惏秽浊而以财势自安者，若有不举，当受故纵蔽善之罪，有而不知，当受闇塞之责。各明慎奉行。”④虽然有整治弊政之心，但由于“王与马共天下”的政治环境，使得监察之手处处碰壁，仍然无法控制专权横行的世家大族，更多监察官员反而沦为权贵家族专横的工具。如权臣桓温擅废海西公司马奕，立简文帝，作为监察官员的侍御史，非但未予制止，反而和殿中监一起押送海西公离宫。

---

① 《晋书》卷 93《王恺传》。

② 《晋书》卷 61《刘乔传》。

③ 《晋书》卷 43《乐广传》。

④ 《晋书》卷 6《元帝纪》。

此外，由于天子毫无实权，所以针对地方的临时性监察也失去意义，正所谓“然终晋世，巡狩废矣”①。因此，在东晋，不论是长期的监察还是临时性监察，其监察之本意皆已虚化，监察官员不论是对地方官员还是中央官员都不能纠举弹劾，监察制度日渐式微。

（三）南北朝时期的演变

北朝时期，虽然监察制度在官员和机构的设置上大抵相同，但监察的实施效果却不尽相同，总体而言，北魏时期经历了先强后弱的过程，从道武朝到孝文朝是监察较强的时期，之后北魏监察开始走向没落。北魏以军事征服和统一中原，故其前期统治者注重通过临时性监察尤其是巡行来控制各地，如安同巡察并州、定州后，上表明元帝：“窃见并州所部守宰，多不奉法。又刺史擅用御府针工古彤为晋阳令，交通财贿，共为奸利。请案律治罪。”明元帝采纳他的意见，“于是郡国肃然”②。及至宣武帝元恪以后，由于王朝内部相对稳定，统治者日趋骄奢淫逸，吏治遂走向腐败。统治者不再措意于监察活动，正直监察官弹劾官吏后遭报复亦是屡屡发生。在选任御史时，主要看亲疏远近，而非才能，因此，御史素质大大下降。在此背景下，监察实施状况不言而喻。

东魏、北齐继承了北魏的主体，亦延续了前朝的诸多弊政，其吏治腐败问题在开国之初就已经非常严重。统治者高欢父子虽迫于时势，采取诸多措施对官僚队伍大加整肃，并取得一定成效，然而，这样的整肃方式存在巨大缺陷：其一，东魏统治集团构成极为复杂，这在很大程度上制约了吏治整饬的成效；其二，在监察制度的建设及实施方面鲜有建树。高欢在世时，尚能够凭借其政治威望及世子高澄的协助整饬吏治，然而随着高氏父子的相继去世，人亡政息，吏治整肃遂难以为继。到了北齐后期，朝纲日趋紊乱，以至

① 《宋书》卷15《礼志二》。

② 《魏书》卷30《安同传》。

于“卖官鬻狱，上下相蒙”，“州县职司多出富商大贾”，① 北齐亦最终在内忧外患中走向灭亡。

西魏和北周都属于宇文氏统治下的政权。在西魏时期，御史中尉长期处于空缺状态，孝武帝西迁之初，董绍为御史中尉，但因董绍出军“竟无功而还，免为庶人”②。此后，赵贵曾任过御史中尉，不久又缺，直至西魏末，宇文泰对李昶说：“卿祖昔在中朝，为御史中尉。卿操尚贞固，理应不坠家风。但孤以中尉弹劾之官，爱憎所在，故未即授卿耳。然此职久旷，无以易卿。”③于是，令李昶为御史中尉。又因西魏时期统治者以军事为要务，因此，在此期间担任过御史中尉的官吏，其主要任务不是展开监察工作，而是执行军事任务。可见，监察在西魏并未受到重视。尤其是在宇文泰颁布的施政纲领“六条诏书”中，无一条涉及监察，史籍中关于西魏监察官纠举不法行为的记载也很少，因此，这一时期监察的发展可能较为有限。北周时期，周宣帝尝“遣大使巡察诸州”，且“诏制九条，宣下州郡”。其中就包括“决狱科罪，皆准律文”，“以杖决罚，悉令依法”，“郡县当境贼盗不擒获者，并仰录奏”等④，与地方官员的监察有一定关系。

南朝较之东晋，监察之效果有所好转。自刘裕取代东晋建立刘宋政权始，南朝的统治者不仅总结东晋灭亡的原因，还采取一些措施避免重蹈覆辙。除设置典签一职，给予御史中丞显赫的威仪外，为了防止世家大族妨碍监察权的行使，一般不让他们担任监察官，这就是史载所谓“甲族由来多不居宪台”⑤。

另外，监察官必须纠举弹劾违法官员，否则以失职论处。如宋武帝时期，

① 《北齐书》卷8《后主纪》。
② 《周书》卷33《赵刚传》。
③ 《周书》卷38《李昶传》。
④ 《周书》卷7《宣帝纪》。
⑤ 《南齐书》卷33《王僧虔传》。

王弘为尚书仆射，举奏御史中丞王准之未弹劾世子左卫率谢灵运“罔顾宪轨，忿杀自由”之行为，认为王准之“显居要任，邦之司直，风声噂沓，曾不弹举。若知而弗纠，则情法斯挠；如其不知，则尸昧已甚。岂可复预班清阶，式是国宪”，最后王准之以失职罪被罢免。① 此外，“中丞傅隆不纠，免隆官。……中丞何勖不纠，亦免勖官。……中丞萧惠开不纠，免惠开官。……中丞张永结免”②。可见，南朝监察官员，尤其是御史中丞，如不恪尽职守，纠举不法，会被免官。

同时，南朝统治者支持不避权贵，敢于承担纠举职责的监察官员。宋武帝刘裕时期，孔琳之为御史中丞时，“明宪直法，无所屈桡”，因此“高祖甚嘉之，行经兰台，亲加临幸”③。江淹为御史中丞时，“弹中书令谢朏、司徒左长史王缋、护军长史庾弘远，并以久疾不预山陵公事；又奏前益州刺史刘悛、梁州刺史阴智伯，并赃货巨万，辄收付廷尉治罪。临海太守沈昭略、永嘉太守庾昙隆，及诸郡二千石并大县官长，多被劾治，内外肃然”，齐明帝对此赞赏有加，谓曰：“宋世以来，不复有严明中丞，君今日可谓近世独步。”④

正是以上举措，使得南朝时期出现了一批正直，敢于弹劾违法行为的官员，从而使整个监察体系回归至某种程度的正常轨道之上。如孔琳之担任御史中丞时，“百官震肃，莫敢犯禁”⑤；荀伯子任御史中丞时，“立朝正色，外内惮之”⑥；到洽迁为御史中丞后“弹纠无所顾望，号为劲直，当时肃清”⑦。除此之外，还有许多敢于纠举不法，打击贪赃枉法的官吏，如萧梁御史中丞江革、褚球、刘孺、臧盾等，以及陈朝御史中丞孔奂、袁宽、徐陵等。南朝

① 《宋书》卷 42《王弘传》。
② 《南齐书》卷 39《陆澄传》。
③ 《宋书》卷 56《孔琳之传》。
④ 《梁书》卷 14《江淹传》。
⑤ 《宋书》卷 56《孔琳之传》。
⑥ 《宋书》卷 60《荀伯子传》。
⑦ 《梁书》卷 27《到洽传》。

时期出现如此多正直不阿的监察官吏，其监察行为在朝内外都产生了较大威慑作用。

四、监察制度实施状况的原因分析

综观魏晋南北朝监察制度的演变过程，呈现出监察权忽强忽弱的局面，此现象与皇权之大小息息相关。在两晋时期，由于皇权被世家大族所抑制，因此，监察亦未产生较好效果。在南北朝时期，尤其在南朝，随着皇权逐渐加强，监察权也有所提高。

(一) 士族门阀阶层的阻碍

在两晋时期，世家大族的势力发展到极盛，无论是在政治、军事、还是经济上，他们都拥有极为强大的权力，足以与整个司马氏政权抗衡。由于司马氏本来就是依靠世家大族的力量才成功取代了曹魏政权，所以，建立新朝代后，通过与世家大族分享政治、经济诸方面的权益，来换取世家大族对王朝的支持。而门阀士族的关键所在就是世代高官，一旦失去高官，门第就会没落。因此，保官对于世家大族而言，其重要性不言而喻，所以敌视监察制度便是其本能之反应。荀勖任中书监期间，有人提出省州郡县半数的官吏，以赴农活，勖议认为："省吏不如省官，省官不如省事，省事不如清心。昔萧曹相汉，载其清静，致画一之歌，此清心之本也。汉文垂拱，几致刑措，此省事也。光武并合吏员，县官国邑裁置十一，此省官也。魏太和中，遣王人四出，减天下吏员，正始中亦并合郡县，此省吏也。今必欲求之于本，则宜以省事为先。凡居位者，使务思萧曹之心，以翼佐大化。"①不难看出，荀勖提出的"省事清心"之议，正是在倡导无为而治思想，也为门阀士族为所欲为创造了生存空间，荀勖又曰："若欲省官，私谓九寺可并于尚书，兰台宜省付三府"②，即公然主张取消御史台，可见，世族大家对监察之抵触。西晋永嘉

---

① 《晋书》卷39《荀勖传》。

② 《晋书》卷39《荀勖传》。

五年(311年)，陈頵与王导书曰："中华所以倾弊……加有庄老之俗倾惑朝廷，养望者为弘雅，政事者为俗人，王职不恤，法物坠丧。"①这些正是倡导无为而治、弱化监察造成的后果。

东晋取代西晋后，偏安江东，士族势力继续扩大，进入鼎盛时期，尤其是渡江而来的北方大士族在东晋政权中占有绝对优势地位。据《晋书·王导传》载："洛京倾覆，中州士女避乱江左者十六七，导劝帝收其贤人君子，与之图事。"②晋元帝采纳王导的建议，从中征聘上百人为掾属，谓之"六百掾"③。尤其是琅琊王氏是东晋建国的主要支柱，在东晋政权中位高权重，"(王)敦总征讨，(王)导专机政，群从子弟布列显要"④，因此形成了"王与马共天下"的局面，反映出世家大族的势力已凌驾于皇权之上，因此对于其不法行为，即使是天子也会束手无策，更不用说靠监察官吏来整治了。终东晋一朝，除了琅琊王氏，还有颍川庾氏、谯国桓氏、陈郡谢氏，这几大家族把持着整个东晋王朝的命脉，正所谓"晋主虽有南面之尊，无总御之实，宰辅执政，政出多门，权去公家，遂成习俗"⑤，皇帝形同虚设，那么加强监察以维护皇权的期望只能是一种幻想。

(二)皇权与寒人集团结盟

南朝时期，监察有所加强，主要在于皇权势力有所提高。东晋门阀政治虽然维系了偏安政权，但亦日渐朽坏，经晋末孙恩、卢循叛乱的冲击后，世家大族的势力更趋衰落。私家权力的消退意味着中央权力的加强，南朝建立以后，寒人庶族、军功阶层日渐抬头，成为支撑皇权的新基础。在此种背景下，统治者便通过诏令"专出舍人"来加强皇权的控制，使得皇权在新的社会条件下有所强化。当然，门阀政治让位皇权并不意味着门阀势力的终结，因

---

① 《晋书》卷71《陈頵传》。

② 《晋书》卷65《王导传》。

③ 参见汪涛：《两晋时期的门阀士族与外戚政治》，载《西南师范大学学报》(哲学社会科学版)1995年第3期。

④ 《资治通鉴》卷91《晋纪十三》。

⑤ 《晋书》卷117《姚兴载记》。

此在门阀士族余温还存的情况下，南朝皇权与寒人集团结盟，共同对抗门阀士族，此即清人赵翼所言："然江左诸帝，乃皆出自素族。……其他立功立事，为国宣力者，亦皆出于寒人。"①

在门阀政治时代，尊卑格局不仅体现在交往、婚姻等方面，在官职上也有反映，"由士族人担任清职，即清贵文翰之职；由寒人担任浊职，即事务冗繁之职"②。但不论是清职还是浊职，都是王朝行政系统不可或缺的组成部分，因此，即使是门阀政治的鼎盛时期，亦不能把寒人排斥在政治组织之外。南宋的建立意味着东晋的政治格局被打破，而此时正是寒人集团重新奠定自己地位的最佳时刻，他们表现出积极的进取态势。寒人地位发生实质性的改变是在宋孝武帝时期，这一时期，寒人与皇权紧密联合，"孝建、泰始，主威独运，官置百司，权不外假，而刑政纠杂，理难遍通，耳目所寄，事归近习。赏罚之要，是谓国权，出内王命，由其掌握，于是方途结轨，辐凑同奔。人主谓其身卑位薄，以为权不得重。曾不知鼠凭社贵，狐借虎威，外无逼主之嫌，内有专用之功，势倾天下，未之或悟"③。南朝的典签制度正是皇权与寒人结盟的产物，它提高了寒人的权力，巩固了皇权的地位，两者的结合，有力地打击了士族势力，为行使监察权铺平道路。

五、总结

魏晋南北朝时期，是监察制度都的发展时期，就制度层面而言，御史台作为中央监察体系的核心组织，不论是纠察权限还是御史官吏的威仪，都无不体现皇权给予的权力之大。对地方官吏的监察，君主亦不断创设新制度，以稳固皇权。南朝自刘宋始，即设置典签一职，无所不纠，无所不察，位卑而权重，对南朝政治产生深刻影响。除了固定的监察官吏，统治者还制定了临时性的巡行制度，派遣大使巡察州郡，以保证对地方势力的

---

① （清）赵翼著，王树民校证：《廿二史札记校证》，中华书局1984年版，第254页。

② 袁宝龙：《晋宋之际的皇权回归与门阀余响》，载《史志学刊》2018年第2期。

③ 《宋书》卷94《恩幸传》。

有效掌控。

但整个魏晋南北朝时期，因政权更迭频繁，监察效果有好亦有坏，总体而言，在新王朝建立之初，由于总结前朝失败的原因，都会十分重视吏治，给予监察官员充分的权威，使监察成为稳固皇权的有效工具。但随着王朝内部势力的角逐，皇权与门阀士族的博弈，监察亦随之飘忽不定。监察效果的好与坏，很大程度上取决于皇权势力的强与弱，尤其是校事和典签的"短暂"命运结局，可以看出这些位轻权重的监察官，其兴与衰完全取决于皇权的强与弱。因为在尊卑有别，等级森严的社会，若没有皇权这一后盾，出身卑微的监察官管理其他官吏，其权威性很难被接受和认可。

第三节　专论：两汉司隶校尉司法职能的行使及其文化意涵[①]

一、两汉司隶校尉的司法职能：规范与实证分析

（一）司隶校尉兴革略考

据《汉书・百官公卿表》记载："司隶校尉，周官，武帝征和四年初置。持节，从中都官徒千二百人，捕巫蛊，督大奸猾。后罢其兵。察三辅、三河、弘农。元帝初元四年去节，成帝元延四年省。绥和二年，哀帝复置，但为司隶，冠进贤冠，属大司空，比司直。"通过这段引文，我们可以对司隶校尉一职的来龙去脉有个清晰的印象，这段记载也成为后世史书及《通典》记载的张本。通过这段引文，我们可知：

第一，司隶校尉并非最早设于西周，这是学界之共识。三代之治是颇为后世所推崇的"治世"，故仿行三代尤其是周代的良法美制似乎是后世封建王朝的一个"基本共识"。如果因时代变迁而无法复制，则将本朝制度、职官之

① 本节原发表于陈晓枫主编：《中国传统法文化与司法文明》，武汉大学出版社 2016 年版。

设溯及至三代，也是后世历朝的常见做法。举例来说，周秦以降，后世仅以“周”命名的朝代或国家就有南北朝时期的北周(557—581年)、唐朝的武周(690—705年)、五代时期的后周(951—960年)等，这还不包括部分尚未成功的割据政权(如康熙年间吴三桂在1678年建立的“大周”政权)。然而，如果我们仔细核对史料，就会发现西周时期设立的司隶一官其实与两汉时期的司隶校尉在职能上相去甚远。根据《周礼·秋官》所载，司隶是秋官司寇的属官，“掌五隶之法，辨其物而掌其政令，帅其民而搏盗贼，役国中之辱事”。纵览两汉司隶校尉之职掌和行使职权的相关记载，其与周代的司隶绝少相近之处。如曰二者有一定关联，或许司隶校尉设立之初衷为处理阳石公主及戾太子巫蛊之案与周代司隶“役国中之辱事”有一定的相似性。进而，根据学者的考证，司隶校尉并非凭空而来，而是由汉武帝元狩六年(前117年)设立的直指使者演化而来。① 征和年间巫蛊一案处理完毕之后，司隶校尉一官被保留了下来，并逐渐成为常设之官，即“汉武帝初置十三州刺史各一人，又置司隶校尉，察三辅、三河、弘农七郡”②。

第二，司隶校尉的职务和地位在两汉时期发生过数次变迁。自成为常设之官后，司隶校尉因具备皇帝钦命持节使者的身份，其地位最初虽不高(在位比两千石的丞相司直之下)，权势却颇重，成为“上察皇太子、三公，下察诸卿”的要职。巫蛊之案后，司隶校尉统帅隶兵之权被剥夺，成为持节监督京师附近地区的监察官，是西汉职能交叉的多元化监察体系中重要一环。继之，司隶校尉在西汉元帝初元四年(前45年)被剥夺持节的权力，其诱因是诸葛丰因得罪外戚被免一事。③ 再后来，司隶校尉在成哀年间经历了废除、复设的变动，其职务和地位进一步弱化。复置后的司隶校尉不仅头衔上失去了“校尉”二字，而且隶属关系也从直隶于皇帝转为隶属大司空(中央最高监察官

① 朱绍侯：《浅议司隶校尉初设之谜》，载《学术研究》1994年第1期。
② 《通典》卷32《职官十四》。
③ 《汉书》卷77《诸葛丰传》。

员，由御史大夫演变而来），其权势更显降低。① 东汉肇造，司隶重新被称为司隶校尉，其地位和职权复归尊崇，完全具备中央监察官和地方监察官的双重职能。甚至在东汉末年皇纲失统之际，司隶校尉在国家政治生活中仍扮演着举足轻重的角色，为权力斗争各方所瞩目。汉末权臣董卓拒绝司徒王允提议京兆尹盖勋为司隶校尉之选时之语足为明证②，而袁绍、曹操先后担任司隶校尉一职也说明了这一威权职位的重要性。还需交代一下的是，曹魏取代汉祚以后，承汉制，也设立司隶校尉，行使监察之权。晋室东渡以后，南北政权分裂，局势动荡，司隶校尉不复往日之荣光，逐渐退出历史舞台。

第三，司隶校尉因皇权而设，随皇权沉举而转。西汉武帝最初设置司隶校尉是“非常之时行非常之事”，但作为皇帝的直接代言人，不论其职位常设与否，也不论其职权是持节、统兵、监察抑或三者统于一，司隶校尉自其设置之日起就与皇权共进退。我们研究司隶校尉问题，不仅需要探明其兴革历程，更要指出这一官职的设立与“以低制高”“以内制外”的君主专制手法一脉相承。司隶校尉最初设立时秩比两千石，位在司直、郡守之下，虽后来位比司直，但其监察对象却上至三公、下至诸卿，甚至可以纠察皇太子、皇太后、列侯，无他故，惟其为皇权耳目矣。由是之故，两汉司隶校尉被时人及后世人所称颂，如西晋傅咸称“司隶校尉，旧号卧虎，诚以举纲而万目理，提领而众毛顺”③。司隶校尉位秩低而威权重，这显然与皇权尊崇且乾纲独断有内在关联，因为“在专制制度下，皇帝恩信所在，即是政治中心所在”④。相应地，

---

① 当然，也有学者认为复置后的司隶虽“除校尉字”，但不仅其职权没有发生变化，而且地位还有所提高。理由在于，西汉末改官制后，丞相改称司徒，御史大夫改称司空，司直属司徒，司隶属司空，二者皆秩二千石，这与司隶校尉初设相比已经提升，而且这种提升也得到了《通典》和《汉书·翟方进传》的史料支撑。参见袁刚：《汉代的司隶校尉》，载《南都学坛》（社科版）1990年第1期。

② 董卓云：“此人（盖勋）明智有余，然不可假以雄职。”参见《后汉书·盖勋传》。

③ （宋）李昉：《太平御览》卷250《职官部四十八·司隶校尉》。

④ 孙季萍、冯勇：《中国传统官僚政治中的权力制约机制》，北京大学出版社2010年版，第161页。

司隶校尉职权的行使就与皇权的沉举同呼吸、共命运。通览两汉史，既有司隶校尉不避豪戚、纠举不法的快人之举，又有司隶校尉因得罪权贵最终被解职乃至丧命的记载，更有司隶校尉持两端、无所为之无奈。因此，作为附势于皇权的集团，皇权强则司隶校尉鹰扬，皇权弱则司隶校尉黯然。

（二）司隶校尉制度上的司法职能

从现有关于司隶校尉的研究成果来看，其监察职能是被多数论者所着力阐释的问题，学界关于司隶校尉监察职能的研究也是卓有成效的。客观而论，司隶校尉成为常设之官后，上察三公、下察诸卿及郡国确实是其主要职能，即"司隶校尉，纠皇太子、三公以下及旁州郡国，无不统。陛下见诸卿，皆独坐"①。在认可学界关于司隶校尉职能的基本共识之余，我们还需进一步思考的是：汉武帝元狩五年(前118年)以后在秦汉御史大夫的基础上增设司隶校尉、丞相司直、刺史等监察机构，从而形成多元化的监察体系，那么，与纯粹监察机构司直、御史中丞相比，司隶校尉所拥有的抓捕甚至惩治权该如何评价？

欲明晰司隶校尉监察职能之外的其他职权，我们需借鉴现代司法原理。这种做法固然冒着将古今中外不同事物僵化比较的风险，但却有助于将职能交叉的封建官制之分析细致化。根据现代司法的一般理论，司法是一种由专门的官方权威裁断两造纠纷的活动，专属性、程序性、专业性、权威性是司法的主要特征。② 被动而中立地接受诉讼两造的呈诉，依据律令加以处理是古今中外各国家中都存在的现象。具体到两汉司隶校尉的其他职权而言，司隶校尉既然察举百官犯法者，则其如能与司法挂钩，只能是刑事司法。在现代社会中，刑事司法包含侦查、起诉、审判和执行四个环节，由不同机构分工负责、互相制约。从现有史料看，律典、政典中均对司隶校尉的职能语焉

① (宋)李昉：《太平御览》卷250《职官部四十八·司隶校尉》。

② 张文显主编：《法理学》(第3版)，高等教育出版社、北京大学出版社2007年版，第252~253页。

不详，仅以“察举百官违法”这样的模糊用语表述，故完全套用现代司法理论猜度之，司隶校尉的刑事司法职能显然不能清晰地从职能交叉的历史材料堆中如立锥般可现。但如果我们以能否处理官吏违法为标准区分古代的刑事司法与监察，则司隶校尉的刑事司法职能便能在某种程度上得到证立。因此，考虑到史料对司隶校尉司法职能之语焉不详，笔者借用司法是一种裁断活动的现代理论，辅以监察与司法处理纠纷方式不同的比较手段，认同两汉司隶校尉行使一定程度上的刑事司法职能。

（三）司隶校尉实践中的司法职能

证成两汉司隶校尉拥有一定程度上的刑事司法职能，关键的问题不在于理论推演，而是实证资料的支撑。庆幸的是，两汉史料对此有不少记载。因为古代刑事司法并不严格区分侦查、起诉、审判这些活动，也没有严格区分官吏的刑事违法与普通民众的刑事违法，故古代刑事司法多表现为追捕盗贼（普通民众犯罪）和不法官吏。从司隶校尉设立之初就行使“督奸猾”“捕盗贼”的职能看，司隶校尉显然行使着皇帝赋予的侦捕职权。汉武以后，司隶校尉在皇帝授意下办理相关案件也不乏其例。例如，汉成帝时丞相王商与大将军王凤相互倾轧，皇帝便将这一问题交由司隶校尉审查处理。① 东汉以后，司隶校尉威权日重，审查（调查）案犯乃至直接惩处罪犯的例子屡见不鲜。仅举为后世所称道者两例：汉桓帝时李膺为司隶校尉，捕杀大宦官张让之弟野王令张朔；② 灵帝时阳球为司隶校尉，承皇帝旨意收中常侍王甫等送洛阳狱。③ 在这些例子中，司隶校尉在皇帝的授意下不仅追捕犯官，而且进行案情查明活动乃至直接惩治犯官，兼具侦查、审理与执行等刑事司法职能。除此之外，司隶校尉也对普通民众的犯罪行为进行追捕、处理。例如，汉桓帝年间司隶校尉左雄追捕盗窃顺帝陵盗贼的活动，灵帝年间司隶校尉刘猛、段颖追捕妖

---

① 《汉书》卷82《王商传》。

② 《后汉书》卷67《党锢·李膺传》。

③ 《后汉书》卷77《酷吏·阳球传》。

言惑众的犯罪民众的活动，阳球捕杀劫持桥玄少子的罪犯的活动。①

需要指出的是，两汉史料关于司隶校尉刑事司法活动的记载并非严格意义上的行使刑事司法权的活动。笔者在此言司隶校尉有刑事司法权，其意有二：一是从与经制之监察机构相比，司隶校尉还发挥着追捕犯罪、查明案情并进行处理的职能，这与以纠核为手段的司直与御史中丞不同；二是司隶校尉与常规中央司法机构廷尉相比，审判职能不足而侦捕、监察职能有余，故不能视为纯粹的司法机构。两汉是我国封建社会发展的早期阶段，国家机构职能交叉、叠床架屋是常见现象，“无官不司法”是其重要表现。司隶校尉既然作为察举京畿要地的重要职位，其混合拥有监察官、司法官的职权不足为奇。还需说明的是，司隶校尉对京畿地区三辅、三河及弘农七郡官员的察举，包括监察郡县官吏的司法活动、录囚活动等，本质上仍主要是一种监察活动而非司法活动。综上所述，本节通过理论推演和史料考证得出两汉司隶校尉拥有一定程度的刑事司法职能，是从司隶校尉本身行使职权的方式出发，而非行使职权针对的对象出发来界定的。因为司隶校尉除了弹劾、纠举官吏违法之外，其尚有直接处理部分刑事案件的权力，故笔者给出上述论断。

二、两汉司隶校尉司法职能行使之政治意蕴

司隶校尉在两汉拥有直接处理部分刑事案件的权力，其原因在于：司隶校尉是秉承皇帝意志的使臣，在特定案件中代表皇帝的意志。从史料所载司隶校尉在两汉行使职权的效果看，司隶校尉威权颇重，甚至在汉末仍能让贵戚、豪右、宦官颇为忌惮，被时人及后来者称为提纲振纪的国之良器。但如果透过史料的迷雾，我们可以发现，既然司隶校尉秉承皇帝意志而为，则皇权强弱与否或皇帝是否支持，实际上关系到司隶校尉职权的发挥。因此，即

① 分别参见《后汉书·周荣传附周景传》《后汉书·宦者列传·曹节传》《后汉书·桥玄传》。

便司隶校尉在两汉时期发挥着重要的功能(包括直接处理不法的司法职能)，皇帝对司隶校尉的职权不仅基于实际考虑而有所限制，在制度上也有一系列安排来防止司隶校尉专权独断，包括：对司隶校尉选任权的控制、严苛的惩戒手段、不定期的工作检查、其他机构的牵制、回避制度等。① 除此而外，笔者还欲进一步证立的观点是：

第一，司隶校尉的司法职能受制于封建政治中两大权力集团之间的关系。汉武帝设立司隶校尉之举及后来司隶校尉颇受皇帝重视的现象，被多数论者视为是加强皇权的注脚。加之汉武之后，丞相之权先是遭到削弱，后来直接被一分为三，三公皆为丞相。这样一来，从中朝官演化而来的司隶校尉就被学者们认为是皇权干预、侵夺常规司法机构的重要表现。两汉史料中司隶校尉所纠举的46案，有86%的案件取得明显的弹劾效果②，这一数据提供了实证资料的支撑，也印证了多数论者和笔者前文所提出的观点：皇权强则司隶校尉鹰扬，皇权弱则司隶校尉黯然。我们还须关注的是少数“例外”，即皇权强时司隶校尉暗弱或皇权弱时司隶校尉强势的现象。汉元帝时司隶校尉行使司法职能的状况和两汉末期部分司隶校尉表现强势的状况，分别为前述“例外”的实例。其个中缘由何在？

有秦以来，“海内为郡县，法令由一统”③，我国建立了封建君主专制政体。但这种政治下，皇权集团和官僚集团究竟是利益相互博弈的群体，还是同属一个利益集团，学界历来是有争议的。关于这一问题，笔者赞同王亚南先生的观点，即官僚集团是同皇权集团相对应的存在，官僚集团有其特殊利益。④ 大抵而言，皇权集团的附势集团有外戚、宦官与监察官，官僚集团则主要是文官集团(或曰外朝官)。划分一官或曰一职属于官僚集团还是皇权集

① 参见王尔春：《汉代国家对司隶校尉的防范和控制》，载《社会科学战线》2004年第4期。

② 参见苗天娥：《两汉司隶校尉的职能与作用新探》，载《内蒙古师范大学学报》(哲社版)2007年第6期。

③ 《史记》卷6《秦始皇本纪》。

④ 参见王亚南：《中国官僚政治研究》，商务印书馆2010年版，第6~8、51~60页。

团的大致标准就是其与皇权的远近关系。自汉武以降，内外朝并立成为封建君主专制社会之常态，“近侍的逐步政务官化，或御用机构逐步演化成中枢机构”是中央官署变革的突出特征①，日本学者将这一变化称为“波纹式的循环发生”。作为皇帝左右的近臣，司隶校尉因近而亲，不断侵夺外朝官的权力，虽然并未完全取代廷尉、御史与司直等机构，但混而有三者之职权却是不争的事实。既然官僚集团和皇权集团利益并不完全一致，则在两汉作为皇权集团和官僚集团弄权斗法之中介的司隶校尉不免受制于这两大权力集团之间的关系。这就不难理解，在皇权强时司隶校尉有时也会受到抑制，而皇权弱时司隶校尉有时也会显得强势。

第二，司隶校尉司法职能之行使揭示了封建政治中两大权力集团的互洽关系。司隶校尉之设立固然是为了集中皇权，但两汉司隶校尉司法职能的行使，从消极面讲，受制于封建政治中两大权力集团的关系；从积极面讲，揭示了封建政治中两大权力集团的互洽关系。根据王亚南先生的研究，作为一种社会体制的官僚政治是一种世界性的现象，只在“某一历史阶段存在”，那是一个“有封建贵族政治向资产者的民主政治的过渡阶段”，在这个阶段中，官僚政治是作为“专制政体的配合物或补充物而必然产生的”。② 当今世界典型的发达资本主义国家如英法德等(不包括美国)均经历了这样一个阶段。中国自战国以来也开始了这样一个贵族政治向官僚政治转化的阶段，至秦朝大一统而正式完成，后代沿用不绝，即“二千年来之政，秦政也”。只不过与欧美诸国相比，我国的官僚政治绝非暂时现象，而是延续两千余年至今仍能见到其流毒的“常态”③。对于中国官僚政治，王亚南先生以延续性、包容性、

① 白钢：《中国政治制度通史》(第1卷)，人民出版社1996年版，前言第3页。

② 王亚南：《中国官僚政治研究》，商务印书馆2010年版，第8页。

③ 我国的官僚政治在近代随着西方文化的侵入而有所变化，但民国时期的政治不过是“原来官僚政治形态在现代的变本加厉或强化”(王亚南语)，作为一种社会体制的官僚政治随着中华人民共和国的成立而消失，但“技术性的官僚政治”在当前中国仍一定程度上存在着，否则就不会有中华人民共和国成立后发起的多次反对官僚主义的整风运动或改革实践。

贯彻性作为其特殊品格，并以集中的地主经济作为其根本原因。两汉是我国封建社会的前期阶段，被后世史家誉为我国封建社会之“盛世”，因为处于封建君主专制政体的初创阶段，故制度变迁非常频繁。然而，如果我们仔细分析两汉史料会发现，保持皇权集团尤其是皇帝权力和官僚集团的互洽关系是两汉政治稳定之关键。“互洽”一词不仅指皇权集团和官僚集团在其自身权力系统内是自洽的，而且这两大集团在进行权力的分配和行使过程中也应当是均衡的。根据美国学者亨廷顿的政治现代化理论，现代社会的核心特征是权威合理化、(权力)结构分离化、参政大众化。① 借用这种理论，专制政体下，皇帝是一元化的权威所在，皇帝也通过其附势集团行使具体的国家权力。在此，我们需对皇帝的双重角色进行分析：皇帝是官僚集团权力之源，官僚集团应服从皇帝的绝对支配权；皇帝又是“地主的大头目”“官僚的大头目”，而官僚集团“像围绕在鲨鱼周围的小鱼，靠鲨鱼的分泌物而生活”②。作为中国前现代社会政治发展的“常态”，封建君主专制政体下皇权集团与官僚集团是一种共生关系，存在一定的势力均衡，任何一方打破这种关系就会带来灾难性的后果：皇权过分侵夺官僚权力，则易造成惰政、殆政，形成万马齐暗之局面；官僚权力过分欺凌皇权，则社会动荡、藩镇割据。司隶校尉之筹设、发展乃至后来消亡的历程也逃脱不了这一规律。因此，作为两汉时期强化皇权之利器，司隶校尉司法职能的正常运转取决于皇权集团与官僚集团的互洽关系，皇权集团与官僚集团的互洽是两汉政治稳定的枢纽机制，司隶校尉司法职能的少数“例外”也没有逃出两汉政治的这一枢纽机制。两汉司隶校尉所被赋予的种种职能反映了封建社会前期的政治发展状况，司隶校尉后来被废除也是后世政治发展之必然。

---

① ［美］塞缪尔·亨廷顿：《变化社会中的政治秩序》，王冠华等译，上海世纪出版集团2008年版，第27页。

② 王亚南：《中国官僚政治研究》，商务印书馆2010年版，第55页。

三、两汉司隶校尉司法职能行使之文化意涵

(一)“被决定论”与文化传统

王亚南先生在分析中国官僚政治延续性时指出：“每一社会，同时存在有各种各色的社会文化事象和制度。”①一种政体如不能契合该社会文化事象和其他制度，其注定不能长久。反之，如果一种政体能与该社会的诸种文化事象和制度相适应，它不仅有助于发现和在某种程度上创造出配合它的其他社会事象，也更能强化这种政体本身。进而，认知科学中的一个基本判断是，同一事象的反复重演，就会变成人们的第二基因，成为一种文化传统。中国官僚政治在其确立之初就动员或利用各种社会文化因素，造就了一个影响、支配中国人观念的罗网。生活在这种政治局面下的国人，上自王公贵族、下至贩夫走卒，都不知不觉把这种政治视为最自然、最合理的。在长期的历史演进中，这种解决权力、权位与法律关系的做法形成一种思维的固定取向。表层制度代有变迁，但沉淀下来的东西却成为国人的第二天性。如果用一句话来概括中国官僚政治的这种模式特征，“官本”②二字足当矣。

既然说官僚政治在当今世界已经成为一种历史现象，而且中国封建时代官僚政治越到后期其弊端越暴露无遗，那么，在鸦片战争之前，中国社会纵然萌生社会变革的力量，何以无法冲决官僚政治之牢笼呢？这就涉及一个更为深入的问题：在制度变迁和人的相互关系上，究竟是“决定论”还是“被决定论”？根据前文所述，官僚政治(或曰官本)已然成为封建时代中国人的第二天性，成为一种传统。美国学者希尔斯认为：“传统是一个社会的文化遗产，是人类过去所创造的种种制度、信仰、价值观念和行为方式等构成的表意象征；它使代与代之间，一个历史阶段与另一个历史阶段之间保持了某种

① 王亚南：《中国官僚政治研究》，商务印书馆2010年版，第32页。

② 参见陈晓枫、柳正权：《中国法制史》(上)，武汉大学出版社2012年版，第88~89页。

延续性和统一性。”①显然，希尔斯的这句话表明了其“被决定论”立场。进而，马克思主义的理论出发点是社会存在决定社会意识，但这种非意识的客观存在是通过什么途径决定人们的行为呢？法律文化学给出了颇具说服力的阐释：人们的行为受其身处的社会文化决定。源于文化人类学的法律文化学持狭义的“文化”观，将文化视为一种观念系统，即“文化不是可观察的行为，而是共享的理想、价值和信念，人们用它们来解释经验，生成行为，而且文化也反映在人们的行为之中”②。文化是一个社会的正当理由体系，而“‘正当理由’是意识对象进入意识领域的‘交通岗’和导向仪，并规范它的内容和结构，制约着人们认识和选择自己的行为”③。得益于中国官僚政治的延续性、包容性和贯彻性，官本成为君主专制政体下纷繁芜杂制度变迁中一成不变的文化（或曰“恒定传统”）。只有在这样的背景下，我们才能对两汉司隶校尉司法职能的出现、扩充、萎缩直至司隶校尉本身被废止的历史现象进行系统、深入分析。这即是说，司隶校尉司法职能在两汉时期的变迁，反映并受制于我国古代司法文化。

（二）司隶校尉司法职能之行使体现了古代司法文化

司隶校尉之筹设在于强化皇权，而皇权强化的关键在于加强对官僚权力的监督制约，故司隶校尉首要的职能是纠举百官。由于实际的需要，司隶校尉在两汉之际又被赋予直接处理部分案件的权力，这是对官僚权力的一种侵夺。上文曾言，两汉司隶校尉权力行使效果取决于皇权集团与官僚集团的互洽关系，司隶校尉被赋予监察权体现了皇帝与官僚集团权力的再平衡，那么司隶校尉的司法权则是对这种权力平衡关系的打破，其设置体现出浓郁的中国古代司法文化。笔者以为，其要者有三，兹简述如下：

---

① ［美］爱德华·希尔斯：《论传统》，付铿等译，上海人民出版社 2009 年版，第 3 页。

② ［美］威廉·哈维兰：《文化人类学》（第 10 版），瞿铁鹏、张钰译，上海社会科学院出版社 2006 年版，第 36 页。

③ 陈晓枫：《中国法律文化研究》，河南人民出版社 1993 年版，第 7 页。

第一，司隶校尉司法职能之行使体现了“惟良折狱”之司法亚文化。任何社会均有纠纷，定纷止争要求一个权属相对明晰的裁决机构存在，故无论是先秦三代还是秦汉均有经制之纠纷解决机构。汉承秦制，设立廷尉作为中央司法机构，郡县则行政兼理司法。在常规的司法机构之外又设拥有部分司法职能的司隶校尉，首先体现出“惟良折狱”的司法亚文化。在专制政体下，刑、赏是皇帝制御臣下、统领兆民之二柄。刑措是治世之理想，刑罚得中是德政之表征，而实现这些目标需要司法官明德慎罚，这又取决于是否得其人。为此，早在《尚书·吕刑》中就强调，“在今尔安百姓，何择，非人？何敬，非刑？”进而，“非佞折狱，惟良折狱，罔非在中”。儒术自汉武之际被奉为正统统治思想后，为政在人、权断胜于守文成为核心司法理念。这即是说，不同于“秩序统一于良法”的现代理念，“秩序统一于良人”是古代司法文化的突出特征。① 司隶校尉既然有部分司法权，则不能不受这种司法亚文化的影响。两汉之际，司隶校尉在皇帝授意下不仅监督中央、地方司法官是否持法公平，而且其自身的司法活动也以明法惩奸相标榜。例如，东汉和帝有一次在洛阳录囚时发现有冤狱，便“收洛阳令下狱抵罪，司隶校尉、河南尹皆左降”②，这是司隶校尉因监督地方司法官员不力而遭到皇帝惩处的例子；东汉末期政治黑暗，多名司隶校尉秉法惩奸受到了朝野之赞誉，前文所述之李膺即为著例。更能说明问题的是，两汉司隶校尉之选拔异常严苛，得到善终者不得其半③，这便使那些萎缩、奸猾之人畏首畏尾，保证了良人在位。两汉司隶校尉权主监察、兼及司法，位尊权重，实由惟良折狱之司法亚文化使然。

第二，司隶校尉司法职能之行使体现了职能交叉之司法亚文化。陈晓枫先生在分析中国法律文化模式时指出，职官皆有所属之法、狱随职官普遍设

① 参见陈晓枫、解国臣：《秩序统一中的惟良折狱》，载《法学评论》2009 年第 6 期。

② 《后汉书》卷 4《和帝纪》。

③ 据有学者研究，西汉有明确记载的司隶校尉有 14 人，被贬、免、杀的就有 9 人；东汉有明确记载的司隶校尉有 30 人，不得善终的也有 19 人。参见王尔春：《汉代国家对司隶校尉的防范和控制》，载《社会科学战线》2004 年第 4 期。

置是官本特征的一突出表现。① 职能交叉、叠床架屋的机构设置，既是皇权制约官僚集团权力的手段，也是封建社会前期权力配置探索之缩影。具体到两汉司法领域而言，“无案不众官，无官不司法”是当时司法活动的写照。据沈家本先生及近来学者宋杰对两汉中都官狱的考证，三公九卿也好，内外朝官也好，临时常设官署也好，均有狱。有狱即有讼，有讼即有（司法）权。司隶校尉既然能直接追捕、惩治官吏百姓，其有司法权即是应有之义。

第三，司隶校尉司法职能之行使体现了分工行政文化对司法权配置的影响。两汉在常规司法官署之外复设司隶校尉行使部分司法权，表层原因是现实考虑，中层原因是职能交叉的司法亚文化，更深层的原因是分工行政文化。分工行政文化的完整表述是“一元核心、分工行政”，一元权力是我国基本法（宪法）文化的基本范畴，它的主要具象（或曰特征）是：诸权归诸一元，最高决策权以下各级各类机构各司其职，社会各阶层的利益通过一定权威代表，一元权威支配制度。② 在两汉封建专制政体中，官僚集团和皇帝既有利益共生关系，又有利益殊别关系。言其“共生”，是指皇帝和官僚二者均既是封建的，也是官僚的，让普通民众“安分守己”“听天由命”地接受这种统治是整个统治阶级的共同志趣；言其“殊别”，是指专制政治下，官僚集团虽然把皇帝的绝对支配权力树立起来，但其有着自身的特殊利益，这种利益并不总是（或者说经常性地）与皇帝的利益相一致，即所谓的“天子者，有道则人推而为主，无道则人弃而不用”③。在这样的格局下，一方面皇权被预设为所有权力的元点，封建官制设计上也体现出“尊君抑臣”的精神；另一方面，次级权力在权源上自上而下单向传递，进而被要求向上负责，而向上负责的关键在于分官职事、权力制约。纵览我国封建专制史，王朝肇造之际或革故鼎新之际，

---

① 参见陈晓枫、柳正权：《中国法制史》（上），武汉大学出版社 2012 年版，第 93~96 页。

② 陈晓枫：《中国宪法文化研究》，武汉大学出版社 2014 年版，第 56~62 页。

③ （唐）吴兢：《贞观政要》卷 1《政体第二》。

“整个政治权力，结局也即是整个经济权力，如何分配于全体官僚之间，始得保持全官僚阶层内部的稳定，就成为官僚头目或最大地主们所苦心焦虑的问题了”①。我们将目光从远处移向近景，两汉在常规的监察、司法机构外另设司隶校尉一职来行使监察和部分司法权，正是这种一元核心、分工制约文化在司法领域内的体现。

第四节　专论：从丞相司直到廷尉司直

汉代是中国古代监察制度的初创期，在这一历史时期涌现出许多带有监察职能的职官，如刺史、绣衣直指（亦称“直指使者”“绣衣御史”）、司隶校尉、司直等，在这些监察职官中，司直是一个颇为另类的存在。从西汉到北魏的漫长岁月中，司直不仅先后辗转设置于丞相府及廷尉，而且其职能也在监察与司法之间多次转换，成为我们研究中古时期司法、监察以及行政三者关系的一个绝佳切入点。然而，从目前学界的研究来看，对司直的关注仍较为有限，甚至还未见到以专文形式探讨司直变迁的论著②，这无疑是监察及司法制度研究的一大缺憾。因此，本节拟对司直在中古时期的演变过程进行梳理，并在此基础之上探讨其演变背后的制度动因及变迁机制，进而由此窥探专制集权政治结构下行政、司法、监察三者之间的互动关系。

一、作为丞相属官的司直

司直作为丞相属官，最早出现于西汉武帝一朝，《汉书·百官公卿表》：

---

① 王亚南：《中国官僚政治研究》，商务印书馆2010年版，第55页。

② 关于司直的研究，主要在各类职官制度的研究专著中会有所提及，但罕有专论，如祝总斌《两汉魏晋南北朝宰相制度研究》一书对西汉司直有所提及。在专题论文中，则主要集中对汉代丞相司直进行研究，如南玉泉《两汉御史中丞的设立及其与司直、司隶校尉的关系》（《中国政法大学学报》2011年第5期）一文有涉及。至于对北魏司直的研究，目前尚未见到论说。

“武帝元狩五年初置司直，秩比二千石，掌佐丞相举不法。”①这无疑是可确信的司直设官之始。当然，从词源角度讲，“司直”一词本身就暗含监察之义，先秦典籍《诗经·羔裘》即言：“彼其之子，邦之司直。”唐人颜师古注《汉书》时曾引《诗经》此语并曰：“言其德美，可主正直之任也。”②所谓“正直”，《左传》释曰：“正曲为直。”段玉裁《说文解字注》进一步解释为“见之审则必能矫其枉，故曰正曲为直”。从这些释义不难知悉，司直原本即有纠正他人过失、以矫其枉之义，因此，从名实相符的角度而言，设司直以“举不法”，实际上是与其本身涵义相契合的，这很可能正是汉武设司直这一官名之初衷。

既然司直的设立初衷在于监察，那么它又是如何实际运作的呢？《汉书·百官公卿表》在介绍司直一职时，仅称其“掌佐丞相举不法”③，这一说法似乎显得笼统，颇有管中窥豹之嫌。结合汉代其他史籍的记载，司直在具体工作中很可能以地方州郡长官为主要监察对象，《后汉书·马援传》即言：“故事，州郡所举上奏，司直察能否以惩虚实。今宜加防检，式遵前制。”唐人李贤注引《续汉书》曰：“光武以武帝故事置司直，居丞相府，助督录诸州。”④很显然，李贤所言“武帝故事”系指西汉武帝时期的制度。而在《通典》中记载的“司直督刺史，刺史督二千石下至黑绶”⑤则展示出“司直—刺史—太守”这样一种层级化的监督体系。不过，与刺史巡行郡县的监察方式不同的是，司直的工作场所似应主要固定在丞相府，祝总斌先生即指出，司直“似乎主要是通过审阅经过丞相府的各类文书，发现不法行为，进行纠察”⑥。当然，司直的法定监察范围当不仅限定于地方长官，有学者根据“翟方进为司直，旬岁闲免两司隶”，分析“司直并非只据文书案牍察举官员，在发现不法时，亦直接上

---

① 《汉书》卷19上《百官公卿表第七上》。
② 《汉书》卷77《盖诸葛刘郑孙毋将何传》颜师古语。
③ 《汉书》卷19《百官公卿表第七上》。
④ 《后汉书》卷24《马援列传》。
⑤ 《通典》卷24《职官六》。
⑥ 祝总斌：《两汉魏晋南北朝宰相制度研究》，北京大学出版社2017年版，第39页。

书举劾。司直不但举劾地方官员，也劾举中央官员”，司隶校尉具有朝官性质，司直能够加以举劾，足证其职权范围之广。因此，综合来看，司直在监察执行中当以地方州郡为主，中央官员次之，倘有不法，则上书举劾，两者并行不悖。

通过对司直的官称与职权的简要分析，围绕司直的一大疑问也就产生了：它既然明确为监察职官，那么就制度设计的合理性而言，将司直置于御史台似更合乎情理，然汉武帝为何另辟蹊径，将其设置于丞相属官？由于相关史籍中并没有记载司直的设官缘由，笔者只能从当时的历史形势及制度逻辑出发进行分析。

首先，从西汉丞相的组织体系结构来看，丞相“掌丞天子助理万机”，它虽然在名义上有监管百官的职能，但从汉相陈平、丙吉诸人的时论不难知悉，“宰相不亲小事”，其对百官的监管主要体现在岁末“课其殿最，奏行赏罚”①。此外，丞相长史亦似具备一定的监察职能，《通典》中称丞相长史“职无不监”②，丞相史参与监察亦于史有载，如武帝末“盗贼滋起”，数至千百，“于是上始使御史中丞、丞相长史使督之”，颜师古释为：“出为使者督察也。”③又，成帝永始三年(前14年)山阳铁官徒、苏令等作乱，攻杀长吏，朝廷即“遣丞相长史、御史中丞持节督趣逐捕”④。但从这些史料也可以看出，丞相史的监察职能主要体现在特殊场合奉诏而行，并非日常行使。实际上，长史既为“众史之长也”，居相府总管之位，其主要职能在于管理相府各属官，所处理的事务必极繁重，不一定能顾及到监察，故相府中始终还是缺乏专门的监察官员。如果说这种状况在汉初乃至文景“无为而治”的时代尚无大碍的话，那么到了武帝“有为”以至于军国多兴之际，则显得弊端丛生。祝总

---

① 《汉书》卷74《魏相丙吉传》。

② 《通典》卷21《职官三》。

③ 《汉书》卷90《酷吏传》。

④ 《汉书》卷10《成帝纪》。

斌先生对武帝朝丞相府的运作有深入分析：“丞相府政务烦杂(如经张汤奏请实行的新政策如算缗、告缗等，都得由丞相府执行)，长史也会忙得不可开交，为保证百官坚决执行新的政策、法令，设立司直专门负责检举他们的不法行为，是完全可能的。这就是说，司直的出现，适应了当时的统治需要。”①也可以说，设置司直在某种程度上正好弥补了这一缺陷。

其次，汉武帝之所以不将司直置于御史系统应当还另有深意，它很可能是武帝平衡监察权力结构的产物。从历史的演进来看，武帝朝是西汉中央集权的强化期和定型期，中央的强势也引发当时各类矛盾趋向尖锐化：诸侯王势力暗流涌动，地方豪强“以强凌弱，以众暴寡”，游侠“权行州里，力折公卿”，以及酷吏滥刑滥杀、“奸轨不胜”，凡此种种，诸多矛盾相互交织，都促使武帝大力建设监察系统，以加强中央集权。当时涌现出一大批监察职官，除了置司直“掌佐丞相举不法”之外，还设绣衣直指以“出讨奸猾，治大狱”②，设司隶校尉以“捕巫蛊，督大奸猾”③，设部刺史以“掌奉诏条察州”④。一言以蔽之，司直成为这一时期监察制度突飞猛进大潮中的一张重要拼图。不过，问题的关键在于，武帝一朝既然创制出如此多不同门类的监察职官，那么能否将其全部置于御史系统之下呢？显然不能。因为这样的制度设计不仅会在御史的组织结构上有叠床架屋之嫌，而且也会造成御史系统权力过于膨胀，反而不利于皇帝集权。这就促使武帝不得不考虑在御史之外另设监督官员来纠举不法，以收相互牵制、相互监察之效，以此构建出多元化的监察体系。如此一来，在当时的三公体系下，将司直设置于丞相之下似乎也就成为必然选择。前引成帝朝司直翟方进“旬岁闲免两司隶”的事例，正表明司直对于司隶校尉这样的监察职官具有法定的弹劾职权，无疑是汉代多元

① 祝总斌：《两汉魏晋南北朝宰相制度研究》，北京大学出版社 2017 年版，第 38 页。

② 《汉书》卷 19 上《百官公卿表第七上》。又称绣衣御史。

③ 《汉书》卷 19 上《百官公卿表第七上》。

④ 《汉书》卷 19 上《百官公卿表第七上》。

化监察体系的典型体现。

综上而言，司直是西汉武帝朝三公体制下监察制度发展的产物，是丞相系统的重要组成部分和相权的延伸。这也就不怪乎它作为相府僚佐，其秩禄竟然达到比二千石，甚至与九卿(中二千石)级别相去不远。《汉书·百官公卿表》《后汉书·百官志》等典籍在记载丞相府的设官分职时，皆对司直的设置大书一笔，这也成为"汉武故事"的一个重要组成部分。因此，祝总斌先生将之喻为丞相"右臂"，与"左膀"长史相提并论①，殊非虚言。

然而，如果说司直在西汉三公体系中扮演了重要角色的话，东汉以后，司直的命运却急转直下，《后汉书·百官志》载："世祖(即光武帝)即位，以武帝故事，置司直，居丞相府，助督录诸州，建武十八年省也。"②由此可知，自东汉光武朝以后，司直就长期废而不设。此后，一直到东汉末献帝建安八年(203年)才得以复置。司直为何在东汉会遭到废置，史无明载，祝总斌先生从司直的职能运作角度进行了剖析："司直主要是通过审阅文书来举劾不法，所以当尚书机构发展，全国不少文书逐渐转向首先上呈尚书，由尚书审阅、举劾之后，司直作用便逐渐缩小。东汉初年且被废除。"③祝先生之论抓住了司直的运作方式与尚书制度的相互关系，应是司直遭到废除的直接原因。不过，光武帝废除司直的更深层原因，似乎还可深究。

如前所论，司直的设置是适应西汉中叶三公制度发展的必然产物。它虽隶属于作为行政长官的丞相，却又履行监察职能，这种特殊的"错位"现象无疑是统治者处心积虑的安排，其固然有助于解决当时中央权力分配的不平衡问题，亦可构建出多元化的监察体系，但它又势必带来两个制度性难题：一是司直的制度设计与传统监察原则存在抵牾、冲突。将司直置于丞相之下，

① 祝总斌：《两汉魏晋南北朝宰相制度研究》，北京大学出版社2017年版，第39页。

② 《后汉书》志24《百官志一》。需要指出的是，《后汉书·光武纪下》将省司徒司直系年于建武十一年："(建武十一年)夏四月丁卯，省大司徒司直官。"而《续汉书》也将司直省罢确定在建武十八年，"光武以武帝故事置司直，居丞相府，助督录诸州。建武十八年省之"。故本文从建武十八年之说。

③ 祝总斌：《两汉魏晋南北朝宰相制度研究》，北京大学出版社2017年版，第39~40页。

虽有制衡御史监察的初衷，但须承认的是，监察制度有其特定的基本原则和运作理路，即监察权应独立运作，且直接隶属于皇权。司直却反其道而行之，不仅隶属丞相，而且它还与其他御史职官在职权范围上有重叠之处，两者在实际的监察活动中如何协调、分工，殊非易事。南玉泉先生就认为："司直位在丞相府，隶属行政系统。在多元监察体制下，无论是从皇权专制的角度，还是行政、监察分立的角度，司直权力的运行既违背常理，又显得多余。"①其着眼点即在于从制度运作角度来进行考量。这一难题终至汉末都没有得到解决。

二是从中枢权力结构来看，司直在君权与相权之间处于极为微妙的位置，其存亡继绝势必受到两者相互博弈的影响。钱穆先生尝言："政府中最重要者为'相权'。因于相权的变动，一切制度也自随之变动。"②同样，要考察司直演变的背后动因，就不能不从相权与君权之间的相互关系入手。一方面，从司直的角度而言，它虽为朝廷命官，但在汉代的政治文化中，府佐须依附于府主，向其效忠。③ 丞相系统亦是如此，正如钱穆先生在比较汉代与唐代相权之差异时所指出，"汉宰相是采用领袖制的"④，丞相作为府主，与僚属之间有着较为紧密的主从隶属关系。司直受丞相直接领导，其监察活动与其说是对皇权负责，毋宁说直接代表了丞相，这与普通御史职官受命于皇帝是颇有不同的。同时，这也就意味着，司直的监察职能会发挥到什么程度，实质上取决于相权的大小。从丞相的角度而言，丞相既然在组织上统领司直，而司直职在察验"州郡所举上奏"，这无疑在客观上为丞相全面了解州郡信息，乃至掌控地方官员提供了制度化的法定途径，并在事实上扩大了丞相的权力

① 南玉泉：《两汉御史中丞的设立及其与司直、司隶校尉的关系》，《中国政法大学学报》2011年第5期。

② 钱穆：《中国历代政治得失》，九州出版社2015年版，第40页。

③ 当代学者将其界定为"二重君臣"关系，即僚属不仅要效忠皇帝，而且还须向自己的长官尽忠，这是周代封建制的余绪，并在大一统的古代中国的初创期深刻影响着士人的观念和行为。如钱穆先生指出："当时的士大夫，似乎有两重的君主观念，依然摆不脱封建时代的遗影。"(参见钱穆：《国史大纲》，商务印书馆1994年版，第218页)此外，吕思勉、余英时等诸位史学大师对此都有专论，此处不赘述。

④ 钱穆：《中国历代政治得失》，九州出版社2015年版，第40页。

边界，这显然不利于君权对地方进行直接控制。不过另一方面，从大的历史动向来看，两汉至魏晋南北朝，中枢权力机构的主要变动方向为由秦汉三公体制向隋唐三省体制的转变，尤其自汉中叶武帝朝始，为加强君主权威，皇帝重用与自己亲近的尚书、侍中等中朝官参与中枢机要，相权渐遭侵夺，丞相甚至在西汉末改称大司徒，职权变窄，甚至日渐虚衔化。延及东汉，尚书权力日盛，遂有“虽置三公，而事归台阁”之说。① 换言之，随着相权趋于弱化，那么附势于丞相的司直还能行使多大职权，则不难想见。

西汉中后期君权与相权之间错综复杂的博弈关系，也为司直的存续带来了制度逻辑上的困境：相权过强，司直因其代表丞相监察百官，容易成为君主限制的对象；皇权伸张，相权寝弱，司直亦会随之式微甚至有被废置之虞。一言以蔽之，无论君权与相权博弈的最终结果如何，司直因其敏感的职权和组织关系而遭到弱化甚至废除都是难以避免的，这恐怕正是东汉长期不置司直的深层次原因。这也就无怪乎献帝建安八年(203 年)“复置司直”时，“不属司徒，掌督中都官，不领诸州”②，不仅职权范围遭到缩减，而且隶属关系也发生了改变。

总之，从汉魏以降的历史形势来看，丞相司直大致呈现出日渐式微的态势，沉淀为后人历史记忆中的“汉武故事”。这一演变既与司直最初的制度设计有关，也与中央权力中枢由三公体制走向衰落的总体背景密切相关。不难设想的是，当隋唐三省六部制度完全成熟之后，司直作为丞相属官自然也就会走向寿终正寝。③ 但在北朝，由于特殊的制度环境，司直却得到保留，且

① 马端临：《文献通考》卷 49《职官考三》。

② 《通典》卷 21《职官三》。

③ 此后，魏晋至南朝，司直一直作为丞相属官而存在，如东晋时期刘隗“雅习文史，善求人主意，帝深器遇之。迁丞相司直，委以刑宪”。南齐“冲与兄淡、渊名誉有优劣，世号为‘腰鼓兄弟’。淡、渊并历御史中丞，兄弟三人，皆为司直，晋、宋未有也”。“秀少在京辇，见司隶刘毅奏事而扼腕慷慨，自谓居司直之任，当能激浊扬清，处鼓鞞之间，必建将帅之勋。”但由于丞相的地位下降，司直的地位与职权亦呈现出衰退下行的趋势。

呈现出另一种发展局面。下面将就此作进一步探究。

二、作为廷尉属官的司直

与汉魏至南朝相比，司直在北朝走上了截然不同的发展道路。北魏前期不设司直，原因大概有二：一是北魏前期官制胡汉杂糅，制官“多不依周汉旧名”，“皆拟远古云鸟之义”①，不设司直自在情理；二是北魏中枢机构以三省制为中心，本就未设丞相，故丞相司直无由得置，但也正缘于此，造就了司直在北魏时期的彻底转型，从已有史籍记载来看，北魏时期的司直前后经历了两次大变动。

第一次变动出现于北魏太和初年，时孝文帝下令置司直于廷尉。关于廷尉司直的设置情况，《魏书》中有两条记述较为清晰的史料。一条来自太和后期(至少在太和十八年以后)，孝文帝于朝堂与百官共议考课黜陟，由廷尉元羽“先呈廷尉五局司直”；另一条则来自孝庄帝时期御史中尉高道穆的上奏，称“高祖太和之初，置廷尉司直”②。这两条史料皆明确表明司直在组织关系上隶属于廷尉。司直既然成为廷尉属官，则意味着其职能亦必有所变化。③

---

① 《魏书》卷113《官氏志》。

② 《魏书》卷77《高崇传附高道穆传》。

③ 需要指出的是，汉代司直与北魏司直究竟是同名职官还是同名实异，各有论说。唐人杜预在《通典》中认为：“后魏永安二年，置司直十人，御史中尉高穆所奏置。视五品，隶廷尉，位在正、监上，不署曹事，唯覆理御吏检劾事。汉武已置司直，属丞相府，非此司直。北齐、隋因之。”这当然是从两者职能及职属的差别来认识的。但当代学者则有持不同意见者，南玉泉先生就认为北魏司直实际上是由汉代司直演变而来，他指出：“北朝司直走向与南朝不同，它脱离丞相机关而附属于廷尉；北魏永安二年(529年)，‘复置司直十人，视五品，隶廷尉，复治御史俭劾事’。北齐、隋时，司直已彻底退出行政系统而为大理寺的属员，历史最终摆正了司直的位置。”(南玉泉：《两汉御史中丞的设立及其与司直、司隶校尉的关系》，《中国政法大学学报》2011年第5期)笔者认为，司直作为一种特殊性职官，与长史、司马、令史等普遍见于各府中的职官是颇为不同的，要理解北魏司直是原创还是移植，应从孝文帝的设官用意入手来分析。孝文帝官制改革的总体思路是向汉魏旧制复归，他本人又精通华夏典制，其职官设置已然摆脱魏初那种粗疏、随意的做法，而颇讲究有典有则。他之所以在廷尉之下设司直，很可能是借鉴旧制又有所创新的结果，因此，本书倾向于认为北魏司直应当是与汉代司直存在渊源关系的。

如前所论，西汉时期设置司直，职在监察，但从北魏史籍的记载来看，廷尉司直实际承担的是狱讼审理职能，两者有云泥之别。如高道穆明言："(司直)论刑辟是非，虽事非古始，交济时要。"又，孝文帝亦曰："五局所司，专主刑狱。"又，元羽称司直为"狱官"，职在"听讼察辞"。

那么问题在于，孝文帝为何要将司直改设于廷尉，专主刑狱呢？由于相关史籍并无专门解释，笔者只能尝试从北魏司法制度的发展历程来寻找蛛丝马迹。北魏系由拓跋鲜卑所建，其前期司法制度并未完全因循华夏典制，而是具有鲜明的胡汉杂糅特点。廷尉虽是中央司法机关，却徒具虚名，并不能正常承担狱讼审判职能。① 实际上，在当时的司法审判活动中，最为活跃、且屡见于史者乃所谓三都大官。关于"三都"之称，系北魏独创，胡三省注《资治通鉴》解释："魏置中都大官、外都大官、都坐大官，皆掌折狱，谓之三都。"②史载："论刑者，部主具状，公车鞫辞，而三都决之。"③这应当与北魏建立前"置四部大人，坐王庭决辞讼"④的司法审判方式颇为相似。三都决狱的盛行在事实上将廷尉虚置，反映出北魏前期司法胡汉杂糅的特征⑤，同时也对北魏前期的司法公正带来诸多负面影响。

随着北魏政权不断华夏化，统治形势日益复杂化，司法专门化成为迫切需要，进入孝文帝统治时期以后，三都大官作为旧有司法体系的主要制度载体遭到清除，被摈除于太和年间所颁布的两部《职员令》之外。此外，北魏统治者还加强廷尉制度建设，扩大廷尉编制以缓解滞狱，廷尉司直正是在这一

---

① 关于北魏前期廷尉虚置的问题，有学者已经结合北魏相关史料进行了探讨。参见周兆望：《北魏"三都大官"若干问题考辨》，《文史哲》2002 年第 1 期。

② 《资治通鉴》卷 124《宋纪六》。但据当代学者考证，"都坐"系胡氏讹误，三都应指内都、外都、中都。

③ 《魏书》卷 111《刑罚志》。

④ 《魏书》卷 111《刑罚志》。

⑤ 《魏书・官氏志》载，拓跋珪"欲法古纯质，每于制定官号，多不依周汉旧名，或取诸身，或取诸物，或以民事，皆拟远古云鸟之义。诸曹走使谓之凫鸭，取飞之迅疾；以伺察者为候官，谓之白鹭，取其延颈远望。自余之官，义皆类此，咸有比况"。

历史背景下设置。从太和十六年(492年)《前职令》来看，孝文帝对于廷尉司直的设置是颇为重视的，五局司直在九品职官中位居从四品中，仅次于长官廷尉(从二品上)，比廷尉正、监、平(皆为正五品中)等都高。

廷尉司直虽然是北魏统治者司法制度改革的重要成果，但它并没有真正解决当时司法实践中存在的诸多问题，其自身反而广受诟病，问题主要集中在司直的选用任命上。当时各界舆论“多论五局不精”，也引起最高统治者孝文帝的不满。这种不满不仅表现为他对廷尉元羽的严加批评，更表现在司直的存留废置上。在太和二十三年(499年)颁布的《后职令》中，五局司直未被录入，很可能就此遭到废除。至此，司直在北魏司法体系中暂时退场。

到北魏孝庄帝永安二年①(529年)，司直再次迎来复置的契机。是时，御史中尉高道穆上表孝庄帝，“请依太和故事”复置廷尉司直，以“论刑辟是非”。高氏所言“太和故事”，应当即指孝文朝设司直之旧事。这一上表请求最终得到采纳，《魏书·官氏志》载：“永安二年，各诏复置司直十人，视五品，隶廷尉，覆治御史检劾事。”②《通典》云：“(司直)位在正、监上，不署曹事，唯覆理御史检劾事。”③皆对此事的来龙去脉有概括记载。

值得注意的是，这次复置司直虽号称依“太和故事”，然其职守却发生变化，所谓“不署曹事，唯覆理御史检劾事”，意即廷尉司直并不署理廷尉本部门的内部事务，而是对御吏(即御史)的监察活动进行“覆理”。由此可知，永安二年(529年)所复置的司直，既不同于汉魏时期的丞相司直，亦有别于太和年间的五局司直。它虽设置于最高司法机关廷尉之下，却并不掌管司法决狱，而是负责监察；它虽具有监察性质，但却并非“无事不纠”，而仅是监督御史巡行。高道穆称其“事非古始，交济时要”，正说明复置廷尉司直是应对

① 《魏书·刑罚志》与《通典》将复置司直系年于永安二年，但《唐六典》为永安三年。本书以《魏书》《通典》所载为是。

② 《魏书》卷113《官氏志》。

③ 《通典》卷25《职官七》。

现实需要的产物，属于“旧瓶装新酒”。纵观古代监察及司法制度之演变，此应属首创。

高道穆在其上表中，还对廷尉司直的监察活动做了精心设计，兹引其上表原文如下：

> 御史若出纠劾，即移廷尉，令知人数。廷尉遣司直与御史俱发，所到州郡，分居别馆。御史检了，移付司直覆问，事讫与御史俱还。中尉弹闻，廷尉科按，一如旧式。庶使狱成罪定，无复稽宽；为恶取败，不得称枉。若御史、司直纠劾失实，悉依所断狱罪之。听以所检，迭相纠发。如二使阿曲，有不尽理，听罪家诣门下通诉，别加按检。如此，则肺石之傍，怨讼可息；丛棘之下，受罪吞声者矣。①

从这段引文来看，司直参与监察，大致包括以下步骤：第一步，御史巡行州郡之前须先向廷尉报告，确定出行人数；第二步，司直参与御史监察巡行，同时还须“分居别馆”，独立行事，以起到监督御史滥用刑罚的作用；第三步，御史监察完毕，应移付司直覆问复核，并同时回都城述职。若有失职，还要追究法律责任。从高道穆的设计来看，司直对御史巡行的监督具有即时性和独立性的特点，可以说是古代监察制度新的发展。

高道穆的上表得到采纳之后，廷尉司直最终实现常制化，例如当时大臣羊敦在永安中就有“转廷尉司直，不拜”②的仕途经历。北魏灭亡以后，司直为后继政权所保留，史载“北齐及隋因之，并置十人，从第五品下。皇朝置六人，降为从第六品上”③。由此可见，司直经此复置之后，终成定制，并延及隋唐。

---

① 《魏书》卷77《高崇传附高道穆传》。

② 《魏书》卷88《良吏·羊敦传》。

③ 《唐六典》卷18《大理寺鸿胪寺》。

从古代监察与司法制度的发展来看，北魏末复置廷尉司直有着不容忽视的重要意义。它实际上正是北魏改革御史监察制度的一次重要举措，即以司法系统职官对御史监察进行制度化的监督，这一变革的原因和重大意义，涉及北魏政治及制度多方面的问题，囿于篇幅，笔者已另行专门撰文深论，这里仅作简要概括。众所周知，在传统的监察制度中，御史的监察职权范围极大，除了行政职官之外，司法官员亦在其监督范围之内。例如，秦朝所设御史就具备修订法律法令并监督实施的职责；西晋在泰始四年(268 年)尝设黄沙狱治书侍御史，“掌诏狱及廷尉不当者皆治之”，反映出皇帝借助御史对廷尉系统加强监察的用意。但这种监察模式存在较大缺陷，主要在于，御史的监察活动是否正当、合法，尚缺乏完善的监督机制，尤其当御史外出巡行之时，因其远离权力核心，缺少实时监督，若其出现非法行为，则难以有所约束，这也一直是古代监察制度自产生以来就面临的重大难题。有鉴于此，魏末承丧乱之际，仍然花费精力调整监察制度，设计出以司法职官来监督御史，客观上有助于在组织机构之间形成双向监督机制，为预防御史滥用权力提供了一定的制度保障，这正是北魏廷尉司直对于古代监察制度发展的意义所在。

三、结语

隋唐以后，司直作为大理寺(北齐改廷尉为大理)的属官得到延续，甚至进一步演变。关于隋唐大理司直的情况，《通典》有载：“北齐、隋因之。隋初置十人，炀帝置十六人。大唐置六人。掌承制出使推覆，若寺有疑狱，则参议之。”①由此可知，唐代大理司直在职能上又有所变化，所谓“掌承制出使推覆”，即指奉朝廷诏命出使复审案件，这显然属于司法职能而非监察职能。例如代宗时班宏“累拜大理司直，摄监察御史”②，班宏既以司直身份兼监察御史，这显然与北魏后期以司直监督监察御史是颇为不同的。究其原因，这

① 《通典》卷 25《职官七》。
② 《旧唐书》卷 123《班宏传》。

应当与唐代监察制度的发展和完善，以司直监督监察御史的必要性下降有关，是故，司直因设置于大理寺之下，重新赋予其司法职能也就成为必然。至于其具体演化机制，另文再论。

总而言之，汉唐之际是中国古代官僚制度的“构建—成熟”期，司直作为丞相系统的重要一环，承担了重要的行政监察职能。汉魏以降，中央权力体系由三公九卿到三省六部，司直不仅经历了组织结构的变迁，而且职能亦发生了“监察—司法—监察”的多次嬗变，其兴衰存续道路颇为曲折。梳理司直之演变主线，西汉武帝时期设置司直于丞相府，其实质在于以行政权来统摄部分监察权，目的本在于应对当时日益严重的社会危机和政治危机，构建出多元化的监察机制，但因君权与相权之间复杂的博弈关系以及三公体系的崩溃而在东汉时期遭到废置，此其一变；北魏孝文帝有惩于旧有司法体制胡汉杂糅的弊病，厉行司法改革，将司直从原有的行政系统（丞相）移植到司法系统（廷尉），旨在解决廷尉建设不完善，滞狱冤狱严重等问题，却因缺乏有效的选任机制而遭到废除，此其再变；至北魏末年，针对当时御史巡行暴露出的诸多缺陷，朝廷复置廷尉司直以相监督，从而创制出司法与监察之间的相互监督机制，此其三变。总之，“汉武故事”到“太和故事”，再到永安新制，构成了司直的独特演变轨迹：既有隶属关系的变化（由行政系统转入司法系统），又有职能的变迁（由监察变为司法，复又变为监察），它是中国古代监察制度发展的特殊产物，其背后也反映出行政、司法、监察三大部门之间的密切关联。

第三章　隋唐宋元：监察制度的成熟期

第一节　隋唐时期监察制度

隋唐时期，尤其是唐代属于中国封建社会的繁荣时期，在这一时期，随着整个封建制度的成熟，专制主义中央集权的国家制度已经相当完备，封建监察制度也随之进入了成熟期。唐代的监察制度在继承和发展秦汉以来监察制度的基础上得到了重大发展，体制健全，分工明确，中央形成了台谏并立的格局，地方监察系统日趋完备，谏官组织的职权和规模都比以前有所扩大，监察法规也比较完备，同时对监察官吏的选任和管理也已制度化。

一、隋朝监察制度

隋朝历时较短，仅延续了38年(581—619年)。但隋朝作为承上启下的朝代，前接政权更替最为频繁的魏晋南北朝，下启兼容并蓄的唐朝，极大地加强了封建专制主义中央集权，并且在很多制度设计上具有创造性的构建，影响深远。监察制度亦如此，承前启后，对后世影响巨大。

(一)中央监察制度

1. 隋文帝时期

隋朝建立之初，隋文帝杨坚正式建立三省六部制。同时，对南北朝时存在的诸多非正式监察机构予以革除，恢复御史台的旧名，将御史台与三省并立，并独立于三省诸寺、监等中央行政部门之外，直辖于皇帝。作为最高监察机关的御史台地位得以确认。

根据《隋书》记载，御史台的设置为“大夫一人，治书侍御史二人，侍御史八人，殿内侍御史、监察御史，各十二人，录事二人”①。其中，治书侍御史、殿内侍御史和监察御史便是唐代御史台三级制度的雏形。御史大夫为从三品，治书侍御史为从五品，侍御史为从七品，殿内御史为正八品，监察御史为从八品。

隋文帝时期，未设置司隶校尉，为了解决“监察者的监察问题”，同时也是为了实现权力的制衡，根据《隋书》记载，“（开皇）三年四月，诏尚书左仆射，掌判吏部、礼部、兵部三尚书事，御史纠不当者，兼纠弹之”②，御史台官员若有失职渎职行为，左仆射可以行使纠察弹劾的权利。

隋朝前期，御史台总揽监察大权，机构完备，人员编制固定，分工合理，各自职掌明确，自成一个系统。由于严格实行了选任和考核监察官的制度，当时涌现出柳彧、李谔、梁毗、皇甫诞等一大批刚正不阿、不畏权势、公正无私、恪尽职守的监察官，形成了一个积极进取的监察官群体。正是这个群体的积极作为，才使隋朝前期的社会政治出现较为清明的局面，各项制度得到较好的贯彻与执行。

2. 隋炀帝时期

隋炀帝即位后，在原有御史台制度的基础上，进一步完善和调整，据史载：“御史台增治书侍御史为正五品。省殿内御史员，增监察御史员十六人，加阶为从七品。开皇中，御史直宿禁中，至是罢其制。又置主簿、录事员各二人。五年，又降大夫阶为正四品，减治书侍御史为从五品，增侍御史为正七品，唯掌侍从纠察，其台中簿领，皆治书侍御史主之。后又增置御史，从九品，寻又省。”③御史台为中央最高监察机关，仍以御史大夫和治书侍御史

① 《隋书》卷28《百官志下》。
② 《隋书》卷28《百官志下》。
③ 《隋书》卷28《百官志下》。

为正、副长官，主要负责对中央百官(包括皇子)的监察，参与重大案件的审判，治书侍御史还掌管“台中簿领”①，品阶一度增至正五品。侍御史八人，掌侍从纠察，品阶增至正七品。废除殿内侍御史，增加监察御史员额至十六人，以纠举、弹劾中央省部寺监官员的违法犯罪行为，监督行政办事程序，稽查重大财政支出为重点，品阶增至从七品。又置主簿、录事各二人，主要处理日常台务。同时，罢御史入直禁中之制。至此，御史自身性质的变化全部完成，中央监察机关御史台完全独立，御史受皇帝直接控制的成分减弱，这些为御史独立行使监察权在制度上提供了保证。

(二)地方监察制度

1. 隋文帝时期

隋朝前期，州县不设监察机关。对地方的监察监督，主要是根据形势的发展需要，由中央临时选派御史或委任其他政府官员按道巡察，巡行大使代表皇帝出巡地方，权力很大，这种临时性的巡察，往往有非常明确的目的性。任期不长，时间也不固定，事毕即归朝向相关部门或直接向皇帝汇报，依完成任务的好坏，予以恢复原职或是升迁罢黜。

2. 隋炀帝时期

为了适应大一统帝国的发展需要，加强对地方及周边各族的控制，沟通中央与地方的联系，隋炀帝于大业三年(607年)，“增置谒者、司隶二台，并御史为三台”②，设置了以监督地方官吏、考核地方政绩、出使慰抚为主要内容的监察机构——司隶台和谒者台。

(1)司隶台

司隶台是专察地方的中央监察机关，负责监察京城内外的官吏。具体监察内容有六，即“一察品官以上理政能不。二察官人贪残害政。三察豪强奸猾，侵害下人，及田宅逾制，官司不能禁止者。四察水旱虫灾，不以实言，

① 《隋书》卷28《百官志下》。
② 《隋书》卷28《百官志下》。

枉征赋役，及无灾妄蠲免者。五察部内贼盗，不能穷逐，隐而不申者。六察德行孝悌，茂才异行，隐不贡者"①。

根据《隋书》记载，司隶台的设置情况为：长官司隶大夫，正四品，掌诸州县巡察；下有别驾二人，从五品，分掌畿内监察，一人负责东都洛阳，另一人负责京师长安；又有刺史十四人，正六品，巡察畿外，负责东都洛阳和京师长安以外的地方州县，并置诸郡从事四十人作为刺史的副手，置丞(从六品)、主簿(从八品)、录事(从九品)各一人。刺史巡察的时间是固定的，每年二月，刺史乘轻车巡察郡县，十月回京汇报。此后，隋罢司隶台，而留司隶从事之名，不为常员，"临时选京官清明者，权摄以行"②。

(2)谒者台

南北朝时已设有谒者台，但其职能与隋朝的谒者台有所差异。隋朝的谒者台和司隶台一样，为监察机关，兼具"受诏劳问，出使慰抚，持节察授，及受冤枉而申奏之。驾出，对御史引驾"之职③，即主要负责慰问、出使地方、上奏等职能，谒者台的官员随时奉诏出使，受理冤案。从这个层面上来说，谒者台也并非纯粹意义上的监察机关。

谒者台长官为谒者大夫，最初为从四品，比司隶大夫品级略低。大业五年(609年)，谒者大夫提升到正四品，大业八年(612年)将御史大夫的品级从三品降低到正四品。至此，三大监察机关品级相同，互不隶属，最高监察权集于皇帝一人。谒者大夫之下设置司朝谒者两人，作为谒者大夫的副职，品级为从五品。属官有丞、主簿、录事等，处理台内日常事宜。谒者台属官的品级没有明确的记载，但根据司隶台属官的品级可以大致推算，两者属官品级应该相当，丞为从六品，主簿为从八品，录事为从九品。

---

① 《隋书》卷28《百官志下》。
② 《隋书》卷28《百官志下》。
③ 《隋书》卷28《百官志下》。

二、唐朝监察制度

唐朝是我国历史上空前繁荣昌盛、辉煌壮丽的时期，它统一时间最长（618—907年），国力也整体相对强盛。除去其他天时地利人和的因素外，政治制度的不断调整和完善是其中重要的原因。① 监察制度是政治制度的重要组成部分，唐朝的监察制度也成为我国古代封建社会政治制度建设的典范。唐朝建立起一套从中央到地方具有严密体系的监察制度，其监察范围所覆盖的深度和广度都得到了极大的延伸，并且还具有一定的独立性。唐朝的监察制度在唐文化的影响下，在我国古代制度文明中展现出了其独有且成熟的理念与运行机制。

（一）中央监察制度

唐朝中央监察系统主要分为纠察和言谏两部分。前者以御史为主，主要职责在于监督百官，维护纲纪。后者以谏官为首，包括给事中、谏议大夫、左右散骑常侍、左右补阙、左右拾遗等，主要职责是谏铮君主，封驳诏书，节制君权，避免君主恣意虐民。御史和谏官二者责任明确，职权独立，构成了严密的中央监察体制。

1. 御史制度

唐朝在隋朝御史制度的基础上，对御史台称谓和编制进行了相应的调整，建立起“一台三院”制度。“一台”即指御史台，“三院”分别指台院、殿院、察院。

（1）御史台

御史台不仅是国家最高监察机关，同时也是唐代监察机构的核心部门。根据《新唐书》记载，御史台“大夫一人，正三品；中丞二人，正四品下”②。御史台的最高长官为御史大夫，定员一人，品阶由唐初的从三品上升到武宗

① 参见吴宗国：《盛唐政治制度研究》，上海辞书出版社2003年版。
② 《新唐书》卷48《百官志三》。

会昌二年(842年)的正三品，其主要职责是掌管礼仪、维护法制、政纪等。御史大夫下设御史中丞两名，担任御史大夫的副手，品阶由唐初的正五品上升为武宗时的正四品下，主要职责是“掌以刑法典章纠正百官之罪恶”①。御史台的职责可以统称为“掌邦国刑宪、典章之政令，以肃正朝列”②。

御史台地位重大，但其名称在唐朝却几经变更。根据《新唐书》记载：“高宗改治书侍御史中丞，以避帝名；龙朔二年(662年)，改御史台曰宪台，大夫曰大司宪，中丞曰司宪大夫。武后文明元年(684年)，改御史台曰肃政台。”③唐高宗时，龙朔二年(662年)，御史台更名为宪台，其长官御史大夫改称为大司宪，御史中丞改为司宪大夫；到了武则天时期，又改御史台为肃政台。实际上，《新唐书》的记载是有缺失的，在《旧唐书》和《唐六典》中，均有“咸亨复为大夫”④、“咸亨元年复故”⑤的记载，即在咸亨元年(670年)，唐高宗下诏，将宪台恢复为御史台。这也才有了武则天时期再次更名的事。虽然唐朝对于御史台的名目进行了多次调整，但其实质内涵与功能却始终是一致的。

(2)台院

台院是御史台最基本的组成部分，设有四名侍御史和两名内供奉，其中侍御史在监察官中地位较高，品阶为从六品下。其职责主要是“纠举百僚及入阁承诏，知推、弹、杂事”⑥。

推即推鞫狱讼，唐代由御史台官员负责和参与的推鞫形式，有三司推、西推和东推；弹即弹劾，侍御史承担着“纠举百僚”的基本职责；杂事则是指台内的日常事务。根据《新唐书》中的记载，“久次者一人知杂事，谓之杂端，

① 《新唐书》卷48《百官志三》。
② 《唐六典》卷13《御史台》。
③ 《新唐书》卷48《百官志三》。
④ 《旧唐书》卷48《职官志三》。
⑤ 《唐六典》卷13《御史台》。
⑥ 《新唐书》卷48《百官志三》。

殿中监察职掌、进名、迁改及令史考第，台内事颛决，亦号台端。次一人知公廨。次一人知弹”①，由此可见，三者中负责杂事的官员地位最高，往往由年长且资格老的侍御史担任，称为“杂端”或“端公”。

（3）殿院

殿院的殿中侍御史位次于侍御史，从七品下。《新唐书》中记载，殿中侍御史“掌殿庭供奉之仪，京畿诸州兵皆隶焉。正班，列于阁门之外，纠离班、语不肃者。元日、冬至朝会，则乘马、具服、戴黑豸升殿。巡幸，则往来门旗之内，检校文物亏失者。一人同知东推，监太仓出纳；一人同知西推，监左藏出纳；二人为廊下食使；二人分知左右巡；三人内供奉”②。

由此可见，殿中侍御史不仅要承担“殿庭供奉之仪式”③的职责，在殿庭上监督百官的仪态来维护皇帝的至尊和封建礼制，还要“察其所巡之内有不法之事”④，对其管辖范围的不法之事纵容或者藏匿的，还要承担连带责任。

（4）察院

察院的监察御史在监察官中品阶较低，正八品上。（《新唐书》中记载为正八品下⑤，《旧唐书》《唐六典》均记载为正八品上。）监察御史的品阶虽较侍御史、殿中侍御史为低，但职权范围却涉及“郡县、屯田、铸钱、岭南选补、知太府、司农出纳，监决囚徒”⑥诸多方面，从中央到地方，从祭祀到财政再到诉讼均有涉及，并且具有较大的权限，但凡有不肃敬者，均可“纠而劾之”⑦，因此具有位卑权重的特点。

2. 谏官制度

① 《新唐书》卷44《百官志三》。
② 《新唐书》卷44《百官志三》。
③ 《唐六典》卷13《御史台》。
④ 《唐六典》卷13《御史台》。
⑤ 《新唐书》卷48《百官志三》。
⑥ 《旧唐书》卷48《职官志三》。
⑦ 《唐六典》卷13《御史台》。

《隋书》中引用《尚书·太甲》中的“天作孽，犹可违，自作孽，不可逭”总结隋炀帝“国亡身弑”的教训，并认为“观隋室之存亡，斯言信而有征矣”①，这显然是唐初政治家对于隋朝灭亡历史教训的认识。也正因为如此，唐朝对谏议之类的官职尤为重视。谏官制度起源于周朝，在唐朝之前已经有了一定的发展，但到了唐朝，谏官制度才逐步走向成熟，唐朝不仅扩大了谏官的职能，而且也明确了谏官的分工，开始形成完善的运行机制。

唐朝谏官制度以安史之乱为界，前后呈现出不同的设置。

安史之乱以前，唐朝前期的谏官由门下省和中书省两部分构成，门下省包含有“左散骑常侍二人，从三品；谏议大夫四人，正五品上；左补阙二人，从七品上；左拾遗二人，从八品上”②。中书省包含有“右散骑常侍二人，从三品；右补阙二人，从七品上；右拾遗二人，从八品上”③。其中补阙、拾遗是唐朝较为特殊的谏官制度，史载：“左补阙、拾遗掌供奉讽谏，扈从乘舆。凡发令举事有不便于时，不合于道，大则廷议，小则上封。若贤良之遗滞于下，忠孝之不闻于上，则条其事状而荐言之。”④其品阶虽然不高，但其对国事进行补正拾论，对皇帝言行进行谏议，具有十分重要的地位。

安史之乱之后，谏官地位不断提高，主要表现为编制的增加和品阶的提高。一方面，增加了谏官的数量和编制，尤其是增加了补阙拾遗的编制，“大历四年(769年)，补阙拾遗，各置内供奉两员”⑤。另一方面，谏官的品阶也有所提高，唐初谏议大夫为正五品上。德宗贞元四年(788年)分置左、右，各四员，分隶门下、中书两省，升为正四品下，掌谏议得失，侍从赞相。

此外，在唐朝后期，出现了“谏院”的称谓。《旧唐书》中多次出现“谏院”的相关记载。最早出现“谏院”的记载是在唐宪宗时期，著名诗人元稹在上表

① 《隋书》卷4《炀帝纪》。
② 《唐六典》卷8《门下省》。
③ 《唐六典》卷9《中书省集贤院史馆匦使》。
④ 《唐六典》卷8《门下省》。
⑤ 《旧唐书》卷43《职官志二》。

中提及自己任膳部员外郎时，与他“同省署者，多是臣登朝时举人，任卿相者，半是臣同谏院时拾遗、补阙”①。而后在唐文宗时期，也出现了“置谏院印”②的记载。“谏院”的出现标志着谏官体制日趋完善，并逐渐趋于独立。

（二）地方监察制度

在中国古代，中央与地方的关系影响着封建统治者最为核心的集权统治，因此始终是中国封建社会王朝在国家结构形式和制度设计方面探索和实践的关键问题。唐朝在“贞观之治”“永徽之治”之后，于唐玄宗天宝年间达至鼎盛，成就“开元盛世”，成为了一个国富民强的国家。但发生在唐玄宗天宝年间的“安史之乱”，使唐朝由一个大一统且强盛的时代急转而下，是唐朝由盛转衰的转折点。安史之乱后，封建主义中央集权被大大削弱，藩镇割据的局面逐渐开始。唐朝的地方监察制度也随之在安史之乱后发生重大变化。

1. 唐朝前期的地方监察制度

在唐朝前期，地方监察主要包含两部分，一是来自中央的监察，监察御史通过“巡按郡县”来实施对地方的监察，以及十道巡察使“按举州县，再周而代”，“察刺史以下善恶，置司举从事二人”的定期监察方式③；二是地方内部所实施的监察。下面分别论述。

（1）中央对地方监察

唐朝前期，监察御史承担着中央对地方监察中的最主要职责。监察御史和十道巡察使通过时间和空间来进行职能的划分，监察御史“以时巡按”，十道巡察使“分道巡按”。

“以时巡按”即监察御史按照规定的时间进行巡察。《唐会要》记载：“今巡察御史，秩卑任重，则汉代刺史之流也，委以时巡，奸宄自禁，伏愿慎考古道，率由旧章，法乾元之简易，守前王之令典。俾夫化洽升平，务依贞观

---

① 《旧唐书》卷166《元稹传》。
② 《旧唐书》卷17《文宗纪下》。
③ 《新唐书》卷49下《百官志四下》。

制度矣。”①由此可见，自贞观以来，“以时巡按”的监察制度是确定并得以落实了的。武则天在位时期，又规定了“春曰风俗，秋曰廉察”②，明确要求每年分春秋两次巡察地方，春采风俗，秋行“廉察”。

“分道巡按”则是由十道巡察使按照区域进行巡察。十道巡察使可能是监察御史，也可能是其他御史或者行政官员。之所以命名为十道巡察使，主要是因为在唐太宗时期，为了加大对地方的管理，唐太宗于贞观元年(627 年)依“山河形便”③，将全国分为十道——“一曰关内，二曰河南，三曰河东，四曰河北，五曰山南，六曰陇右，七曰淮南，八曰江南，九曰剑南，十曰岭南”④。十道的划分起初只是单纯的依照“山河形便”的地理位置划分，但随着监察御史人数发展到十人，其巡察范围也逐渐以“道”为标准，于是便形成了所谓的十道巡察。

(2)地方内部监察

唐朝地域辽阔，即使中央按时、按道巡察，也很难做到对地方进行全面且有效的监察。因此，中央对地方的监察仅仅只是一种补充，唐朝前期对地方监察更多还是依靠地方内部监察，主要包含都督刺史监察、录事参军与主簿监察、采访处置使监察和朝集使系统监察。

都督、刺史在地方监察中负有主要责任。唐代前期，都督和刺史既是地方的最高行政长官，同时他们也承担地方监察的职责。根据《唐六典》记载：刺史“考核官吏，宣布德化，抚和齐人，劝课农桑，敦谕五教。每岁一巡属县，观风俗，问百姓，录囚徒，阅丁口，务知百姓之疾苦。部内有笃学异能闻于乡闾者，举而进之；有不孝悌，悖礼乱常，不率法令者，纠而绳之。其吏在官公廉正己清直守节者，必察之；其贪秽谄谀求名徇私者，亦谨而察之，

① 《唐会要》卷 68《都督府》。
② 《新唐书》卷 48《百官志三》。
③ 《新唐书》卷 58《地理志二》。
④ 《新唐书》卷 58《地理志二》。

皆附于考课，以为褒贬。若善恶殊尤者，随即奏闻”①。由此可见，刺史通过定期巡视州县，进行德化教育，考察官吏，处理失职官员等方式来开展监察工作。

录事参军是都督和刺史的僚佐，由于都督和刺史还担任地方行政长官，事务相对庞杂，因此地方具体监察工作主要由录事参军来落实。具体而言，其职责为“掌付事句稽，省署钞目，纠弹部内非违，监印、给纸笔之事”②，即考核相关政绩，查处官员违法失职行为，监督印刷以及文书管理等。

值得注意的是，录事参军属于都督、刺史的僚佐，并接受他们的管理，但录事参军也负有监察地方行政长官的职责。《旧唐书》中记载有一例：“时隆州司马房嗣业除益州司马，除书未到，即欲视事，又鞭笞僚吏，将以示威。景俭谓曰：‘公虽受命为此州司马，而州司未受命也。何藉数日之禄，而不待九重之旨，即欲视事，不亦急耶？’嗣业益怒。景俭又曰：‘公今持咫尺之制，真伪未知，即欲揽一州之权，谁敢相保？扬州之祸，非此类耶。’乃叱左右各令罢散，嗣业惭赧而止。”③益州司马房嗣业的官职为从四品下，却因滥用职权被正七品的录事参军杜景俭阻止，充分体现了录事参军在地方监察中所发挥的作用。

采访处置使则是专门设置在地方的监察官，其依“六条”行事，主要职责是“考课官人善绩，三年一奏”④。采访处置使的特别之处在于，其职权甚重，可罢免州刺史，除变革旧制须先上报外，其余皆得自行处理，先行后奏，其设立标志着一个独立的地方监察系统的诞生。采访处置使的高度独立性使其能够更好地在地方开展监察工作，减少地方行政势力对于监察的干预。

朝集使制度起源于战国时期，到了唐朝进一步完善，成为唐朝前期中央

---

① 《唐六典》卷30《三府都护州县官吏》。
② 《通典》卷33《职官十五》。
③ 《旧唐书》卷90《杜景俭传》。
④ 《唐会要》卷78《诸使中》。

和地方之间重要的联系通道。唐朝规定，朝集使每年“十月上计京师，十一月礼见，会尚书省应考绩事”①，中央每年将朝集使召集起来，考察地方官员的政绩，也增强了中央和地方的沟通。

2. 唐朝后期地方监察体系演变

随着历史形势的变迁，唐中后期地方监察制度也发生着变化。安史之乱爆发，藩镇割据逐步出现，中央对于地方的控制力日益减弱。唐代前期的地方监察系统受到了强烈的冲击，如采访使制度和朝集使制度，先后被迫废除或中断。经过中央对地方逐渐整顿，唐朝后期形成了观察处置使、巡院及录事参军系统的新的地方监察体系。

(1)观察处置使系统

采访处置使被罢黜之后，观察处置使取而代之。“至德(756 年)之后，改采访使为观察，观察皆并领都团练使，其僚属随事增置。”②观察处置使在延续了采访处置使监察职能的基础上，职权也有了一定的扩展。他们不再单纯是地方监察官，其职权扩展到了行政、军事等方面，甚至兼具了地方团练使的职责，并且具有随事增置僚属的权限。

随着观察处置使权力的不断扩大，中央也开始警觉。到了唐后期，中央在保证其监察职能的同时，也有意限制其权力，大历十二年(777 年)五月，中书门下奏：“开元末，置诸采访使，许其专停刺史务，废止由己。请自今已后，刺史有犯赃等色，本道但具状闻奏，不得辄追赴使及专擅停务，差人权摄。其刺史亦不得辄诣使出界。未先闻奏，皆按常刑。”③

(2)巡院系统

巡院是地方掌管盐业的一个机构，但因其设置地理位置均在都会，“属吏

① 《新唐书》卷 132《柳芳传附柳冕传》。

② 《通典》卷 32《职官十四》。

③ 《唐会要》卷 78《采访处置使》。

在千里外，奉教如目前。四方水旱，及军府纤芥，莫不先知焉”①，因此，巡院系统也就被中央赋予了一些在偏远地区开展监察事务的权力。《大唐诏令集》记载，文宗诏，“诸道方镇刺史等，有聚敛货财、潜行馈遗者”，遂委巡院与御史台“同为访察，不得容蔽”②。由此我们可以看出，巡院发现地方上有违反榷盐管理制度及不切实履行中央政策文件的，可以及时向御史台反馈情况。这一阶段，巡院是隶属于御史台的监察机构，并不具有独立性质。

随着朝廷财政体系日益成为关注的重点，巡院的职责和地位也随之发生了变化，巡院原本是用来理财，抓捕贩卖私盐者，但由于本身监管财务，不可避免的就包括整顿贪污等监察事项。从宪宗时起，唐统治者就开始将监督巡察地方官吏的权力转移到巡院等机构。元和年间，中央开始直接管辖巡院的有关工作，巡院也开始代表中央开展经济监察活动。

(3)录事参军系统

虽然录事参军系统在唐后期得以保留，但其职能方面有了较大的调整，开始主要从盐政、义仓管理两方面开展监察工作。

一是盐政，根据《新唐书》记载，“节度观察使以判官、州以司录录事参军察私盐，漏一石以上罚课料”③。由此可见录事参军参与了本该由巡院所负责的监察盐业的事务。

二是义仓管理，根据《旧唐书》记载，“义仓之制，其来日久。近岁所在盗用没入，致使小有水旱，生人坐委沟壑。永言其弊，职此之由。宜令诸州录事参军，专主勾当。苟为长吏迫制，即许驿表上闻”④。义仓的管理原本是由上佐来负责，后期之所以进行调整，将义仓的管理权交给录事参军，主要是防止长吏干扰监察事务。“即许驿表上闻”即赋予录事参军直接上奏中央的

① 《旧唐书》卷49《食货志下》。
② 《大唐诏令集》卷29。
③ 《新唐书》卷54《食货志四》。
④ 《旧唐书》卷49《食货志下》。

权力，有利于打破地方被使司严密控制的局面，加强了中央与地方的联系。

三、隋唐时期监察制度的特点

（一）分权制衡思想贯穿始终

隋唐的监察制度在运行过程中实际上起到了加强对官员的制约、抑制腐败的作用，但时代的局限性决定了监察制度只能是皇帝维护统治的工具，其设立的根本目的和最终目标依旧是维护和巩固封建统治。也因此，分权制衡思想贯穿隋唐监察制度始终。具体而言，体现在以下两个方面：

1. 相对独立的监察体系

隋唐时期的监察体系具有一定的独立性，主要体现在相对独立的监察机构设置和相对独立的监察权。

从中央监察机构来看，唐朝的御史台系统及谏官系统构成了当时中央专司监察、独立运行的监察体系。御史台作为中央监察机关，在行使权力过程中具有相对独立性，一般不受其他机构的干涉，直接受命于皇帝。

唐朝一台三院的设置，御史作为皇帝耳目，直接对皇帝负责，即所谓“台无长官”，御史台不仅对行政是独立的，并且在监察中任何人不得干涉其行使职权。此外唐朝对六部的分察不受六部尚书管辖，而是御史台察院派遣监察御史负责六部的监察。另外唐朝的谏官对皇帝部分决策的监督，也表明了其监察权的相对独立性。

从地方监察机构来看，唐朝地方监察机构与行政机构是平行的。如唐朝中央对地方实施监察的派出机关——十道巡按，就是中央对地方施行垂直领导的方式。由此从唐朝组织机构方面来看，中央与地方监察机关是自上而下的垂直领导模式——中央机构隶属于皇帝、地方机构直属中央，不受任何其他部门的干扰，有助于发挥监察机构的职能。

2. 相互监督，以卑监尊

唐代监察官虽然享有极高的监察权，且职权的行使不受其他机构的干扰和限制，但综观唐代监察官吏的品阶，总体而言都是不高的。赵翼曾说过，“官轻则爱惜身家之念轻，而权重则整饬吏治之威重”，监察官吏位卑权重就是其表现。监察官身负监察重任，其主要监察对象为各级官吏，因此权力较大。不过，权力愈大，愈难受限制，唐朝统治者为了避免监察官权力过大而脱离或危及统治，一般将监察官品阶定得比较低。从另一个侧面来看，品阶低也从某种程度上激励了监察官吏的积极进取之心。唐代监察官吏的这种任职模式，古人将之概括为“秩卑则其人激昂，权重则能行志”，“秩卑而赏厚，咸劝功乐进”。位卑，让监察官吏无所畏惧，大胆行使其职权，同时也让监察官牢牢依附于皇权，不会出现离心倾向；权重，给予了监察官充分发挥其职能的制度保证。总之，这种苦心孤诣的监察制度设计，对于唐代监察职权的良好发挥起到了推动作用。

（二）严密的监察官员管理体制

《通典》中提到：“大唐自贞观初，以法理天下，尤重宪官，故御史复为雄要。”①同时，御史台和监察官员是“风宪之地，百僚准绳”②，特别是在唐朝统治者看来，监察事关统治大业，而对监察官员的管理又在很大程度上影响着监察职能的发挥。因此，隋唐统治者在对监察官员寄予厚望的同时，也更加注重对监察官员的管理，不仅建立起了完整的监察机构，并且在监察官员管理上构建了严密的体系，其对于监察官员的选任和考核制度都值得后世借鉴。

1. 监察官员的选任

考虑到监察官员的重要性，监察官员的选任和其他一般官员有所不同，隋唐朝统治者对监察官员的选任提出了更高的要求，建立起了严格的选任流程和标准。

首先在选任方式上，为了更好地实现监察职能，隋唐时期针对监察官员

① 《通典》卷24《职官六》。

② 《唐会要》卷62《御史台下》。

建立了不同于其他官吏选任的独特选任方式。隋朝废除了北魏以来由御史台长官自选御史的制度，改由中央吏部铨选，或由三省长官荐举，皇帝敕授。到了唐朝，中央一级监察官吏多由皇帝亲自任命，地方监察官则实行“台官自选原则”，即御史台监察官自由任命，从而使监察官吏的选任摆脱了来自宰相在内的各级行政机关的干扰，保证了监察机构的相对独立性，有利于提高监察效果，更有效地实现行政监察。

其次在选任标准上，也从诸多方面提出了较高的要求。从品格上来说，监察官员必须具备清正刚直、疾恶如仇、正直无私的品质和不畏风险、不畏强权的气节。只有具备了这样的品格和气节，才能够充分发挥监察的职能。从个人素养上来讲，还要求监察官员具有较高的文学素养。隋唐时期，很多谏官都出身于文史世家，且大多经过了科举。除了对品格和个人素养的要求，隋唐统治者还要求监察官员具有实际处理政务的能力，具有一定的实践经验。据史载：“其御史须曾在州县理人官者，方得荐用。”①即要求具备在地方州县的实际行政经历。

此外，监察官员的选任还要遵循回避制度。为了确保谏官的监察权具有独立性，不受制于宰相，唐朝严禁现任宰执的亲戚子弟出任谏官。还规定，“有赃累者”(即有贪赃枉法、贿赂腐败的事情发生)，不得被“拟议”进入监察官的行列。

2. 监察官员的考核

为了对监察官员进行有效的管理、控制，隋唐统治者对监察官员建立起了严格的考核机制。

隋朝建国后就建立起来了官吏考绩制度，主管全国官吏考核的中央机构为尚书省。对监察官员的考核内容与标准为正直敢言，处法平当。

唐朝对于监察官员的考核更加系统化、规范化。考核主要依据《唐六典》

① 《唐会要》卷62《御史台下》。

卷二中的“四善”和“二十七最”。“四善”包含有“一曰德义有闻，二曰清慎明著，三曰公平可称，四曰恪勤匪懈”①，“二十七最”则是“一曰献替可否，拾遗补阙，为近侍之最；二曰铨衡人物，擢尽才良，为选司之最；三曰扬清激浊，褒贬必当，为考校之最；四曰礼制仪式，动合经典，为礼官之最；五曰音律克谐，不失节奏，为乐官之最；六曰决断不滞，与夺合理，为判事之最；七曰部统有方，警守无失，为宿卫之最；八曰兵士调习，戎装充备，为督领之最；九曰推鞫得情，处断平允，为法官之最；十曰雠校精审，明于刊定，为校正之最；十一曰承旨敷奏，吐纳明敏，为宣纳之最；十二曰训导有方，生徒充业，为学官之最；十三曰赏罚严明，攻战必胜，为将帅之最；十四曰礼义兴行，肃清所部，为政教之最；十五曰详录典正，词理兼举，为文史之最；十六曰访察精审，弹举必当，为纠正之最；十七曰明于勘覆，稽失无隐，为句检之最；十八曰职事修理，供承强济，为监掌之最；十九曰功课皆充，丁匠无怨，为役使之最；二十曰耕耨以时，收获剩课，为屯官之最；二十一曰谨于盖藏，明于出纳，为仓库之最；二十二曰推步盈虚，究理精密，为历官之最；二十三曰占候医卜，效验居多，为方术之最；二十四讥察有方，行旅无壅，为关津之最；二十五曰市廛不扰，奸滥不行，为市肆之最；二十六曰牧养肥硕，蕃息孳多，为牧官之最；二十七曰边境肃清，城隍修理，为镇防之最”②。

监察官员的考核一般还要经过多道程序。在经过初考后，御史台和谏院对一般官员的考核结果要送交尚书省的吏部考功司作进一步的核察。官阶较高的监察官员，诸如御史大夫、谏议大夫，则由皇帝亲自考核。

3. 监察官员的监督

监察官员负责监察百官，权力巨大。为了防止监察官员滥用或误用权力，保证监察工作有效健康开展，同时提高监察权力运用的正当性和合理性，隋

① 《唐六典》卷2《尚书吏部》。

② 《唐六典》卷2《尚书吏部》。

唐时期都很注重对于监察官员的监督，建立起了完善的监察官员管理制约机制。

隋朝时，为了解决"监察者的监察问题"，实现权力的制衡，根据《隋书》记载，"(开皇)三年四月，诏尚书左仆射，掌判吏部、礼部、兵部三尚书事，御史纠不当者，兼纠弹之"①，御史台官员若有失职渎职行为，左仆射可以行使纠察弹劾的权利。

监察官员的素质影响着监察制度的运作。在隋唐，监察官员选任、考核及监督的严格化，也在很大程度上提高了监察职能的发挥。特别是在唐朝前期，监察官员对于"贞观之治""永徽之治"两治世的维系作出了巨大的贡献。

(三)完善的监察立法体系

监察立法的完善是国家监察制度发达的重要表现之一，它规范监察机构和监察官员的监察活动，使其实施监察职权时做到有法可依、有章可循。因此，隋唐时期的统治者颁布了一系列监察法规，建立起了完善的监察立法体系。隋朝主要有隋炀帝制定的地方监察法规——"六察"；唐朝有"风俗廉察四十八条""巡察六条"《唐六典》等。

1. "六察"与"巡察六条"

隋炀帝制定的"六察"以及唐朝的"巡察六条"，实质上都来源于汉朝的"六条问事"，都属于地方监察法规。

"六察"是一部专门的地方监察法规，也是御史出巡或中央遣使出巡行事的法律依据。其监察对象是地方具有品级的官员，监察的重点在于地方官员的理政能力、地方官员对于中央政策法令的执行贯彻情况以及地方官员在地方治理中是否存在贪污腐败行为等可能对统治阶级利益造成损害的情形。这同时也表明，统治者建立监察制度的核心在于维护皇帝的权威，保证政权的稳定，而官吏的贪污腐败日渐成为危及统治政权稳定的重要因素。

---

① 《隋书》卷28《百官志下》。

唐朝，在“六察”的基础上，进一步发展完善，颁布了“巡察六条”。其内容如下：“其一，察官人善恶；其二，察户口流散，籍帐隐没，赋役不均；其三，察农桑不勤，仓库减耗；其四，察妖猾盗贼，不事生业，为私蠹害；其五，察德行孝悌，茂才异等，藏器晦迹，应时用者；其六，察黠吏豪宗兼并纵暴，贫弱冤苦不能自申者。”①

与隋朝的“六察”相比，唐代“巡察六条”规定的内容更加具体，如户口、籍帐、农桑皆在其中；仓库、地方财政收入、德行孝悌等都在监察之内。这些条文的制定，反映了地方监察制度的进一步完备。

2.《唐六典》

《唐六典》全称《大唐六典》，是唐朝一部具有行政性质的法典。唐玄宗时官修，旧题唐玄宗撰、李林甫等注，实为张说、张九龄等人编纂，成书于开元二十六年(738 年)，是现存最早的一部会典。《唐六典》以唐朝前期政府组织与行政典章为依据，列以编制品秩，叙以职掌权限，而以历朝沿革、故事入于注中，成为考察唐代监察制度的主要参考依据。《唐六典》作为一部综合性的行政法典，涉及的范围十分广泛，包括国家各级机关的机构设置、人员编排、权限职责、管理和任用等。

《唐六典》第十三卷专门对监察机构御史台的人员编制、官员品级、地位、职责、权限及工作程序等方面作了明确具体的法律规定，使我国封建监察制度进一步法制化、规范化，对后世产生了深远影响。具体来说，有以下几个方面：门下省以皇帝诏命及国家大政方针之得失为主要监察对象，拥有极高的监察权力；中央监察机关御史台，分置三院，各有专职；尚书左右垂掌管辖省事，纠举宪章，辨六官之仪制，正百僚之文法；分全国为十道监察区，监察御史以“六条”巡按地方，监察地方官吏之善恶；唐代御史台拥有独立行使监察大权之地位，弹劾章奏逸达于上。

① 《新唐书》卷 48《百官志三》。

可以说，它在中国历史上第一次以法典的形式为行政监督提供了最完备的法律根据，是唐朝最重要的“监察法”。

唐朝的监察立法是对以往各朝代监察立法的继承与发展，与前朝相比，其监察内容更加丰富，体例更加严谨。完善的监察法规不仅有利于更好地规范监察官员，使其实施监察活动时有法可依、有章可循，而且可以有效地防止监察官员违法违规、滥用职权，在唐朝监察制度的形成与发展过程中发挥重要作用。

(四)兼具审判等其他职能

隋唐的监察机构和监察官员，主要承担监察的职能。但由于监察职能的特殊性，为了保证监察职能的发挥，或是囿于便利性原则，监察机构和监察官员在实践中还承担了诸如审判、巡察抚慰等其他职能。实质上，这些职能已经超出了单纯行政监察的范围，监察机构成长为一个综合性的为皇权服务的集权性机构。

隋朝时，大理寺是中央最高审判机关，负责中央的审判工作；地方的审判工作由州(郡)、县行政长官兼理。但同时，隋朝御史台也具有一定的审判权。

这种审判权带有一定的临时性，不是完整独立的审判权。一般只在两种情况下享有：一是中央或地方遇有重大或疑难案件，由皇帝特诏，大理寺、刑部和御史台三大司法机关共同审理案件；二是皇帝特别交办的案件。除去这两种较为特殊的情况，监察官员在司法审判中，主要的职能还是监督，监督的内容包括：审判是否依据法律规定，定罪是否准确，量刑是否恰当，随时予以纠正，体现的仍然是司法监督职能。

唐朝时，除负责监察百官外，御史台同样具有受理冤案、管理狱讼的职能。具体而言，唐朝由御史台官员负责和参与的推鞫形式，有三司推、西推和东推。其中“三司推事”的方式最为普遍。根据《旧唐书》记载，对百姓申诉的重大案件，通常采用“三司受事”的方式审理，即由御史台侍御史、中书省中书舍人、门下省给事中共同审理。

除上述审判权外，隋唐监察机构还承担有巡察抚慰、检察权等一系列权力，权力范围十分广泛。

四、隋唐时期监察制度评析

隋唐结束了三百年的南北分裂，重建大一统政权。隋唐的政治制度在整个封建社会中以其成熟完备而著称，并对后世产生深远影响。作为政治制度重要组成部分的监察制度，在继承了前朝已有监察制度的基础上，通过适时的改革和创新，形成了一套以御史监察制度和谏官制度相协调，中央监察与地方监察相统一，以及御史监察制度、三省内部监察机制和皇权之间相制衡的监察体系，这一体系代表了中国封建社会发展至隋唐时期的最高水平。其机构之发达、机制之健全、制度之完备，使之成为一座重要的里程碑，对后世乃至今日都影响深远。

1. 监察制度的主客观作用

究其本质，隋唐统治者重视监察制度，根本目的还是为了实现权力制衡，维护封建统治。可以说监察制度是皇帝控制和监视百官的重要工具，是调节和制衡官僚机构内部关系的重要调节器。从这个层面而言，监察制度完善与否，监察制度落实如何，关系着皇权与其他势力斗争的结果。

但同样，监察制度也在客观上发挥着维护社会稳定的作用。隋唐时期，上自宰相大臣，下至地方各级官吏，凡是涉及违法乱纪乱纲的行为，监察机构都有权进行纠察弹劾。甚至在某种程度上，监察机构对于皇权也有一定的建议和监督的权力。

2. 监察制度的实施因素与朝代兴衰

隋唐统治者都十分重视监察，建立起了完善的监察制度。但遗憾的是，隋二世而亡，唐朝也在“安史之乱”后走向下坡路，逐步陷入藩镇割据的局面。这与隋唐统治者原本的期望大相径庭。

从这个角度而言，监察制度的完善仅仅是监察制度发挥效用的基础和开始，要想最大程度发挥监察作用，维护封建统治以及社会稳定，更重要的还是在于最高统治者——皇帝。从某种程度上来说，监察制度的实施情况，与皇帝个人的品格与素养存在密切的关系。

隋朝的例子就很好说明了这一点。隋文帝统治时，君臣励精图治，政治清明，隋文帝本人虚心纳谏，支持并重视监察，监察的作用能够得到较好的发挥。据《隋书》记载，隋文帝多次派御史出巡地方，对全国的行政、司法或某些具体特别事务展开巡察，足见隋文帝对监察的重视。隋炀帝统治之初，监察制度得到进一步完善，监察官员也能尽职守责，但由于隋炀帝本人刚愎自用，不听谏言，没有真正重视监察制度，至其统治后期，将谏议大夫和司隶台废除，监察制度寝坏废弛，御史监察也在很大程度上变成隋炀帝残暴统治，消灭异己的工具。

由隋文帝和隋炀帝的例子，我们更可以印证《隋书》中精彩论述："时议者以为古先哲王之驭天下也，明四目，达四聪，悬敢谏之鼓，立书谤之木，以开言者之路，犹恐忠言之不至。由是泽敷四海，庆流子孙。而帝恶直言，雠谏士，其能久乎！"①

3. 监察制度与皇权的互动关系

在封建统治者原有的制度构架设想中，中央监察制度希望解决的是皇权与相权的矛盾，地方监察制度希望解决的是中央和地方的关系。而这两组关系，也贯穿了整个封建社会发展的始终。

在隋朝，监察制度主要是用于解决中央与地方的关系。隋文帝于开皇元年(581年)二月登基，但隋朝完成统一实质上是在开皇十年(590年)九月。因此对于隋朝统治者来说，最为重要的是解决中央与地方的关系。也因此，隋炀帝于大业三年(607年)，"增置谒者、司隶二台，并御史为三台"，设置

① 《隋书》卷22《五行志上》。

以监督地方官吏、考核地方政绩、出使慰抚为主要内容的监察机构——谒者台和司隶台，就是为了加强对地方及周边各族的控制，实现中央集权。

在唐前期，监察制度则更关注皇权与相权的协调。唐朝在统一过程中，基本扫清了地方势力的障碍，但也因此成就了一批功勋卓著的“功臣元老”，因此唐前期的监察重点在于对相权的遏制。唐朝统治者明确规定，严禁现任宰执的亲戚子弟出任谏官，从某种程度上就反映了监察制度对于相权的制约。

到了唐后期，监察制度的重点转移到了中央与地方的关系上。从唐朝后期设置的观察处置使、巡院及参军录事系统的监察范围和职责不难看出，中央对地方的控制力不断减弱，这与唐后期藩镇割据，中央失据的政治形势密切相关。

第二节　宋代监察制度的多样化趋势

一、宋代监察体系概述

（一）宋代政治制度的总体特征

谈及宋代的监察制度，应当将其放在宋代整体的政治制度中进行考察，方能一窥监察制度的全貌，以免有一叶障目之困。宋代作为中国封建制度的成熟时期，其在政治制度上具有以下特征：

1. 中央集权进一步加强

赵宋统治者以陈桥兵变的方式夺取了后周的政权，这种政权取得方式使得赵宋统治者从立国之初就采取了各种措施来加强中央集权。这些措施包括：

第一，在中央和地方关系上，削弱地方政府的权力，加强中央政府的权力。宋代统治者吸取唐代因藩镇割据而灭亡的教训，极力防止地方势力坐大。为实现这个目的，宋代统治者将地方政府的兵权、财权、事权等都大幅削弱，集中到中央政府。在地方政府官员的任命上，坚持以文官统领州府，并且禁止地方长官兼管一个以上州府的职务。此外，为防止地方长官专权独断，宋代还在地方政府设立通判监督长官。宋代发达的监察体系正是与这样的总体政治制度设计密切相关。通过这种制度设计模式，达到强化中央集权，弱化地方政府权力的目的。

第二，在中央行政机构的设置中，着力削弱相权，加强皇权。自丞相制度设立以来，相权与皇权之间的斗争就一直没有停歇过。在长达两千多年的封建社会中，这一斗争的总体趋势是皇权逐渐加强，而相权逐渐削弱。宋代无疑是相权与皇权斗争过程中的重要转折点。宋代中央机构的核心是“二府”和“三司”。“二府”指中书门下与枢密院。中书门下是宋代中央最高行政机构，其长官是“同中书门下平章事”；中央军事大权归枢密院统辖，财政大权则由“三司”掌管。① 这样，丞相的权力实质上已经被一分为三，中央大权集中到皇帝手中。

2. 官僚机构重叠，队伍庞大

众所周知，“冗官、冗兵、冗费”是宋代被诟病的三大弊病。其中，导致“冗官”的原因是多方面的。北宋前期，为了解决功臣故旧以及后周留用官员与宋代新政权的矛盾，实行了官、职、差遣相分离的制度。三省六部九寺五监等机构变为闲散之所，却保留不变，新的实权机构不断增设，从而使中央官僚机构出现了叠床架屋的特征。② 同时，在地方政府层面，为了加强中央集权，故意在同一事项上分设多名官员相互牵制。应当说，这种分散职权的考虑在很大程度上加剧了冗官现象。此外，随着宋代封建经济的进一步发展，庶族地主的地位逐渐提高，世家大族的势力日渐式微。宋代统治者为适应这种社会经济变化的局面，对科举取士进行了改革。其中一个重大改变就是通过各种形式的科举考试，大大增加科举取士的规模。有学者统计，两宋通过科举共取士 115427 人，平均每年 361 人。若除武举、宗室应举之外，亦有 110411 人，平均每年 345 人；若再除特奏名之外，正奏名者仍有 60059 人，

① 吴迅：《宋代法律的分权制衡与中央集权》，载《法制与社会》2013 年第 6 期。

② 贾玉英：《宋代监察制度》，河南大学出版社 1996 年版，第 26 页。

平均每年 188 人。这些都大大超过了唐以及元、明、清的取士人数。① 宋代如此大规模的科举取士，固然扩大了统治基础，尤其争取了最广泛的庶族地主阶级对政权的支持，但是由此带来的冗官问题也深深困扰着宋代统治者。在官僚机构叠床架屋，官员人浮于事的现实下，建立严密的监察机制以监察百官，自然成为题中之义。

(二)宋代监察体系的变革

1. 中央监察体系的重要变革

宋代中央的监察体系出现了许多重要变革，这些变革多成为明清重要监察制度变革的发端，起到了承前启后的作用。

第一，御史和谏官的职责开始混淆，后世所言的“台谏合一”制度在宋代已有端倪。宋代以前，御史负责监察百官，而谏官主要负责讽谏君主。从宋真宗天禧二年(1018 年)二月起，谏官可以论奏“官曹涉私”②，弹劾百官。真宗朝又设置了言事御史这一官职，言事御史也可以像谏官一样向皇帝进谏，后来发展到其他御史也具有这样的权力。这样就使得原本泾渭分明的台谏分设制度，有向“台谏合一”演化的趋势。

第二，御史台三院出现了合并的趋势。北宋前期，御史台因袭唐朝的台、殿、察三院制度。宋神宗元丰改制后，侍御史成为御史台副台长，其所在的台院名存职废，使唐朝以来的御史台三院制度出现了合并趋势，这一趋势开明清时期三院御史合一之端。

第三，给事中地位提高，为明清的六科给事中制度改革奠定了基础。隋唐时期，给事中为门下省属官，“常侍从读署奏抄，驳正违失，分判省事，若侍中、(门下)侍郎并阙，则监封题，给驿券”③。北宋前期(元丰三年八月

① 张希清：《论宋代取士之多与冗官问题》，载《北京大学学报》(哲学社会科学版)1987 年第 5 期。

② 《宋会要辑稿》职官 3 之 51。

③ 《文献通考》卷 50《职官四》。

前），三省制度名存实亡，给事中为“寓禄秩，叙位著”①的寄禄官。元丰改制后，给事中恢复了封驳职能，隶门下后省。南宋建炎三年（1129年）七月，宋高宗下诏“谏院不隶两省”，“其后因旧制置门下后省，以给事中为长官，四员为额，专主封驳”。② 宋代给事中脱离门下省，并升迁为门下后省长官，成为明清给事中制度改革中承前启后的重要一环。

2. 地方监察体系的重要变革

宋代地方监察体系也有自己独特的特点，概括而言，宋代在地方监察体系上出现了以下重要变革：

第一，建立了地方两级监察体制。宋代以前，中央政府往往只在地方设置一级监察体制。宋代的路级监察机构，包括转运司、提点刑狱司、提举常平司等，统称监司。宋代的府、州、军、监级监察机构是通判厅。通判厅不仅要监察府州军监级官吏，而且还要按察本辖区的县级官吏。宋代路级监察体制除监司之外，某些时期还设走马承受作为皇帝的耳目。③

第二，建立了纵横交错的地方监察网络。宋代建立了十分严密的地方监察网络，宋代路级长官，不仅要接受台谏和职能相关的上级机构的监察，而且还要受到监司之间的互察。府州军监级长官，不仅要接受监司的监察，而且还要受到通判的刺举及同级长官之间的互察。县级长官，不仅要接受监司、通判、知州的监察，而且县级长官之间也要互察。

第三，地方行政官员与监察官员的职能出现重合。如地方郡守也有责任监察县令，地方监察官员如三司、通判等也可过问地方行政事务。

二、宋代的中央监察体系

（一）宋代的御史制度

1. 宋代御史台的组织机构

① 《文献通考》卷47《职官一》。

② 《宋会要辑稿》职官1之78。

③ 贾玉英：《宋代监察制度》，河南大学出版社1996年版，第297页。

北宋前期，御史中丞是御史台的台长，侍御史知杂事为副台长。御史台下设三院，即台院、殿院和察院，分别由侍御史、殿中侍御史和监察御史充任其职。宋太祖和宋太宗时期，三院御史一般是要外派到地方担任地方官的，如担任知州或者通判等。而御史台三院的职掌，“以他官领之”①，御史“无定员，无专职”②。宋朝御史台官制到神宗元丰五年（1082 年）才“定员分职”，由御史中丞为台长，“总判台事”，置一人，从三品。御史台的御史员额数量和宋初基本一致。台院置御史一人，从六品，“掌贰台政”。殿院置殿中侍御史二人，“掌以仪法纠百官之失。凡大朝会及朔望、六参，则东西对立，弹其失仪者”。察院置监察御史六人，“掌分察六曹及百司之事，纠其谬误，大事则奏劾，小事则举正。迭监祠祭”③。御史台除三院御史之外，还设有检法官一人，从八品，“掌检详法律”。主簿一人，从八品，“掌受事收发，勾稽簿书”。这样，宋御史台官员人数一共有十三人。宋初还置推直官两人，专治狱事。宋真宗时，又增置推勘官十人。元丰改制，定员分职，里行、推直等官悉罢。④

综观宋代御史台官吏设置，基本特点是官少吏多。御史台大量具体事务一般由吏员职掌。真宗时吏员 47 人，仁宗减至 42 人。神宗元丰改制后，定额 44 人。高宗绍兴初年，重定额 47 人。孝宗隆兴元年（1163 年）八月，吏员多达 50 人。后来为了克服吏员人数众多，人浮于事的弊端，南宋后期对吏员人数又进行了裁减。

2. 宋代御史台的职能

综观宋代御史台的职能，可以发现其已经远远超越了前代，即不再仅仅局限于纠察百官，其职能范围愈加广泛。概括而言，宋代御史台的职能主

---

① 《宋会要辑稿》职官 17 之 31。
② 《文献通考》卷 47《职官一》。
③ 《宋史》卷 164《职官志四》。
④ 邱永明：《中国监察制度史》，华东师范大学出版社 1992 年版，第 303 页。

要有：

第一，监察百官，维护封建统治秩序。这也是御史台一直以来的主要职能。御史从设立之初就是作为监察官的身份来行使职权的，宋代也概莫能外。从监察对象来看，宋代御史已经能监察包括丞相在内的百官，这一点相比于唐代的御史而言，监察范围已经有了扩展。因为唐代御史“虽职在抨弹，然进退从违皆出宰相”①。因此，宋代御史在监察范围上最大的变化就是将宰相也纳入了监察对象。从御史弹劾的行为来看，宋代御史台的主要职能是确保封建法律的执行，弹劾种种违反封建统治秩序的行为。弹劾行为的范围也是十分广阔的，几乎达到了无事不弹的地步。如对违反封建礼仪、收受贿赂、结党营私等，总之只要是违反封建法律的一切行为，御史皆可弹劾。

第二，讽谏皇帝，参议朝政。这是御史职能在宋代的重大变化。宋代以前，御史的主要职能仅限于纠察百官，是皇帝的耳目。宋时御史已经获得了规谏皇帝的职权，可以向皇帝直言进谏，讽喻皇帝的过失。例如宋仁宗时期，包拯担任监察御史，宋仁宗宠幸张贵妃，想封张贵妃的堂叔张尧佐为宣徽南院使。包拯认为仁宗的行为很可能是受到了张贵妃的唆使，属于后宫干政，因此坚决反对。后来宋仁宗又先后两次提出要提拔张尧佐，包拯均据理力争，仁宗只能作罢。② 在参议朝政上，宋代御史发挥的作用也不可小觑。国家的财政、军事、礼仪、祭祀等方方面面，御史皆可参与讨论。但是应当注意的是，御史职能的扩展绝不意味着皇权的削弱。相反，这正是皇权加强的特征之一。正如宋人黄履翁所言：“以天下之责任大臣，以天下之平委台谏，以天下之论付士夫，则人主之权重矣。”③

第三，参与司法工作，监察司法部门。宋代的御史台在一定程度上还拥

---

① 洪迈：《容斋随笔》卷11《唐御史迁转定限》。

② 修晓波：《监察制度适应集权统治发生的新变化——宋代监察制度的变革》(上)，载《中国监察》2006年第10期。

③ 黄履翁：《古今源流至论·别集》卷2《君权》。

有了部分司法职能，如参与议定刑名、审定疑难案件、侦查案情等。值得注意的是，宋代御史台可以直接受理申诉案件。北宋初年，御史台尚不受理申诉案件。景德四年(1007年)，真宗"诏以鼓司为登闻鼓院，登闻院为登闻检院"，"诸人诉事，先诣鼓院，如不受，诣检院，又不受，即判状付之，许邀车驾，如不给判状，听诣御史台自陈"。① 自此，御史台始受理申诉案件。天圣七年(1029年)，仁宗"在登闻检院侧近别置理检院"，且"置理检使，以御史中丞充任"②，"其登闻检院匦函改为检匣，如指陈军国大事、时政得失，并投检匣，令画时进入，常事五日一进。其称冤滥枉屈而检院、鼓院不为进者，并许诣理检使审问以闻"③。可见理检院受理案件的范围有所限制，即必须是军国大事和时政得失。有宋一代，御史台受理申诉案件的职能虽然一度有所变化，但御史台总体上对于沟通民情、平反冤假错案起到了一定的积极作用。

当然，宋代御史台的职能绝不仅仅限于以上三个方面。其在荐举官吏、纠察朝仪、兼任侍讲等诸多方面都发挥了重要作用，限于篇幅不再一一赘述。

3. 宋代御史台的监察方式：六察制

宋代御史进行监察的主要方式是六察制。这种六察制渊源于唐代的"六察官"，分别监察尚书省六部。

所谓"六察"，是御史台对国家吏、兵、户、刑、礼、工六部的监察，按察六部的台官是监察御史，称为"六察官"，实际上宋御史台察院的六察并不局限于对六部的监察，其范围包括六曹及百司之事，凡国家行政、财政和军事等所有机关和官吏都在六察范围之内。其中虽有多次变化，但最终固定在以监察六部和在京百司为主。④ 通过这种分工明确的六察制度，御史台实现

① 《续资治通鉴长编》卷65，景德四年五月戊申。
② 《职官分纪》卷14《御史台》。
③ 《续资治通鉴长编》卷107，天圣七年闰二月癸丑。
④ 邱永明：《中国监察制度史》，华东师范大学出版社1992年版，第326页。

了对中央主要行政机关监察的全覆盖，从而能够更加有效地行使监察权。

4. 宋代对御史台的监督机制

唐代以前，御史只用接受皇帝的监督。宋代，对御史台的监督机制逐渐发展完善起来。御史台是宋代中央最高监察机关，御史作为朝廷耳目之寄，弹奏百官、风闻言事是其天职，而历来无弹奏御史之法。在宋代，这一传统却发生了变化。宋真宗景德二年(1005 年)诏："御史台差官勘事，量大小给限，牒报刑部提举。"①即御史台官员外出督察，要受尚书刑部的检查。四年(1007 年)又诏，台谏官"务遵职业，无或懈慢，令尚书都省纠举之"②，即准许尚书省监察御史台的公务活动。通过行政机构与监察机构的这种互察机制，使得行政机构与监察机构之间能够互相牵制，进一步加强了皇帝对整个中央机构的把控。这也是宋代监察机制得以强化的标志之一。

此外，虽然历来御史皆能够"风闻言事"，但在宋代，御史的这一特殊权能受到了很大的限制。"风闻言事"原本作为对御史行使职能的一种保障，可以使御史能够尽心尽力地纠察百官，而不必有太多的后顾之忧。然而这种"风闻言事"的职权在实践的发展中，往往会沦为文官集团之间内斗的工具。宋朝统治者很敏锐地注意到了这一不良苗头，为革此弊，宋仁宗皇祐元年(1049 年)降诏限定了御史风闻言事的范围，规定："自今言事者，非朝廷得失，民间利病，毋得以风闻弹奏，违者坐之。"③嘉祐五年(1060 年)又诏"戒上封告讦人罪或言赦前事，及言事官弹劾小过或不关政体者"④，以"免风闻之误"⑤。南宋时台谏不得接受短卷，以致有"纳短卷者罪至徒配"⑥的规定。这种规定自然也是为了限制御史风闻奏事的职能，防止御史成为文官之间相互

① 《宋会要辑稿》职官 15 之 2。
② 《续资治通鉴长编》卷 65。
③ 《续资治通鉴长编》卷 166。
④ 《续资治通鉴长编》卷 191。
⑤ 《清波杂志》卷 8。
⑥ 《历代名臣奏议》卷 52。

攻讦的工具。终宋一代，御史因为滥用“风闻言事”职能而受到惩罚的例子并不少见，虽然这在一定程度上限制了御史的职能，却在整体层面上完善了御史监察制度，确保其在正确的方向上发挥自己的作用。① 宋代这种监察制度上的变革，使得之前监察机构对行政机构的单向监察变成了行政机构与监察机构之间的双向监察。这一重大制度变化也成了宋代监察制度对中国古代整体监察制度的重大贡献。

(二)宋代的“台谏合一”

1. 宋代的谏官制度

众所周知，北宋前期的官职中有官、职、差遣的区分。“官以寓禄秩，叙位著，职以待文学之选，而差遣以治内外之事。”谏官在称谓上分两种情况：由其他官供职谏院者带知谏院，由左右司谏、正言供职谏院者则仍称左右司谏或正言。北宋前期带左右司谏或正言称谓者，并非皆是谏官，有的是谏官，有的则是寄禄官。判断某个带左右司谏或正言称谓者是不是谏官，关键要看他是否在谏院供职。在谏院供职者是谏官，否则，是寄禄官。② 如陈执中天圣九年(1031年)以前其官衔中虽带有右正言称谓，但他不是谏官，因为他不在谏院供职。同年七月，仁宗诏令其“谏院供职”③后，才是谏官。

宋代谏官的组织机构也经历了一个较长的变化过程。北宋初年，承袭唐制，谏官分属中书省和门下省。宋仁宗时，谏官开始从中书门下中独立出来。明道元年(1032年)七月，仁宗诏令：“以门下省为谏院，徙旧省于右掖门之西。”④谏院的设置，使得谏官从此有了属于自己的独立机构，从此与御史合称“台谏”，在宋代的政治舞台上发挥着越来越重要的作用。谏院设立以后，又几经存废，谏官的组织机构又发生了许多变化。但谏院作为独立的谏官组

① 郭东旭：《宋代法制研究》，河北大学出版社2000年版，第139页。
② 贾玉英：《宋代监察制度》，河南大学出版社1996年版，第117页。
③ 《续资治通鉴长编》卷110，天圣九年七月甲戌。
④ 《续资治通鉴长编》卷111，明道元年七月辛卯。

织机构，在宋代所存在的时间很长。

2. 宋代谏官的职能

谏官从设立伊始，其主要职能就是讽谏皇帝。而皇帝作为封建权力的中心，能否接受谏官的讽谏，则完全取决于皇帝个人。因此，谏官讽谏作用的大小，往往跟皇帝本人的开明程度息息相关。而宋代的谏官，则大大扩展了前代谏官的职能，不再限于讽谏皇帝。具体而言，宋代谏官的职能主要包括：

第一，讽谏皇帝。这是谏官的最基本职能，宋代谏官也概莫能外。值得注意的是，宋代民族矛盾和阶级矛盾相互交织，在这种大背景之下，谏官的讽喻作用就显得更加重要。在实际的政治生活中，宋代谏官既有独自向皇帝进谏的，也有联合御史向皇帝进谏的，甚至后一种情况更为常见。如上文提到的，宋仁宗想要提拔外戚张尧佐，包拯等人联合进谏道："尧佐妃之族叔，以恩泽进。陛下富之可也，贵之可也，然不可任以政事。"①终宋一代，谏官与皇帝的据理力争不胜枚举。应当说，谏官的主动进谏对于规劝封建帝王的行为起到了一定的积极作用。

第二，弹劾百官。宋代以前，谏官的职能仅有讽谏皇帝，而无权弹劾百官。至宋，谏官不仅可以上谏皇帝，也可下纠百官，对于丞相也可弹劾。天禧元年(1017 年)二月，真宗下诏允许谏官论奏"官营涉私"，这实际上就赋予了谏官弹劾百官的职权。自仁宗以来，谏官弹劾百官的事例日渐增多。然而，谏官的这一职能与御史的纠察职能一样，在政治实践过程中逐渐异化为政治斗争的工具。

3. "台谏合一"的开端

宋朝出现"台谏合一"的现象，是有着深刻的社会历史渊源的。唐末藩镇割据，地方权重最终导致了唐王朝的灭亡。宋代统治者吸取唐王朝灭亡的教训，认为应当极力加强中央集权，削弱地方势力。同时在中央行政权力中，

---

① 吕希哲：《吕氏杂记》卷下。

又极力削弱相权，加强皇权。因此，之前只用来讽谏皇帝的谏官在皇帝眼中自然就成了限制皇权的一大障碍。

天禧元年(1017年)二月，宋真宗下诏："诏别置谏官、御史各六员，增其月俸，不兼他职，每月须一员奏事，或有急务，听非时入对。及三年则黜其不胜任者。"①奏事范围包括"诏令不允、官曹涉私、措置失宜、刑赏逾制、诛求无节、冤滥未伸"等，"并仰谏官论奏，宪臣弹举"。② 这就是北宋著名的天禧诏书。可以说，天禧诏书成为宋代"台谏合一"最重要的制度保证，天禧诏书也被北宋官员视为永制遵守下去。自此，台谏往往为人所并称，两者之间在职能对象、行为方式和利益归属方面具备越来越多的共同点，在朝政中所发挥的作用也越来越大。如明道二年(1033年)，御史中丞孔道辅与右司谏范仲淹一起率台谏官诣阙论奏，反对仁宗废罢郭皇后，在朝野上下引起了极大反响。"台谏合一"制度也首次展现出了它的威力。③

"台谏合一"制度的出现，对于中国监察制度的完善意义重大。首先，它提高了监察权的地位，使得中国古代的权力制约体系更加完善。从秦汉开始，皇权下即分有行政权(兼涵司法权)、军权以及监察权三大权力。经过历史实践的发展，皇权在秦汉时期已经较为成熟，相权与军权在北宋初年也已发展得较为完备，但监察权一直未能获得自己的独立地位而发展成熟。"台谏合一"的出现，使得监察权能够更好地从行政权中独立出来，摆脱相权对监察权的束缚，使得监察官员更加有效地行使监察权。其次，"台谏合一"制度能更加有效地监督皇权。北宋统治者削弱谏官讽谏君主属性的最初目的，当然是为了加强皇权。但是"台谏合一"之后，御史也获得了言事的权力，台谏官逐渐形成了一股独立的政治势力，往往能够针对皇帝的行为形成强大的舆论力量，这恐怕是宋朝统治者最初所不曾设想到的。最后，"台谏合一"的出现，

---

① 《续资治通鉴长编》卷89，天禧元年二月丁丑。

② 《宋会要辑稿》职官17。

③ 张明华：《试论北宋时期的"台谏合一"》，载《许昌师专学报》1998年第3期。

代表了中国监察权制度发展的历史方向，后世王朝沿着宋代开辟的道路继续走了下去，至清朝彻底完成了“台谏合一”。因此，可以说“台谏合一”制度是宋代监察制度中的最大亮点，也是其对中国监察制度发展完善的最大贡献。

三、宋代的地方监察体系

(一)宋代地方监察体系概述

宋朝立国后，吸取汉唐时期地方监察官由于权力太大而变为割据势力的历史教训，采用了“分而察之，互相牵制”的统治政策。第一，在承袭汉代刺史和唐代道区制度的基础上，逐渐把路一级监察权一分为四，即由转运司、提点刑狱司、提举常平司、安抚司等四个机构掌领。第二，明确规定地方监察机构要接受御史和谏官的监察。第三，创设了通判制度，以加强对府州军监官吏的监察。在此需要说明的是，宋代实行的是三级行政制度。宋代地方最高行政机关是路。宋太宗至道三年(997年)，将全国分为十五路，宋仁宗朝又析为十八路，宋神宗元丰年间，又增加至二十三路。路下是府、州、军、监，相当于唐代的府州。府州军监之下是县，县分为赤、畿、望、紧、上、中、中下、下八个等级。① 宋代地方监察机构主要为监司和通判，这种两级制的地方监察机构设置也开了地方监察机构分层设置的先河，成为宋代地方监察制度中的一大特色。

(二)宋代的监司制度

1. 转运司

转运司的组织编制通常是各路置使一员，在边境重要路(河北、河东、陕西等路)或重要经济区域(淮南、两浙等)，则配置两员以上。凡设两员者，或皆为使、或皆为副，或作同知、同勾当、遥兼、并统转运使等。一路之中并不是同时都有这些人，一般只有其中的一个，间或出现两个。转运司的职

① 贾玉英：《宋代监察制度》，河南大学出版社1996年版，第294页。

能也有一个变化的过程，在宋太祖初设转运使之时，转运使还纯粹是一个军事性质的职官。自宋太宗罢天下节镇所领支郡后，转运司由单纯军事机构变为兼具行政与监察之权的路级机构。史书记载其监察职责为："岁行所部，检察储积，稽考帐籍，凡吏蠹民瘼，悉条以上达，及专举刺官吏之事。"①太平兴国六年(981 年)当遣使按鞫，令"诸路转运使察部下官吏，有罢软不胜任，怠惰不亲事及黩货扰民者，条其事状以闻"②。真宗曾督责转运使说："监司之职，刺举为常，颇闻旷官，怠于行部，将何以问民疾苦、察吏臧否？自今诸路转运使，令遍至管内按察。"③这就极大地扩展了转运使的监察对象范围，甚至包括了地方的武职，如团练使、防御使等。

按察部内官吏是宋代转运司的基本职能之一。在宋代监司系统中，转运司是最早具有监察部内官吏职能的机构。开宝九年(976 年)十一月(宋太宗已即位)，宋太宗就诏令"诸道转运使，各察举部内知州、通判、监临物务京朝官等"④。综观宋朝一代，皇帝不断下诏强调转运司按察部内官吏的职能。如天圣三年(1025 年)七月，宋仁宗"诏诸路转运司具所部知州、同判老疾不任事者，以名闻"⑤。景祐三年(1036 年)十二月，宋仁宗下诏令"诸路转运使察所部知县、令不治者以闻"⑥。熙宁五年(1072 年)六月，宋神宗诏令"河北都转运司劾雄州官吏以闻"⑦。元祐六年(1091 年)闰八月，宋哲宗"诏淮南路转运司根治马守珍交通赵君锡、王巩事状以闻"⑧。

当然，转运司还具有其他许多重要的职能，如主管一路财政、监督并参与审理地方刑狱案件、镇压农民起义等。在此不再一一赘述。

---

① 《宋史》卷 167《职官志七》。
② 《续资治通鉴长编》卷 22，太宗太平兴国六年。
③ 《续资治通鉴长编》卷 55，真宗咸平六年。
④ 《续资治通鉴长编》卷 17，开宝九年十一月庚午。
⑤ 《续资治通鉴长编》卷 103，天圣三年七月乙未。
⑥ 《续资治通鉴长编》卷 119，景祐三年十二月丁卯。
⑦ 《续资治通鉴长编》卷 234，熙宁五年六月壬戌。
⑧ 《续资治通鉴长编》卷 465，元祐六年闰八月甲申。

2. 提点刑狱司

该司始设于淳化二年(991年)，当时隶属于转运司，诸路提点官各设一员或二员，专职纠察州军刑狱，淳化四年(993年)即罢。北宋前期，提点刑狱司的路分区划基本上与转运司路重合。从神宗朝开始出现了一转运司路分为两提点刑狱司路的情况。到北宋末期，随着国土面积的增大，提点刑狱司路数达到历史最高。南宋时期，提点刑狱司路在两浙和淮南地区长期与转运司路不重合，但仍是一转运司路分为两提刑司路。

宋太宗朝是提点刑狱司制度的草创时期，提刑司开始从转运司中脱离出来，独立地行使自己的司法按察职能。真宗朝提刑司复置，统治者对其加以补充、完善，这一制度全面确立。仁宗初年，提刑司两度废立，此后巩固下来，成为宋代路级的常设机构，并在实际统治中发挥越来越多的作用。在此后漫长的历史发展过程中，宋朝统治者为适应实际统治的需求，对提点刑狱司制度的组成内容不断地调整、尝试，先后设立武臣提刑、京畿提刑、府界提刑，力图发挥这一制度的最佳统治效能。同时，提点刑狱司的职能范围也逐渐扩大，从监察、司法领域扩展到了几乎路级政区所拥有的各种职能，因而其在向宋代司法、政治、社会等领域都产生了重要的影响。①

在提点刑狱司的诸多职能中，按察官吏的违法行为是其重要职能之一。北宋景德四年(1007年)七月，宋真宗就令诸路提点刑狱将“官吏贪浊弛慢者，具名以闻”。② 皇祐年间，谏官包拯在向宋仁宗的上疏中也指出：“国家设提刑按察之职，察郡吏廉秽之状，其治绩尤著者必慰荐称举，贪懦不治者，则必体量按劾。”③熙宁十年(1077年)二月，宋神宗下诏令河北、京东路提点刑狱认真按察“贼盗多处州军长吏，如罢软不职，及措置乖方，并捕盗官不足任

① 王晓龙：《宋代提点刑狱司制度研究》，人民出版社2008年版，第115~116页。

② 《续资治通鉴长编》卷66，景德四年七月癸巳。

③ 杨国宜：《包拯集编年校补》卷3《请令审官院以黜陟状定差遣先后》。

者，选官对替讫奏”①。

3. 提举常平司

宋代的提举常平司正式设置于王安石变法时期。熙宁二年(1069年)，宋神宗为了保证新法在各地顺利推行，根据制置三司条例司的建议，诏令“差官充逐路提举常平广惠仓，兼管勾农田水利差役事”②。于是王广廉、苏涓、胡朝宗等四十多人先后出任河北、陕西等路常平广惠仓，当时这批提举官的称谓是“管勾常平广惠仓”③。宋代提举常平司的变化过程比较复杂。神宗初年设置，哲宗元祐年间曾一度废除，绍圣初复置。宋徽宗时官员增多，职权扩大。南宋初年时置时废，绍兴五年(1135年)与提举茶盐司合并，绍兴十五年(1145年)恢复监司地位并成为定制。

提举常平司掌赈灾和盐铁专卖，并“专举刺官吏之事”。如熙宁九年(1076年)，神宗令提举常平司“操常平敛散之法，申严免役之政令，治荒修废，振民艰扼，则隶提举司。岁察所部廉能而保任之，若疲软或犯法则随其职事劾奏”④。按察地方官吏是宋代提举常平司的重要职能之一。熙宁三年(1070年)七月，宋神宗下诏：“提举诸司库务司、勾当公事官，不得擅诣诸司库务点检及取索文字，追呼公人。违者，提举司劾奏。”⑤熙宁八年(1075年)十月，御史蔡承禧在给皇帝的上疏中说：“朝廷提仓之官，所系不轻，一路承禀按察，与监司无异。”⑥宋徽宗宣和三年(1121年)四月，提举江东常平司王瞻也上疏云：“常平专置使者，付以刺举。”⑦南宋乾道四年(1168年)八月，宋孝宗下诏：“诸路提举司差官根刷应诸司吏人所借常平雇役钱，在五年

① 《续资治通鉴长编》卷280，熙宁十年二月。
② 《宋会要辑稿》职官43之2。
③ 《宋会要辑稿》职官43之3。
④ 《文献通考》卷61《职官十五》。
⑤ 《续资治通鉴长编》卷213，熙宁三年七月乙巳。
⑥ 《续资治通鉴长编》卷269，熙宁八年十月庚寅。
⑦ 《宋会要辑稿》职官43之11。

内者尽行追纳，自后州县敢擅借支者，依条按劾以闻。”①

4. 安抚使

此职在北宋前期不常置。咸平二年(999年)，以翰林学士王钦若为四川安抚使，始有安抚使之名，但属于临时性质。自景德三年(1006年)，正式置河北沿边安抚使，以雄州守臣为之，而陕西沿边诸州亦设安抚使。以后在湖南、河北、广桂、河南、杭越等地陆续设置。高宗建炎元年(1127年)，下令诸道帅府都带安抚使衔。从此，普遍设立安抚使。

安抚使掌一路兵政，兼领监察。如宣和三年(1121年)，徽宗诏诸路安抚使“掌总护诸将，统制军旅，察治奸宄，以肃清一道，凡兵民之政，皆掌焉。帅其属而听其狱讼，颁其禁令，定其赏罚，稽其钱谷、甲械出纳之名籍”②。

5. 走马承受

走马承受也曾称“廉访使者”，诸路各设一员，宋初隶“帅司”，但又非帅司之属官，多由与皇帝亲近的三班使臣或内侍(宦官)充任，是皇帝直接差遣到诸路的耳目，负责监察转运使。徽宗崇宁年间，“始诏不隶帅司而辄预边事，则论以违制”，大观年间，“诏许风闻言事”③。政和六年(1116年)七月，改为廉访使者，权力更大，其权与监司相当。“朝廷每有所为，辄为廉访所雌黄，枢密院借以摇宰相。”④靖康初年，复名走马承受。他们无事时，则一年向皇帝汇报一次，如果边防有警，则随时驰驿飞报皇帝。走马承受的按察面相当广，不仅可以监督军队，“预闻边要主帅机宜公事”，而且还监察地方行政，如“民生之利病，法令之废举，吏治之清污能否，凡郡邑之政”⑤，均属其按察范围，并可直接向皇帝报告。

---

① 《宋会要辑稿》职官43之36。

② 《文献通考》卷61《职官十五》。

③ 《宋史》卷167《职官志七》。

④ 《建炎以来系年要录》卷11。

⑤ 《宋大诏令集》卷212《走马不职澄汰御笔》。

6. 出巡制：宋代监司的监察方式

宋代对地方官的监察方式，主要是监司出巡，按察所辖州县。一般而言，监司要在一年或者两年之间将所属州县巡察一遍。但若遇到灾荒等重大事件，监司还要奉诏出巡。如皇祐四年(1052年)，京东、江淮、江浙、江湖等地发生了灾害，宋仁宗令转运使、提点刑狱“分路巡察”①。宋代规定了监司在巡察期间的一系列禁令，如不得大吃大喝，不得在州县驻留超过三日等，这些规定都是为了防止监司利用出巡之际滥用职权。

(四)宋代的通判制度

由于宋太祖赵匡胤是通过“陈桥兵变”的方式夺取的后周政权，一直有得位不正之嫌。后来虽然通过艰难的统一战争，消除了南方的南汉、南唐、吴越和北方的北汉等割据政权，但是如何管理新的被征服区域是摆在宋朝统治者面前的一道难题。对于这些区域的既有官员当然不能全部予以罢免，这样对于一个新生政权而言难免会失去人心，进而很有可能引发动荡；当然也不能对于他们授予完全的信任，特别对于得位不正的北宋统治者而言，这是绝对不能接受的。在这种历史条件下，通判制度应运而生。

1. 宋代通判的设立过程

宋代通判设置于乾德元年(963年)。建隆三年(962年)，宋太祖出兵荆湖，翌年四月，灭掉荆南和湖南割据政权后，“始命刑部郎中贾玭等通判湖南诸州”②。乾德二年(964年)，宋太祖在原后周境内的四十三个府州皆设置了通判。乾德三年(965年)，北宋灭掉后蜀，在眉、梓等州设置了通判。开宝四年(971年)，宋廷灭掉了南汉，在广州等地设置了通判。开宝八年(975年)十二月，宋政权灭掉南唐，遂在江南地区处州等地设置通判。“陈洪进纳土”和“吴越归地”后，宋廷又在泉州等地设置通判。其后，通判在全国各地

① 《续资治通鉴长编》卷172，皇祐四年二月辛巳。

② 《续资治通鉴长编》卷4，乾德元年四月乙酉。

逐渐普遍化，成为常制。①

通判为州的最高监察官，专事监察地方长吏知州。通判一般由皇帝差遣朝官到诸州任职。宋初大郡置通判两人，余置一人，人口不足万户的州则不设置通判。但是，如果是武臣担任知州的小州，也需要设置通判以监督武臣。这也是宋代特有的重文轻武的传统，以防武官权大以后造成地方割据。南渡后，各州通判里原为两员的则减为一员。绍兴五年(1135 年)，除广、洪州、镇江、建康、成都府和帅府通判设置两人之外，其余皆设置为一人。②

2. 宋代通判的职能

第一，行政权。通判设置之初，就是作为州官的副手。而且，通判的行政权力还很大，构成了对知州的有力制约。宋代法律规定："知府公事并须长吏、通判签议连书，方许行下。"③这实际上是赋予了通判副署权，这样一来，知州的重大行政决策没有通判的副署就没有法律效力，知州的行政权力被大大削弱。其后对通判的行政职能有具体的规定，乾德五年(967 年)，宋太祖命令川陕地区的知州和通判共同管理修筑道路、架设桥梁等事；开宝四年(971 年)六月，太祖设置广州市舶司，以广州知州潘美、尹崇珂共同担任市舶司使，广州通判谢玭兼任市舶司判官；开宝五年(972 年)三月，为了加强对黄河水患的治理，太祖下诏："自今开封等十七州府各置河堤判官一员，以本州通判充。"④

第二，监察权。上文已经提到，宋代设置通判的背景，就是对于前朝遗老的不信任。那么，作为知州的副手，通判自然而然地具备了监察职能。事实上，通判的监察职能十分明确。宋仁宗曾指出："州郡设通判，本与知州同

① 贾玉英：《宋代监察制度》，河南大学出版社 1996 年版，第 408 页。
② 邱永明：《中国监察制度史》，华东师范大学出版社 1992 年版，第 308 页。
③ 《宋史》卷 167《职官志七》。
④ 《宋史》卷 167《职官志七》。

判一郡之事，知州有不法者，得奏举之。”①也就是说，通判不仅能够监察知州，还能够监察“所部官吏”。

当然，通判除了行政职能和监察职能之外，在财政、刑狱乃至荐举官员方面都有一定的权力，在此不再一一赘述。也有学者考证，终宋一代，通判的职权在行政权和监察权方面是不断萎缩的，相反在财政权方面却逐渐增长。②

四、宋代监察制度的评价

（一）宋代监察制度的特征

1. 中央监察制度的特征

宋代统治者吸收唐末五代的历史教训，在中央监察制度方面采用了种种防范前代政治弊端再现的措施。这些措施的推行，使宋代中央监察制度呈现出鲜明的时代特征。

第一，中央监察官员的选任脱离了最高行政长官的干预。两宋时期，随着君主专制的发展，在中央监察官的选任方面，逐渐建立了一套不受宰相和执政干预的制度，如确立了皇帝亲自选任御史、谏官和封驳官的制度，制定了谏官、御史和封驳官人选回避宰执的法规等。这些制度法律的制定与推行，使宋代中央监察官的选任从制度上脱离了最高行政长官的干预。

第二，中央监察体制完备严密。宋代中央监察制度完备的特征主要表现在御史、谏官、封驳官三大体制的机构独立、职能广泛和选任制度规范化。如御史台已成为和中央行政机构平行的最高监察机构；谏官机构从宰相府中独立出来，谏官职能比前代增多，谏官的选任、升迁由前代的无定制走向制度化；封驳官机构从门下省中分离出来，封驳官职能范围超过前代，封驳官

① 《职官分纪》卷41《通判军州》。

② 李康：《略论宋代通判职能及其演变》，载《郑州航空工业管理学院学报》（社会科学版）2015年第4期。

选任制度比前代完备等。宋代中央监察制度严密的特征主要表现在，不仅把中央各级机构和官员置于严密的监察之列，而且还把中央监察官自身也置于严密的监督之中。如宋朝一改前代对御史监察无定制的状况，北宋元丰年间神宗在尚书省内设置了御史房，以加强对御史的监督。宋代对封驳官虽没有设置专职监察机构，但其互察制度也为前代所不及。①

第三，台谏官职能侧重于监察宰执百官。宋代台谏官虽有监察百官、谏诤皇帝、参议朝政、荐举官员等多种职能，但可以看出的是，宋代台谏官的主要职能侧重于监察宰执百官。这种特征不仅体现在“台谏合一”的趋势中，更体现在宋代御史和谏官常常联合起来在朝堂上与宰相进行抗争，这是宋以前的任何封建王朝中所没有的现象。

从以上宋代中央监察制度的特点可以看出，宋代统治者加强君主专制统治的意图十分明显。在君权与相权的斗争中，监察官员作为君主的有力武器，成功地制约了相权。宰相不仅在事实上失去了对监察官员任免的权力，更是在政治斗争中成为监察官员重点监督的对象。最为明显的是，原本主要职能为规谏皇帝的谏官，其主要职能已经变成了弹劾和监察百官特别是宰执。可以说，这种“台谏合一”趋势中，御史对皇帝的进谏职能是次要的，谏官对百官宰执的监察却是主要的。这也从一个侧面反映了宋代加强君主专制的事实。

2. 地方监察制度的特征

宋代承唐末五代藩镇割据之弊病，从立国之初就十分注意加强中央集权，防止地方权力过重，这种“分权制衡”的思想自然也贯彻到了地方监察制度的建立上，从而使宋代地方监察制度显示出了鲜明的时代特征。

第一，地方监察体制严密。在我国封建社会地方监察制度发展史上，宋朝以前的监察体制是不够严密的。如地方监察机构不仅不固定，而且多为一级制。这种不固定的监察体制，不利于对地方官进行规范的监察；一级监察

① 贾玉英：《宋代监察制度》，河南大学出版社1996年版，第276页。

体制覆盖面有限，缺乏对地方官实行全方位的监察。宋代为了对地方官进行规范化和全方位的监察，建立了路和府州军监二级固定的监察体制，使地方监察体制呈现出严密的特征。

第二，地方监察官在参与地方政务中随事监督。宋以前的地方监察官，多是采取巡视或按察的方式进行监察。这种监察方式很难深入地方，很难对地方官员形成有震慑力的监察。宋代统治者为了分割地方政权的权力，赋予了地方监察官员参与地方政务的权力，形成了随事监督的监督模式。这种监督模式显然能够更加全面深入地监察地方官员，也有效地分割了地方官员的权力。

第三，地方监察官员的权力分散，相互制约。宋代统治者吸取汉代和唐朝地方监察官转变为割据势力的历史教训，在地方监察制度中实行了“通过分权而集权”的政策，使地方监察官权力分散。比如，在路级监察机构上，宋代有转运司、提点刑狱司、提举常平司等多种机构分掌监察权。在参与地方政务的过程中，其权力也为通判、知州等地方官员所分割。这种相互制约，分权制衡的制度设计，使宋朝很难再出现地方割据的局面。

从以上宋代地方监察制度的特征可以明显看出，中央集权的趋势进一步加强。事实上，正是因为宋代统治者从一开始就意识到了地方割据势力的危险，因此在各种制度设计上无不以加强中央集权、削弱地方权力为导向，监察制度的设计自然也概莫能外。

(二)宋代监察制度的利弊

1. 宋代监察制度的作用

第一，监察官吏的违法行为，维护封建统治的相对稳定。监察制度设计的初衷，便是要对官员的不法行为进行监督。应当说，宋代的监察制度在监察官员的不法行为，澄清吏治，维护封建统治的相对稳定等方面，发挥了一定作用。

第二，有效地杜绝了地方割据势力，维护了中央集权。这主要是针对宋代严密的地方监察制度而言。赵宋王朝继唐末五代藩镇割据后而立国，杜绝藩镇割据局面的再现，维护封建国家的相对统一，是十分必要的。地方监察官既有监察之职，又参预地方政务，加上多元化监司体制的建立，不仅分割了地方官权力，强化了对地方官的监察，而且有利于杜绝地方割据势力的滋生，加强中央对地方的控制，克服地方离心力，协调中央与地方的关系。两宋三百多年间，无藩镇之患，与地方监察制度的重要作用是分不开的。

2. 宋代监察制度的弊病

第一，从中央监察权来看，监察官囿于封建君主专制的本质，有时不能发挥作用。若是开明君主执政，则监察制度还能正常发挥作用，若是昏庸的皇帝执政，则往往会将监察体制弃之不用，对台谏官的意见置若罔闻。此外，宋代监察制度在有权相出现之时，甚至会异化为打击政敌的工具。如蔡京、秦桧、贾似道等在位时，中央监察官已经异化为相权的附庸。

第二，从地方监察权来看，监察权与行政权不分，为地方监察官的贪污腐败提供了机会。宋代地方监察制度中的一个突出特点是监察权与行政权不分离。这种体制，一方面有利于分割地方官权力，加强中央集权；但另一方面也容易使地方监察官利用手中的行政职权去贪污受贿，勒索老百姓钱物。在政治清明时期，监察权与行政权不分离的弊病尚不太明显，而在政治腐败时，一些监察官便浑水摸鱼，公开受赂或勒索钱物、使政治更加腐败。如监司在宋徽宗朝利用职权“贪污苟贱，无所不至”①，加速了地方政治的腐败。

第三节　元代的监察制度

一、元代监察体系概述

（一）元代监察制度的政治背景

元朝是我国北方游牧民族蒙古族进入中原后建立的封建政权。公元 1206

① 赵汝愚：《宋名臣奏议》卷 67。

年，成吉思汗统一了蒙古各部，建立了蒙古国。蒙古国为统一的奴隶主政权。蒙古统一以后，向南方发动了长时间、大规模的兼并战争。1227 年灭西夏，1234 年灭金，1253 年灭大理和吐蕃。1260 年忽必烈即位后自称大汗，1271 年，在进攻南宋取得胜利的基础上，忽必烈决定废弃“蒙古”国号，改国号为“大元”。1279 年灭南宋，结束了五代以来长达 300 多年分裂割据状态。至此，元成为我国历史上规模空前的统一大帝国。1368 年，元朝在声势浩大的农民起义中灭亡。从蒙古国建立到元政权崩溃，历时 163 年。

元朝的统一，促进了中国政治制度的发展。忽必烈“遵用汉法”的治国方针，使秦汉以来的中央集权制度达到了新的高度。元代在承袭和改造传统的封建政治制度的同时，也继承和发展了传统的监察制度，使中国封建监察制度获得了新的发展，达到了进一步成熟时期。①

（二）元代监察体系的变革

1. 中央御史台的建立

蒙古国初建时期，政治制度还比较简单，“国初未有官制，首置断事官，曰札鲁忽赤，会决庶务”②。在早期扩张时期，由于政治制度比较简单，也没有设立专门的监察机关。但自从忽必烈入主中原后，随着统治区域的急剧扩大，国事越来越繁杂，建立统一的中央集权制度被提上日程。正是在这样的背景下，忽必烈提出建立新王朝的政治制度必须要“附会汉法”。其中央政治制度的最大特点就是用中书省代替了之前的三省制，中央中枢机构由中书省、枢密院和御史台构成。中书省总管全国行政，枢密院总管全国军事，御史台为全国最高的监察机关。

忽必烈登基之时，元朝中央尚未建立御史台。但随着执政渐长，他深感“今任职者多非材，政事废弛，譬之大厦将倾，非良工不能扶”，于是他请教时为转运使的汉族大臣张雄飞等，向他们请教良策。张雄飞建议说：“古有御

① 邱永明：《中国监察制度史》，华东师范大学出版社 1992 年版，第 357 页。
② 《元史》卷 87《百官志三》。

史台，为天子耳目，凡政事得失，民间疾苦，皆可言；百官奸邪贪秽不职者，即纠劾之。如此，则纪纲举，天下治矣。"①在张雄飞等汉族官员的建议下，忽必烈最终决定设立御史台，作为全国最高监察机关，与中书省、枢密院并立。

2. 台谏机构合一

宋代时，已经出现了"台谏合一"的趋势，御史系统和谏官系统之间的职权已经开始混杂。但是这两个机构仍然相互独立，并没有合二为一。

元代罢门下省，仅保留给事中。但此时的给事中已经失去唐宋时期的封驳之权，成为兼修起居注的官吏，至元十五年(1278年)，"改升给事中兼修起居注"②。可见，元代虽然仍有给事中一职，但其与唐宋时期执掌封驳权的给事中已经是名同实异。元代也未设置谏院，自然也就没有专门的谏官系统。这样，向皇帝进谏的职责自然而然便转移到御史身上。实质上，自御史台建立时起，这种台谏合一的制度就已经明确。忽必烈对张雄飞等御史说道："卿等既为台官，职在直言，朕为汝君，苟所行未善，亦当极谏，况百官乎！"③从这段话就可以看出，在忽必烈的心中，御史上可对皇帝直言进谏，下可对百官进行监察。

3. 行御史台的建立

元代是中国历史上版图最为广阔的朝代。"其地北踰阴山，西极流沙，东尽辽左，南越海表"④，为了统治如此辽阔的版图，元统治者把原来中书省的临时派出机构"行中书省"，改为常设的地方上最高一级行政机关。行省以下的行政区为路、府、州、县四级。"行省制"的创立，是中国地方行政管理体制的重大变革，沿用至今。

---

① 《元史》卷163《张雄飞传》。
② 《元史》卷88《百官志四》。
③ 《元史》卷163《张雄飞传》。
④ 《元史》卷58《地理志一》。

在改革地方行政建置的同时，元统治者也仿照行省制，建立行御史台机构。元代政府先后建立了四个行御史台，即河西、云南、江南和陕西行台，其间屡经变易，最后剩下江南行台（简称南台或者南行台）和陕西行台（简称西台或者西行台）。因为江南行台管辖东南各道的肃政廉访司，因此全称为江南诸道行御史台。陕西行台负责管辖西南、云南各道肃政廉访司，其全称为陕西诸道行御史台。

行台之下，设诸道肃政廉访司，是元的地方基层监察组织。在元世祖至元六年（1269年）建立时称提刑按察司，初建山东东西等四道，其后逐年增设，至元二十八年（1291年）改称为肃政廉访司，至元三十年最终定为二十二道肃政廉访司。① 二十二道肃政康访司分属三台（中、西、南），两行台又受制于内台（中央御史台）。在这种统属关系下，御史台监察中书省和邻近的几个行中书省，行御史台监察其他行中书省。其所辖各道宪司，则监察行省以下的路、府、州、县。这样就形成了一个以御史台为监察中枢、行御史台为地方监察主体、各道宪司为经纬的严密的监察网，纵横交错地笼罩全国。这种从中央到地方组织严密、队伍庞大的监察机构设置形式，使封建监察体系达到完备的地步，它标志着中国封建监察制度的进一步成熟。

二、元代监察机构的职官设置

（一）御史台

元代的御史台机构设置是在继承唐宋御史台机构设置的基础上发展起来的，但是又有一些变革。唐宋御史台下设台院、殿院、察院。元代已经不再单独设置台院，而是将台院的职权并入察院，又将殿院改为殿中司。这种御史台内部组织机构的变化，反映了御史台三院制向一院制过渡的历史趋势。

中央御史台官员按官阶高低依次有御史大夫（从一品）、御史中丞（正三

---

① 《元史》卷86《百官志二》。

品）、侍御史（从二品）、治书侍御史（正三品）各两名，经历一人（从五品）、都事两人（正七品）、照磨两人（正八品）、承发管勾兼狱两人（正八品）、架阁库管勾兼承发一人（正九品）。中央御史台直辖殿中司和察院两个机构，分别设殿中侍御史二人（正四品）、监察御史三十二人（正七品）。①

需要强调的是，由于元代是外族入主中原的朝代，因而采取了民族压迫的政策。当时把人划分为四等，即蒙古人、色目人、汉人和南人。蒙古人指蒙古高原各部族人，在元代是统治阶级；色目人指西北各族、西域以及欧洲到中国来的各族人，涉及的民族很多，是一个多民族的混合体；汉人指原来在金朝统治下的居民，有北方的汉族人以及女真、契丹人等；南人指原南宋王朝辖境内的居民，主要是南方的汉族人。在官员的选任上，这一民族歧视政策也得到了完全的贯彻。元代选官任官的原则是，要害部门的正职必须由蒙古人或者色目人担任，副职才由汉人或者南人担任。监察系统的任职也未能例外。②

（二）行御史台

行御史台的设置，不仅是元代监察制度中的一个重要特点，而且在整个封建社会监察制度史上也是一种特殊的组织形式，其地位统制于各道宪司，而总隶内台管辖。

行御史台除不设殿中司外，其他大致与御史台相仿。江南诸道行御史台，设官品秩同内台。大德元年（1297 年）定编设官 9 员，以监察江浙、江西、湖广三省，统江东、江西、浙东、浙西、湖南、湖北、广东、广西、福建、海南十道。设大夫 1 员，中丞 2 员、侍御史 2 员，治书侍御史 2 员，经历 1 员，都事 2 员，照磨 1 员，架阁库管勾 1 员，承发管勾兼狱丞 1 员，令史 16 人，译史 4 人，回回掾史、通事、知印各 2 人，宣使 10 人，典吏、库子、台医各

① 李晓春：《从制度改革看元代监察体制的历史贡献》，载《社会科学论坛》（学术研究卷）2008 年第 9 期。

② 修晓波：《元代监察制度的几个特点》（上），载《中国监察》2006 年第 16 期。

有差。察院，品秩如内察院。至元十四年(1277年)，置监察御史10员，书吏10员。至元二十三年(1286年)，增蒙古御史14员，书吏14人，又增汉人御史4员、书吏4人。后定置御史28员、书吏28人。

陕西诸道行御史台，设官品秩同内台，延祐二年(1315年)定制统汉中、陇北、四川、云南四道。置大夫1员、御史中丞2员、侍御史2员、治书侍御史2员、经历1员、都事2员、照磨1员、架阁库管勾1员、承发司管勾兼狱丞1员、掾史12人、蒙古必闍赤2人、回回掾史1人、通事2人、知印1人、宣使10人、典吏5人、库子2人。察院，品秩同内察院。监察御史20员，书吏20人。①

(三)肃政廉访司

肃政廉访司是在提刑按察司的基础上发展起来的。至元六年(1269年)正月，元世祖在设置御史台半年之后又建立了山东东西等四道按察司。关于这件事，《元史·世祖本纪》仅录下"立四道按察司"②寥寥六字。《大元官制杂记》所载弥足珍贵："初立提刑按察司四道，曰山东东西道，曰河东陕西道，曰山北东西道，曰河北河南道。"

至元六年(1269年)，以提刑按察司兼劝农事务。至元二十八年(1291年)，改按察司为肃政廉访司。至元三十年(1293年)后，肃政廉访司以二十二道为定制。每道设廉访使2员、正三品，副使2员，正4品；佥事4员(两广、海南仅两员)，正五品；经历1员，从七品，知事1员，正八品；照磨兼管勾1员，正九品；书吏16人，译史、通事各1人，奏差5人，典吏2人。

三、完善的监察法规体系

元代监察制度加强的重要标志是监察法规的健全。监察法规是监察制度的重要组成部分，是依法监察的前提和条件，也是行政监察法制化的表现。

① 邱永明：《中国监察制度史》，华东师范大学出版社1992年版，第363页。

② 《元史》卷6《世祖本纪》。

但是，元以前的各朝代，中国封建监察法规的发展比较缓慢，条文简略，内容偏重于对地方监察官员的职权规定。到元代不仅有完整的地方监司法规，而且有详细的中央御史台台纲，内容已涉及监察机构之职能、地位、监官权责、工作程序、监察纪律等各个方面。

(一)元代监察法规的构成

1268年，忽必烈在设立御史台的同时，就让侍御史高鸣主持制定了御史台纲三十六条，当时的名称叫《宪台格例》。第二年，又制定了地方各道提刑按察司(即后来的肃政廉访司)的工作条例，即《察司体察等例》。1277年，元朝与南宋的战争已接近尾声，忽必烈又颁布了行御史台的工作条例，即《行台体察等例》。这样，元代监察机构的三个层面都有了相应的法规。以上三部监察法规收录在《元典章》(全名《大元圣政国朝典章》)中，一直保留到今天。①后来陆续制定的监察法规还有：至元二十一年(1284年)的《禁治察司等例》十二条；至元二十四年(1287年)的《台察资禀等事》；至元二十五年(1288年)的《察司合察事理》十二条。可以看出，大部分的监察法规在忽必烈在位时期已经制定完毕，这反映了元代统治者特别是忽必烈对监察法规的高度重视，同时也给后续的监察工作提供了明确的法律依据。

(二)元代监察法规的主要内容

1. 规定了元代监察机构的法律地位

第一，中央御史台的地位。《宪台格例》第2条规定："中书省、枢密院、制国用使司，凡有奏禀公事与御史台官一同闻奏。"②这一法规规定了御史台与作为总政务的中书省、秉兵权的枢密院及理财政的制国用使司的地位是相同的，同时又规定了监察与行政并行。即凡政事上奏天子，必须由御史台同奏，否则无效，这就从法律上保证了御史台对行政的严密监督。《宪台格例》第1条还规定御史台有权"弹劾中书省、枢密院、制国用使司等内外百官奸邪

① 修晓波：《元代监察制度的几个特点》(下)，载《中国监察》2006年第17期。
② 《元典章·台纲》卷之1《典章五》。

非违，肃清风俗，刷磨诸司案牍，并监察祭祀及出使之事”。这就明确了御史台的纠弹权限，上可纠察公侯将相，下可察举文武百官。还规定御史台可单独行使纠察权，其他机关不得干涉。

第二，行御史台的地位。行御史台是中央御史台的分设机构，作为地方最高监察机构，与地方最高行政机关行中书省(简称“行省”)不是隶属关系，而是平行关系，元代监察法规进一步把这种关系以法律形式确定下来。《行台体察等例》第1条就规定行御史台有权弹劾行中书省宣慰司及以下诸司官吏，《行台体察等例》第30条还规定，“凡可兴利除害，及一切不便于民，必当更张者，咨台呈省闻奏”①。这说明，行御史台和行中书省是平行的同级关系，同中央御央台是下级和上级的关系，故行台向御史台和中书省通报的方式谓“咨台呈省”。

第三，提刑按察司(肃政廉访司)的地位。提刑按察司是隶属于行台的地方监察机构。察司与宣抚司是“往复平牒”的关系。《察司体察等例》第29条规定：“提刑按察司行移，与宣抚司往复平牒，各路三品官司，今故牒回报牒呈上，四品以下并指挥回报申。”②《察司体察等例》第25条规定：“随路京府、州、军司狱，并隶提刑按察司。”③察司的监察权限，按《行台体察等例》第1条规定，“行省宣慰司委行台监察，其余官府并委提刑按察司”，即明确规定，察司有权监察行省和宣慰司以下的地方行政机构官吏。

2. 规定了监察机构的职权

元代监察法规对各级监察机关的职权作了非常详细的规定，明确规定监官有弹劾官吏违法权、考核官吏权、监督铨选权、监督军事权、监督司法权。

第一，弹劾官吏违法权。这也是历代监察机构的最主要职权，通过对官吏不法行为的监督和弹劾，来达到澄清吏治的目的。元代监察法规中有多处

① 《元典章·台纲》卷之1《典章五》。
② 《元典章·台纲》卷之2《典章六》。
③ 《元典章·台纲》卷之2《典章六》。

法条对监察官员的该项权力进行了细致的规定。如《宪台格例》第 4 条："诸官司刑名违错，赋役不均，擅自科差及造作不如法者，委监察纠察。"①

第二，监察机构还具备部分的人事权力，主要体现在考核官吏权和监督铨选权。就考核官吏权而言，中书省负责考核京都职官，吏部负责考察外任官吏，肃政廉访司和监察御史台则负责对各级地方派遣官员的考课。大德十一年(1307 年)下诏："监察御史廉访司严加纠察，年终考其殿最者各一人，具实申闻，以凭黜陟。"②就监督铨选而言，《宪台格例》第 5 条规定："应合迁转官员，如任满不行迁转，或迁转不依格者，委监察纠察，仍令监选。"③

第三，监督司法的权力。秦汉以来，监察机关都兼有部分司法权。但是如何区分监察机关与司法机关的关系，明确司法权和监察权的界限，元朝以前的监察法规几乎没有涉及这个问题。元朝的监察法规对上述问题作了具体说明，规定监察机关在司法方面的权限主要有：纠正冤假错案、纠察违法拘禁和拷讯、复审重大案件和死刑案件、监督回避制度和保密制度的执行。从中可以看出元代监督司法权的规定较前代更加详尽。监察机关和司法机关之间有着明确的分工，前者主要负责监督司法人员的执法情况，对于案件本身只有一定限度的复审权和检查权。

第四，监督官吏的升迁考核。任职时间已满足可以升迁条件的官员，要由监察机构提供该官员的政绩材料。任满官员所在的部门还要出示一份该官员的档案，内容包括其祖宗三代、年龄籍贯、出身情况、入仕资历、曾任职务、身体状况、为官政绩以及由何人推荐等。为了保证这份档案的真实性，监察官对此要进行监督核查。④

① 《元典章·台纲》卷之 1《典章五》。
② 《元典章·圣政》卷之 1《饬官吏》。
③ 《元典章·台纲》卷之 1《典章五》。
④ 修晓波：《元代监察制度的几个特点》(下)，载《中国监察》2006 年第 17 期。

3. 规定了监察机构的监察纪律

元代统治者已经认识到，从事监察工作，监察队伍本身必须具有完备的监察纪律。宋代对于监察纪律已经有一些零散的规定，到了元代，监察法规中涉及监察纪律的有十多条，内容主要涉及如下方面：

第一，组织纪律。元代监察法规对于各级监察机关闻奏、咨台呈省和申台呈省等制度均作了明确规定。监察官员必须服从御史台指挥，必须坚持汇报制度，必须依制度办事。如《察司体察等例》第22条规定："提刑按察司非奉朝命，不得擅自离职。"①

第二，生活纪律。元代监察法规中对于监察官个人的生活作风也进行了一定的规制。元代统治者对从事监察工作的官员在生活品行上的要求高于一般官员。《禁治察司等例》第6条："巡按去处不得求娶妻妾，如违治罪。"第12条："书史、史吏奏差人等宿娼饮会，已经遍行禁治，违者依条断罪。"

此外，对于官员的廉政纪律、工作作风等方面都有比较详尽的规定，在此不再一一赘述。

四、元代监察制度的历史地位

(一)元代监察制度的特点

1. 监察机构一元化趋势加强

从中央监察机构来说，"台谏合一"进一步发展。御史官员已经同时行使之前谏官的职能，不再单独设立谏官系统。"台谏合一"是中央集权发展的必然结果，它使繁琐多层次的监察工作变得更为简明集中，有利于君主对监察活动的控制，也有利于遏制相权。故明清两朝沿用不废。此外，御史台中的三院制也出现了向一院制过渡的趋势。元代的御史台只设察院和殿中司，将台院的职权并入察院，殿院降为殿中司，仅设官两名。在地方监察方面，元

① 《元典章·台纲》卷之2《典章六》。

代设置行御史台，行御史台作为中央御史台的派出机构，较好地解决了中央监察和地方监察之间的衔接关系，也使得监察系统的一元化趋势更加明显。

2. 监察机关的地位显著提高

元代监察机关的地位显著提高，御史台同枢密院、中书省具有同等地位，可共同向朝廷奏事。事实上，由于御史台可以同时监察枢密院和中书省，因此御史台在三者中的地位还稍高一些。御史大夫也位居一品，地位远超前代。

3. 监察法规的系统化、规范化

监察法规的系统化、规范化可称为元代监察制度中的最大特色，也是元代监察制度对整个监察制度历史发展的最大贡献。元代以前的监察法规发展较为缓慢，基本沿用汉代的"刺史六条"。到了元代，监察法规的设置已经比较完备。特别是《设立宪台格例》的三十六条台纲，是中国监察制度史上第一部完整的中央监察法规。它不仅规定了监察机关的性质、地位及与其他行政机构的关系、监察机构内部的关系、监察官员的职权、上诉范围等，而且还规定了监察官的选任、迁转、监察纪律等，其完备和系统程度已经达到了较高水平，成为后世效仿的典范。

4. 监察机构中配备有翻译官

元代各级监察机构中，都有几种语言的翻译官。蒙古贵族以征战为职业，成吉思汗的子孙曾大规模地西征和南伐，铁骑所至，上天入海。在被征服的广大地区居住着使用多种语言的民族。相应地，统治集团就需要大批的翻译人才。蒙古国第四代大汗蒙哥汗在位时，他身边的翻译除蒙文的外，还有汉文的、波斯文的、畏吾儿文的、藏文的以及西夏文的等。需要向哪个地区或哪一部分人颁发诏令，就用哪一种语言来书写。忽必烈建立元朝以后，主要通行的文字有三种，即蒙古文、波斯文和汉文。监察机构中有懂这几种语言的翻译，这是元代监察制度的一个特色。①

---

① 修晓波：《元代监察制度的几个特点》(上)，载《中国监察》2006年第16期。

(二)元代监察制度的弊病

1. 言谏制度的衰落

谏官制度设立之初，就是为了讽谏皇帝，规劝皇帝的过失。但自宋代开始，谏官的独立地位已经岌岌可危。谏官的职责也从原来的规谏皇帝转为监督百官为主。到了元代，这一趋势更加明显，甚至直接取消了谏官的设置。虽然这有利于监察权的进一步集中，但是因为少了独立的规谏皇帝的机构，对封建君主的约束和节制进一步减少。

2. 元代的监察制度具有明显的民族歧视和民族压迫色彩

元代选官任官的原则是，在各级政府中，“其长则蒙古人为之，而汉人、南人贰焉”①。监察系统的官员选任也未能例外。特别是监察系统的最高官职——御史大夫，非国姓不能担任。如顺帝在宫廷斗争中为了搞平衡，任用汉人贺惟一做御史大夫。贺惟一的祖父在忽必烈打天下时立过战功，他父亲曾是忽必烈的贴身警卫，官至上都留守，算得上高干了。但顺帝任命时，他还不敢接受，说自己不是蒙古人。为此顺帝特地赐给他一个蒙古人的名字“太平”，才解决了这个难题。“(贺惟一)拜御史大夫，故事，台端非国姓不授，惟一固辞，诏特赐蒙元氏，而改其名曰太平。”②就血统而论，贺惟一是元代御史大夫中唯一的汉人。这种民族歧视政策不仅严重影响了监察官员的素质结构，也使得监察机关在监察过程中往往因人易制，很难做到公平执法。

第四节　专论：唐代刑部尚书与《周礼》大司寇的职能比较

一、《周礼》的大司寇与《唐六典》的刑部尚书

《周礼》所记载的官员设置体系与其他经典有所不同，即其是以天、地、

① 《元史》卷85《百官志一》。

② 《蒙兀儿史记》卷125《贺惟一传》。

春、夏、秋、冬为六官区分体系。而在六官中，秋官构成了彼时司法机关体系的主要内容。①《周礼》记载："惟王建国，辨方正位，体国经野，设官分职，以为民极。乃立秋官司寇，使帅其属，而掌邦禁，以佐王刑邦国。刑官之属：大司寇，卿一人……"而在我国唐代，刑部尚书相当于《周礼》设置的秋官中的大司寇一职。《唐六典》记载，尚书刑部，为尚书省六部之一，掌管国家的刑法及监狱囚徒等政令。刑部尚书为刑部的长官，下置侍郎一人，郎中二人……刑部尚书一人，正三品，"周之秋官卿也"。此为将《周礼》中的大司寇与《唐六典》中的刑部尚书进行比较的合理性。

（一）大司寇

《周礼》记载，在秋官的整体系统中共设置有六十六个职官，其中以大司寇为其最高长官②，大司寇的职能主要体现为"掌建邦三典""以五刑纠万民""布刑于邦国都鄙"和"大祭祀，奉犬牲"，即主要体现为四个方面：其一，大司寇主掌"六典"③中的刑典，包括"三典"④；其二，大司寇执掌纠察和惩治违法之民的"五刑"，即惩治懒惰、不勤劳耕种之人的刑法，惩治不服从命令与和队伍失去联系之人的刑法，惩治不遵守六德，不孝顺父母之人的刑法，惩治玩忽职守、业务不精的官员的刑法，惩治不诚实谨慎、凶恶残暴之人的刑法；其三，大司寇定期宣布刑法，掌评断诸侯以至庶民狱讼的邦典、邦法、邦成；其四，大祭祀时，大司寇负责进献用于祭祀的犬及牲畜。

而小司寇则协助大司寇，"掌外朝之政，以致万民而询焉""以五刑听万民之狱讼""登民数"和"小祭祀，奉犬牲"。

此外，大小司寇之下设置六十四属官，职掌较为复杂：有"士师"等掌刑狱诉讼的官十六职，"雍氏"等掌各种禁令的官七职，"司隶"等掌隶民的官六

---

① 参见温慧辉：《〈周礼·秋官〉与周代法制研究》，法律出版社 2008 年版，第 134 页。

② 《周礼》中所记载的执掌"邦禁"的秋官为司寇，且司寇分为大司寇和小司寇，大司寇的爵位为卿，小司寇的爵位为中大夫。

③ "六典"是指治典、教典、礼典、政典、刑典、事典。

④ "三典"即三种法典，即刑新国的轻典，刑平国的中典，刑乱国的重典。

职，“司约”等掌司盟约的官两职，“大行人”等掌接待四方宾客以及与诸侯和蛮夷交往的官九职，“蜡氏”等掌辟除的官十一职，掌供犬牲的“犬人”，掌有关矿物开采戒令的“职金”等皆可自成一类。司寇的属官除掌刑法外，还掌一些其他与刑法无关的职事。①

（二）刑部尚书

在唐代，尚书刑部、大理寺、御史台被统称为中央三法司。《唐六典》卷六《尚书刑部》记载，刑部尚书为尚书刑部的最高长官，尚书刑部设“刑部尚书一人，正三品，侍郎一人，正四品下”。《唐六典》记载：“刑部尚书、侍郎之职，掌天下刑法及徒隶句覆、关禁之政令。其属有四：一曰刑部，二曰都官，三曰比部，四曰司门。尚书、侍郎总其职务而奉行其制命。凡中外百司之事，由于所属，咸质正焉。”②根据前述内容，刑部尚书的职能主要体现为四个方面：其一是统领刑部、都官、比部、司门四司；其二是掌管国家的刑法；其三是掌管国家囚徒的登记簿籍；其四是掌管出关入关的政务。

此外，刑部尚书下设侍郎一人、郎中二人、员外郎二人、主事四人、令史十九人、书令史三十八人、亭长六人、掌固十人；都官郎中一人，下设员外郎一人、主事二人、令史九人、书令史十二人、掌固四人；比部郎中一人，下设员外郎一人、主事四人、令史十四人、书令史二十七人、计史一人、掌固四人；司门郎中一人，下设员外郎一人、主事二人、令史六人、书令史十三人、书令史十三人、掌固四人。

二、《周礼》大司寇与《唐六典》刑部尚书的职能比较

（一）司法职能

理论界对于司法的功能存在两种认识：其一是指国家司法体系依法行使

① 参见郑绍昌、朱小平：《解〈周官〉：读熊十力给毛泽东的一封长信》，上海三联书店2014年版，第335页。

② 《唐六典》卷6《刑部尚书》。

相应的职权所具备的作用；其二是指司法即执法。详言之，司法职能是国家司法体系及各级行政机关依法行政所起到的职能作用；司法职能的基本内容是指通过司法行为的实施实现国家的司法权，从本质上而言，是国家权力的执行。① 大司寇与刑部尚书作为不同时期的司法官，两者在司法职能方面的特点是：大司寇和刑部尚书均具有司法职能，两者的司法职能存在重叠，但差异性更大。

第一，司法职能的相同点。大司寇与刑部尚书在司法职能方面的相同点主要体现为两者都是彼时刑典的执掌者。

《周礼》记载："大司寇之职，掌建邦之三典，以佐王刑邦国，诘四方：一曰刑新国用轻典，二曰刑平国用中典，三曰刑乱国用重典……"由此可见，大司寇负责建立治理天下的三法，即治理新建之国的轻法、治理旧国的中法、惩治乱国的重法。

《唐六典》记载："刑部尚书、侍郎之职，掌天下刑法及徒隶句覆、关禁之政令。其属有四：一曰刑部，二曰都官，三曰比部，四曰司门；尚书、侍郎总其职务而奉行其制命。凡中外百司之事，由于所属，咸质正焉。"从前述内容可知，刑部尚书同样具有执掌刑典的职能。

第二，司法职能的不同点。大司寇和刑部尚书在司法职能方面的不同点主要体现在以下五个方面：

其一，是否参与刑典的制定和奏请修改。虽然《唐六典》并无直接内容规定刑部尚书具有制定刑典和奏请修改刑典的职能，但是纵观唐朝法典制定的内容，刑部尚书是刑典制定和修改的主要负责人，此处笔者列举一例进行说明：唐高宗龙朔二年（662 年）二月，刑部尚书源直心、侍郎李敬玄、郎中李文礼等参与了《永徽散行天下格中本》7 卷、《永徽留本司行格中本》18 卷、

① 参见《实用司法行政词典》编委会编：《实用司法行政词典》，江苏人民出版社 1990 年版，第 171 页。

《麟德式》14 卷、《麟德令》30 卷的修改。① 且在唐朝后期，编订格后敕成为主要的立法形式，往往由刑部长官或次官作为编订格后敕的负责人，且刑部尚书可以根据社会发展的具体情况奏请修改法典内容，如《新唐书》卷 164《殷侑传》及《唐会要》卷 39《议刑轻重》都记载了刑部尚书和刑部侍郎针对司法实践中出现的问题提出针对性建议的案例。但《周礼》时期法典的制定却是由大宰负责的。《周礼》记载："大宰之职，掌建邦之六典，以佐王治邦国：一曰治典，以经邦国，以治官府，以纪万民；二曰教典，以安邦国，以教官府，以扰万民；三曰礼典，以和邦国，以统百官，以谐万民；四曰政典，以平邦国，以正百官，以均万民；五曰刑典，以诘邦国，以刑百官，以纠万民；六曰事典，以富邦国，以任百官，以生万民。"由此可见，六典均是由大宰掌管制定和颁行的，其中就包括由大司寇执掌的刑典。

其二，是否直接审理案件。在此方面，大司寇和刑部尚书的区别主要表现为两个方面：一是对受理的案件是否具有复核和驳正的权力。《唐六典》卷 6《尚书刑部》记载："凡狱囚应入议，请者，皆申刑部，集诸司七品以上于都座议之。"同书同卷记载："刑部尚书、侍郎之职……凡中外百司之事，由于所属，咸质正焉。"由此可见，刑部尚书具有对其他司法官审理的案件的进行复核和驳正的权力。而综观《周礼》中有关大司寇职权的内容，均无法推断出其具有案件复核和驳回的权力。二是大司寇往往直接参与案件的审理，而并非是参与案件的复核和驳正。《周礼》记载："大司寇之职，掌建邦之三典，以佐王刑邦国、诘四方：一曰刑新国用轻典，二曰刑平国用中典，三曰刑乱国用重典。以五刑纠万民：一曰野刑，上功纠力；二曰军刑，上命纠守；三曰乡刑，上德纠孝；四曰官刑，上能纠职；五曰国刑，上愿纠暴。以圜土聚教罢民。凡害人者，置之圜土而施职事焉，以明刑耻之；其能改者，反于中国，不齿三年。其不能改而出圜土者，杀。以两造禁民讼，入束矢于朝，然

① 参见刘俊文：《唐代法制研究》，台湾文津出版社 1999 年版，第 23~63 页。

后听之。以两剂禁民狱，如钧金，三曰乃致于朝，然后听之。以嘉石平罢民，凡万民之有罪过而未丽于法，而害于州里者，桎梏而坐诸嘉石，役诸司空：重罪，旬有三日坐，期役；其次九日坐，九月役；其次七日坐，七月役；其次五日坐，五日役；其下罪三日坐，三月役。”这表明，大司寇是直接参与诸多案件的审理的，当然这跟当时的经济和社会发展条件有十分重要的关系。而刑部尚书仅仅是受皇帝命令参与重大案件的审理。《旧唐书》卷82《李义府传》记载：“于是右金吾仓曹参军杨行颖表言义府罪状，制下司刑太常伯刘祥道与侍御详刑对推其事，仍令司空李绩监焉。”①这表明，刑部尚书会受诏与御史台、大理寺的官员参与重大案件的审理。

其三，是否参与司法大典。虽然《唐六典·刑部尚书》对于刑部尚书的职权的规定中并未直接规定刑部尚书具有参与司法大典的职能，但是在《唐六典》其他部分和其他文献中均有相关记载。《通典》记载：“大唐令曰：赦日，武库令设金鸡及鼓于宫城门外之右，勒集囚徒于阙前，挝鼓千声讫，宣制放。其赦书颁诸州，用绢写行下。”②《唐六典》记载：“凡有赦则先建金鸡，兼置鼓于宫城门之右，视大理及府，县囚徒至，则挝其鼓。”③此外，《唐会要》卷14《献俘》也记载了刑部尚书的有关活动：“显庆三年(658年)十一月，苏定方俘贺鲁到京师……十五日，还献于昭陵；十七日，告于太庙。皇帝临轩，大会文武百寮、夷狄君长。苏定方戎服，操贺鲁献于乐悬之北，上责之，不能对。摄刑部尚书长孙冲跪于阶下奏曰：‘伊丽道献俘贺鲁，请付所司。’大理官属受之以出，诏免其死。”即刑部尚书参与司法大典分为参与为赦囚举行的大典和为进献俘虏举行的大典。《周礼》记载：“大祭祀，奉犬牲。若禋祀五帝，则戒之日，莅誓百官，戒于百族。及纳享，前王；祭之日亦如此。奉其明水火。凡朝觐、会同，前王；大丧亦如之。大军旅，莅戮于社。凡邦之

---

① 详细内容也可参见《新唐书》卷233上《奸臣上·李义府传》。

② 详细内容参见《通典》卷169《刑法七》。

③ 详细内容参见《唐六典》卷16《卫尉寺》。

大事，士气属跸。”这段材料说明，大司寇也并非不参与典礼，只是所参与的为祭祀等典礼，而不是具有司法职能的典礼。

其四，是否具有选任司法官员的职能。刑部尚书具有选任司法官员的职能，大司寇却不具备该司法职能。《唐六典》记载：“凡吏曹补署法官，则与刑部尚书，侍郎议其人可否，然后注拟。”尚书省吏部在选任司法官员时，大理寺卿与刑部尚书、刑部侍郎一起，对欲选定的人员进行评定，即吏部选任司法官员，须听取刑部尚书的意见。此外，《唐六典》记载：“若有制使覆囚徒，则与刑部尚书参择之。”由此可见，如果皇帝制命派遣官员审核囚犯，御史大夫则须与刑部尚书一同参加该使官的选任事宜。

其五，大司寇也具有刑部尚书不具有的职能。《周礼》记载：“正月之吉，始和布刑于邦国都鄙，乃县刑象之法于象魏，使万民观刑象，挟日而敛之。凡邦之大盟约，莅其盟书而登之于天府，大史、内史、司会及六官皆受其贰而藏之。凡诸侯之狱讼，以邦典定之。凡卿大夫之狱讼，以邦法断之。凡庶民之狱讼，以邦成弊之。”这表明大司寇具有公布刑典的职能和参加订立盟约的职能。

（二）行政职能

行政职能也被称为“政府职能”，其内涵是指国家的行政机关在行政管理的活动中所应具有的基本职责和所能起到的功能作用。① 大司寇和刑部尚书在行政职能方面呈现出的特点是：大司寇和刑部尚书均具有行政职能，但两者的行政职能并不相同，且刑部尚书的行政职能更加广泛。具体而言，两者的行政职能主要体现为以下两方面：

第一，大司寇的行政职能主要体现为其参加祭祀活动。《周礼》记载：“大祭祀，奉犬牲。若禋祀五帝，则戒之日，莅誓百官，戒于百族。及纳享，前王；祭之日亦如此。奉其明水火。凡朝觐、会同，前王；大丧亦如之。大

① 参见宋光周编著：《行政管理学》，东华大学出版社 2015 年版，第 32 页。

军旅，莅戮于社。凡邦之大事，士气属跸。"大司寇主要负责进献祭祀牺牲所用的犬，如果禋祀五帝，就要在斋戒的那天，亲自监督对百官的告诫和对天子亲属的告诫。在皇帝将牺牲的全牵进来时，大司寇则须走在天子前面作为前导；在天亮后举行正祭时也是如此。同时，大司寇还要负责进奉明火、明水。凡朝觐、会同，大司寇都要走在天子前面作为前导，遇到大丧也是如此。凡是国家的大事，都要派遣属下清道，禁止行人的往来。

第二，刑部尚书的行政职能则更加广泛。具体而言，《唐六典》记载："刑部尚书、侍郎之职，掌天下刑法及徒隶句覆、关禁之政令。其属有四：一曰刑部，二曰都官，三曰比部，四曰司门；尚书、侍郎总其职务而奉行其制命。凡中外百司之事，由于所属，咸质正焉。"刑部尚书具有掌管关驿开禁政令和统领比部①的权力，此外，需要指出的是，刑部尚书也并非仅具有前文所述的司法职能和所提及的行政职能，刑部尚书还具有奉行皇帝命令的职责，即所谓的"总领其职任并奉行皇帝的制命"。

三、行政与司法关系：大司寇与刑部尚书嬗变的规律

《周礼·秋官》所记载的法律制度带有明显的时代烙印②，同样，《唐六典》记载的内容亦无法摆脱历史的局限。在分析比较大司寇和刑部尚书的职能之后，可以看到，从《周礼》的大司寇到《唐六典》的刑部尚书，反映了行政与司法的关系在不同时代的发展变化，笔者认为，行政与司法之间的关系变化才是导致大司寇到刑部尚书职能变化的更深一层的原因。一言以蔽之，大司寇和刑部尚书职能变化反映出的行政和司法的关系变化是：行政与司法相互渗透，且司法与行政逐渐合一。

（一）行政与司法相互渗透

诚如本书前述内容所言，大司寇和刑部尚书本身具有一定的行政职权，

① "比部"为掌管审核百官的俸料、调敛等，总核内外经费。

② 参见温慧辉：《〈周礼·秋官〉与周代法制研究》，法律出版社2008年版，第312页。

同时也具有较为广泛的司法职权。行政与司法的相互渗透主要体现为行政权对司法权的影响和司法权对行政权的影响两大方面。笔者具体从这两个方面进行阐释：

第一，行政对司法的影响。行政对司法的影响主要表现为“君主掌握着最高的行政和司法权”“司法官本质上为行政官”和“司法活动受到行政官员的影响”三个方面。

一是君主掌握最高的司法权。虽然大司寇和刑部尚书均执掌刑典，从事相关的司法活动，但究其根本，国家的最高司法权仍然掌握在君主手中。①《周礼》记载：“大司寇之职：掌建邦之三典，以佐王刑邦国、诘四方……”尽管大司寇掌握着建邦的刑典，但其目的仍然是辅佐君主以刑法治理国家。《唐六典》记载：“刑部尚书、侍郎之职，掌天下刑法及徒隶句覆、关禁之政令……尚书、侍郎总其职务而行其制命……”这表明刑部尚书同样虽然执掌刑典，但是其在履行好自身的职责后仍然要“行其制命”。不仅仅是在《周礼》和《唐六典》中体现了君主掌握最高的司法权，在整个封建社会亦然。以唐代刑部尚书具有对重大案件的复核和驳正权为例，地方庶民犯流刑以上案件，须由州级官司向刑部申报，刑部先转大理寺检断，然后提出覆查意见，呈送中书门下详覆，奏请皇帝核准，京兆府、河南府和大理寺所审理庶民犯徒刑以上案件，也须向刑部呈报。刑部覆查如属徒罪，即可核准，如属流以上罪，则转中书门下详覆，奏请皇帝核准。官人犯罪，应除名、免官及官当者，无论地方中央，皆须向刑部呈报。其中罪犯应议、请者，也须呈报刑部，由刑部奏请召集京城诸司七品以上官员共同讨论议定，报请皇帝核准。②

二是司法官具有浓厚的行政色彩，一定程度上保障了司法的公平和公正。司法程序结构中，上下级司法机关之间的关系是一种行政权力式的结构，正是这种行政权力结构的存在使得司法的公平和公正在一定程度上得到实现。

---

① 参见李麒：《市场经济与诉讼文化》，中国法制出版社 2007 年版，第 48 页。

② 王建峰：《唐代刑部尚书研究》，山东大学 2007 年博士学位论文，第 36 页。

《礼记》记载："成狱辞，吏以狱成告于正，正听之。正以狱成告于大司寇，大司寇听之棘木之下，大司寇以狱成告于王，王命三公参听之，三公以狱成告于王，王三宥，然后制刑。"①据此可知，西周时期，在周王直接控制的京畿地区，案件最初由基层官员，如乡士、县士和遂士等进行一审，审结后转给大司寇的属员进行覆审。在唐代，刑部尚书既可以对断罪时引用律条错误提出驳正，也可以用经义断狱代替以律治罪，如"茂州童子张仲文自称天子案"②，对案件进行复核与驳正是刑部尚书的重要司法职能。上级司法机关在对下级司法机官的判决覆审和裁决、复核和驳正是一种基于权力上的，对下级司法机关工作行政上的评价和监督。不同级别的司法机关之间并不是一种相对独立的、自治的司法关系，而是一种职能上有分工，性质上有上下级区分的行政关系，处理事务上是一种职权上的行为。在这种评价和监督之下，下级司法机关在判案时有一定的压力，一定程度上促进了司法的公正性。③

三是司法活动受到行政官员的影响。正如《周礼》中的秋官和《唐六典》中的刑部尚书均是执掌刑典的司法官，但是，在进行司法活动的时候，他们除了受到君主的制约之外，还会受到相关行政官员的影响。《周礼》记载："大宰之职，掌建邦之六典，以佐王治邦国……五曰刑典，以诘邦国，以刑百官，以纠万民……"大宰是统领百官的行政官员，其相关的行为并不仅仅局限于行

① 《礼记·王制》。

② 《唐会典》卷39《议刑轻重》记载，（贞观）十八年九月，茂州童子张仲文忽自称天子，口署其流辈数人为官司。大理以为指斥乘舆，虽会赦犹斩。太常卿，摄刑部尚书韦挺奏："仲文所犯，止当妖言，今既会赦，准法免死。"上怒曰："去十五年，怀州人吴法至浪入先置钩阵，口称天子，大理、刑部皆言指斥乘舆，咸断处斩。今仲文称妖，乃同罪异罚。卿乃作福于下，而归虐于上耶！"挺拜谢趋退。自是宪司不敢以闻。数日，刑部尚书张亮复奏："仲文请依前以妖言论。"上谓亮曰："韦挺不识刑典，以重为轻，当时怪其所执，不为处断。卿今日复为执奏，不过欲自取删正之名耳。屈法要名，朕所不尚。"亮默然就列。上谓之曰："尔无恨色，而我有猜心。夫人君含容，屈在于我，可申君所请，屈我所见。其仲文宜处以妖言。"该案中韦挺和张亮指出大理寺判决时所依据的律条错误，坚持对其改判的意见，是刑部尚书对大理寺判决的复核与驳正的具体体现。

③ 参见胡兴东、韩光辉：《司法结构行政权力化与中国古代判例制度研究形成研究》，载《云南开放大学学报》2014年第1期。

政方面，也涉及司法活动，所谓“掌建邦之六典”即说明了大宰是刑典的制定者，诚如沈家本所言“大宰总御群职，故六典俱建，八法、八则、八柄皆所以佐王之治者也。盖为立法之官，而刑以统之矣”①。《唐六典》中对于刑部尚书与其他行政官员的共同参与司法活动并无明文记载，但并非意味着相关的司法活动不会受到行政官员的影响。笔者在此试举一例，《资治通鉴》记载：“说有才智而好贿，百官白事不合者，好面折之，至于叱骂。恶御史中丞宇文融之为人，且患其权重，融所见白，多抑之……夏，四月，壬子，隐甫、融及御史中丞李林甫共奏谭说‘引术士占星，徇私僭侈，受纳贿赂’。敕源乾曜及刑部尚书韦抗、大理少卿胡珪与隐甫等同于御史台鞫之。”这段史料表明，在有的案件的审理过程中，刑部尚书是需要和其他行政官员如右丞相共同审理的，必然会受到此类行政官员的影响。

第二，司法对行政的影响。司法对行政的影响主要体现为司法活动本身能够起到维护社会治安的效果以及其最终目的是为了维护王权。

一是司法活动客观上起到维护社会治安的效果。《秋官》记载：“以肺石达穷民，凡远近茕独、老幼之欲有复于上，而其长弗达者，立于肺石三日，士听其辞，以告于上，而罪其长。”大司寇所进行的相关的司法活动，其目的是为了维护当地的社会治安，从而辅佐皇帝治理好国家。而《唐六典》记载：“刑部尚书、侍郎之职，掌天下刑法及徒隶句覆、关禁之政令。其属有四：一曰刑部，二曰都官，三曰比部，四曰司门；尚书、侍郎总其职务而奉行其制命。凡中外百司之事，由于所属，咸质正焉。”②由此可见，所有中外各司的政事，只要是和刑法相关的，都要依据相关的法典内容正其是非以及作出裁决。刑部尚书的司法职能中体现了依法断案的色彩以及对公平、正义的追求，其目的是为了定纷止争，维护社会治安。

二是司法活动的最终目的是为了维护王权。古代司法官扮演的首要的、

① 沈家本：《历代刑法考》，中华书局1985年版，第1959页。

② 《唐六典》卷6《刑部尚书》。

最为重要的角色就是王权的拥护者。① 《周礼》记载："大司寇之职，掌建邦之三典，以佐王刑邦国，诘四方：一曰刑新国用轻典，二曰刑平国用中典，三曰刑乱国用重典……"由此可见，大司寇职责的核心在于辅佐君主使用刑典治理国家，即是所谓的"以佐王刑邦国"。《唐六典》对三师、三公、尚书都省进行了规定，即三师、三公、尚书都省是皇帝以下的三种中央国家机构，三师、三公为中央政治顾问机构，协助皇帝作出政治、军事、法律等重大决策。一般只置几员大官，不置僚属。尚书都省为国家最高行政执法机构，下属吏部、户部、礼部、兵部、刑部、工部六部等行政管理机关。而刑部尚书为刑部的长官，刑部为尚书都省的下设机构，尚书都省是皇帝以下的中央国家机构，其设置的目的为维护和加强皇权。

（二）司法逐渐从属于行政

从大司寇到刑部尚书，两者之间所体现出的不同点主要在于司法对行政的从属关系发生了质的变化，即司法逐渐从属于行政。其主要体现为两个方面：

第一，司法官的行政职能不断增多。诚如前文对于大司寇和刑部尚书行政职能的比较内容所言，大司寇的行政职能主要体现为参与祭祀活动时奉上作为牺牲的犬。笔者认为，在我国古代，祭祀与司法活动密不可分，大司寇作为执掌刑典的司法官，参与祭祀活动本身也具有一定的合理性。在该层面上，大司寇的职能全部集中于司法层面。而《唐六典》所记载的刑部尚书的行政职能包括掌管关驿开禁政令和统领比部的权力以及"总领其职任并奉行皇帝的制命"的职责。刑部尚书除了具有前述的行政职权外，还具有参政议政，参与官吏选拔考核，参与军事活动、财政活动，担任留守和使节的职能。以参与选拔官员为例，刑部尚书韦抗参与了科举取士。② 由此可见，从大司寇到

---

① 参见陈奎、梁平：《司法运行的一般机理》，中国政法大学出版社 2014 年版，第 36 页。

② 详细内容参见《新唐书》卷 134《宇文融传》。

刑部尚书，司法官的行政职能是在不断增多的。

第二，中央层面体现为是司法分权，且集中于王权。《周礼》是西周治理国家的具体典章制度，对于官员的设置、级别、人数、职务等均有十分详细的规定①，从司法层面而言，《周礼》所记载的时期，司法层面的权力主要集中于大司寇。而到了唐代，司法权力则由刑部、大理寺、御史台共同享有，《唐六典》记载："大理卿之职，掌邦国折狱详刑之事……""御史大夫之职，掌邦国刑宪、典章之政令，以肃正朝列；中丞为之贰……"由此可见，唐代的司法权由三法司共同享有，该事实更加有利于司法权集中于皇帝，体现了司法从属于行政的特点。②

四、结语

中国古代社会，本质上是以皇帝为核心的人治社会，皇帝对国家的组织、运行和控制依赖于各个级别的官吏，各级官吏所拥有的职能和发挥的作用无不指向"中央集权"。本节的研究缘起于当代法学界对"司法与行政相互独立"的期待，断代比较了我国司法与行政的关系在不同朝代的宏观走势：根据《周礼》《唐六典》以及相关资料中关于大司寇和刑部尚书的记载，以两者职能的比较为切入点，寻找大司寇与刑部尚书职能嬗变背后所呈现的司法与行政关系变化的规律，即行政和司法的关系从相互渗透到逐渐合一，再到以行政为主的变化。这样的变化乃是法律观念和文明秩序在两个朝代不断发展的产物，更是不同历史阶段对于秩序建构不同需要的产物。古人云："以史为鉴，可知兴替"，在传统中国法律文化中，蕴含着中华民族的政治智慧和法律思维，创造了超时空的可以为当代借鉴的法治经验，期望本节对行政与司法关系的讨论能对当下监察体制改革研究有所裨益。

---

① 参见毕宝魁：《春秋转型时期孔子的礼乐思想与文学观》，文化艺术出版社 2014 年版，第 22 页。

② 参见毕连芳：《中国近代法官制度研究》，中国政法大学出版社 2016 年版，第 19 页。

第四章　明清：监察制度的巩固与强化

第一节　明代的监察制度

一、重典治吏的监察思想

法家思想注重治吏，《韩非子》有言："闻有吏虽乱而有独善之民，不闻有乱民而有独治之吏，故明主治吏不治民。"①朱元璋深谙法家"明主治吏"之道，认为"故今依法严禁，但遇官吏蠹害吾民者，罪之不恕"②。故明初重典治吏的思想大行其道，监察机关的察吏功能被愈加重视。

明朝统治者普遍强调监察官作为"耳目之寄"的重要性，太祖即言："朕设察院，职英俊，禄忠良，以为耳目之寄。"又说："风宪作朕耳目，任得其人，自无壅弊之患。"成祖也指出："御史，朝廷耳目，非老成识治体者不任。"宣宗宣德十年(1435 年)谕都察院："朝廷设风宪，所以重耳目之寄。"英宗正统十二年(1447 年)谕吏部："御史，朝廷耳目官。"③也正因为如此，监察官被赋予了严纪纲之任，太祖曾勉励御史们说："国家立三大府，中书总政事，都督掌军旅，御史掌纠察，朝廷纪纲尽系于此，而台察之任尤清要。"又

---

① 《韩非子·外储说右下》。任继愈据此认为中国传统法律治官不治民，参见任继愈：《任继愈学术文化随笔》，中国青年出版社 1996 年版，第 20~23 页。

② 《明太祖实录》卷 39。

③ 徐学聚：《国朝典汇》卷 54《御史》。

言："国家所立，惟三大府总天下之政，中书政之本，都督府掌军旅，御史台纠察百司。朝廷纪纲，尽系于此，其职实惟清要。"①总之，"重耳目之寄，严纲纪之任"是明朝由重典治吏察吏而生发的最主要的监察思想。

二、监察体制

（一）中央监察体制

1. 都察院

都察院是明代中央的监察机构。明初，沿袭元制，吴元年（1367 年）设立御史台作为监察机构，设有左右御史大夫，从一品；御史中丞，正二品；侍御史，从二品。太祖十分重视监察，曾经勉励他们："国家立三大府，中书总政事，都督掌军旅，御史掌纠察。朝廷纪纲尽系于此，而台察之任尤清要。卿等当正己以率下，忠勤以事上，毋委靡因循以纵奸，毋假公济私以害物。"②洪武十三年（1380 年），因胡惟庸一案，"罢御史台"，撤御史大夫，中丞分为左右中丞，侍御史分为左、右，并降为四品。洪武十五年（1382 年），"更置都察院"。③ 设监察御史八人，正七品；十二道监察御史九品。洪武十六年（1383 年），升院为正三品衙门，设左右都御史各一人，三品；左右副都御使各一人，四品；左右佥都御史各二人，五品。洪武十七年（1384 年），升左右都御史二品；左右副都御使三品；左右佥都御史四品；三者均称都察院堂上官。十二道监察御史七品。至此，都察院与六部平级，都御史与六部尚书合为七卿。太祖对治吏、监察的重视，可以从都察院数年间地位的不断提升窥得一二。宣德十年（1435 年）定制为十三道监察御史，从此直至明末未变。

① 《续资治通鉴》卷 220《元纪三十八》。

② 《明史》卷 73《职官志二》。

③ 《明会典》卷 209 作"十四年改都察院"；《春明梦馀录》卷 48《都察院》、《天府广记》卷 23《考察院》均作"十三年改都察院"；《明史》卷 73《职官志二》作十五年。

“三大府”之一、“治平三要”①之一都是对都察院在明代政治中的重要地位的描述。都察院之重要，体现在都御史的职权极重。都御史的职权，《明史·职官志》这样记载：“都御史职专纠劾百司，辩明冤枉，提督各道，为天子耳目风纪之司。凡大臣奸邪、小人构党、作威福乱政者，劾。凡百官猥茸贪冒坏官纪者，劾。凡学术不正、上书陈言变乱成宪、希进用者，劾。遇朝觐、考察，同吏部司贤否陟黜。大狱重囚会鞫于外朝，偕刑部、大理谳平之。其奉敕内地，拊循外地，各专其敕行事。”②“纠劾百司，辩明冤枉，提督各道，为天子耳目风纪”是对都御史职权宗旨性的描述，其具体职权如下：

第一，肃正纲纪，纠劾百官。纠劾权是都御史的重要职权，皇帝对此亦相当重视。都御史一旦提出纠劾，被纠劾之官员必须作出必要的回应，要么上书辩解，要么表明等候皇帝的处置。

第二，辩明冤枉，监督司法。这是都御史的司法监察权。中国古代司法权的特点是分配给行政和监察机构。明代的刑部、大理寺、都察院为三法司。这体现了职权的分离和相互牵制的特点。《明史·刑法志二》记载：“刑部受天下刑名，都察院纠察，大理寺驳正。”③洪武十七年(1384年)，朱元璋“诏天下罪囚，刑部、都察院详议，大理寺覆谳后奏决”④。三法司具体的运行情况是，刑部审理判决案件(死刑除外)，定罪后，将罪犯连同案卷送大理寺覆核，再由刑部具奏行刑，而死刑案件则必须奏请皇帝批准。而这一过程中刑部的审判以及大理寺的覆核，都察院都有权进行监督。对于重大案件，“大狱重囚会鞫于外朝，偕刑部、大理谳平之”⑤。此即所谓的大三法司会审。凡是鞫重囚大案，必须由刑部、大理寺和都察院公审。如果面对的是特别重大案

① 崔铣曾说：“治平三要，何谓三要？内阁掌印一要，吏部尚书一要，左都御史一要。”参见张萱：《西园闻见录》卷26《宰相上》。

② 《明史》卷73《职官志二》。

③ 《明史》卷94《刑法志》。

④ 《明史》卷3《太祖本纪》

⑤ 《明史》卷73《职官志二》。

件或是疑难案件，则由三法司会同余下吏、户、礼、兵、工五部尚书及通政使一同审理，这称为“圆审”。

第三，提督各道，抚巡外地。都察院中十三道监察御史被派驻到各地对地方进行监察，对此，都御史得参与监察御史出任的审查、监察御史出巡的提名、监察御史回京的述职及考评，以及对监察御史的升降提出初步意见。都御史的这四方面职权源自其为都察院的正官，因而对各道的监察御史有领导和考核的权责。除此之外，皇帝会时常将都御史作为特使临时性地派遣往外地，代表皇帝处理地方的重大军政问题，并名之为巡抚或总督。

第四，考察百官，整肃吏治。这是都御史对百官考课的考察权。都御史“遇朝觐考察，同吏部司贤否陟黜”①。明代对百官的考察分为“考满”和“考察”两种，两种方式互相补充，相辅而行。都察院参决百官的“考满”与“考察”。为了制衡都察院，避免都察院大权独揽，统治者往往让吏部同时参与对百官的考察。一般而言，都察院长官参与对百官的考察都发生在关键时刻，即在决定官吏的升迁、罢黜等重大的时刻。

都察院设监察御史，监察御史按全国十三布政司分为十三道，各道御史分省巡察地方官。十三道监察御史是中央派驻各地分掌地方监察的官员。同时也兼管中央各机构的监察工作。因此监察御史的监察权可以分为两类，一类是在京时的监察权，一类是出巡时的监察权。《明史》记载，十三道监察御史“主察纠内外百司之官邪，或露章面劾，或封章奏劾。在内两京刷卷，巡视京营，监临乡、会试及武举，巡视光禄，巡视仓场，巡视内库、皇城、五城，轮值登闻鼓。在外巡按，清军，提督学校，巡盐，茶马，巡漕，巡关，儹运，印马，屯田。师行则监军纪功，各以其事专监察。而巡按则代天子巡狩，所按藩服大臣、府州县官诸考察，举劾尤专，大事奏裁，小事立断”②。可以看出，监察御史在京的监察权如下：

① 《明史》卷73《职官志二》。
② 《明史》卷73《职官志二》。

第一，监察百官。“察纠内外百司之官邪”，这是监察御史的首要任务。也就是考察与纠举弹劾从中央到地方政府所有部门各级官员以及宦官的表现。弹劾的方式分为“露章面劾”和“封章奏劾”。“露章面劾”即是弹劾之奏章并不封口，在朝会时当众宣读；“封章奏劾”的奏章则需密封，交由通政司转呈皇帝。对于弹劾的奏章，皇帝可以对被弹劾者作出处罚，也可以不予批复，或者认为弹劾不实有误而对弹劾者论罪处理。如果皇帝不愿费心，还可以根据弹劾事件的性质、情节分别交付吏部、刑部或者其他部门或会与多官商议处理。而被弹劾之官员必须作出必要的回应，要么上书辩解，要么说明等候皇帝的处置，无有例外。

第二，充任言官。明代的监察御史参决言事体现在许多方面。首先，监察御史可以参决军国大事的“廷议”。其次，监察御史还可以参决高级官员选拔的“廷推”。按明代法律规定，朝廷有大政事，或文武大臣有缺时，必令廷臣集体讨论，然后再请旨定夺。其中“关于事项可否之讨论者”，称为廷议；“关于人事升补之拟请者”，称为廷推。明代废丞相后，铨选权便主要归吏部，吏部为“铨衡重地”，吏部尚书被称为“六卿之长”，吏部也成为明代六部中最为权重的部。为了防止吏部权倾朝野、大权独握，明代使监察御史与之制衡，明代规定任用三品以上高级官吏必须经过“廷推”，而监察御史也可以预决。

第三，考核百官。地方上，除省级最高行政长官及最高司法监察长官归都御史考察外，地方上的其他官员以及在京各衙门大约五品至七品之间官员的考核均由监察御史负责。其中，又以河南道监察御史的职权最重。“凡在京各衙门郎中、各卫所首领官，在外按察司首领官考满，本院俱发河南道考核，各出考语，牒送吏部该司候考。”①

第四，监察在京各衙门日常事务。这些日常事务包括“两京刷卷，巡视京

① 《万历会典》卷209《考核百官》。

营，监临乡、会试及武举，巡视光禄，巡视内库、皇城、五城，轮值登闻鼓"①。

作为专职的监察官员，十三道监察御史与都御史的关系十分微妙。一方面，都御史作为都察院堂上官，总持宪纲，监督僚属，有权考察监察御史之功过；另一方面，监察御史在进行监察的过程当中，其职权独立，不受都察院堂上官的直接指挥，更不受其干涉，甚至对都御史的违法失职行为还有权进行纠举。都御史是都察院的堂上官，都察院中的一切事务都由都御史处理。在奏请点差方面，都察院遇有需要御史分巡、追问、审理等事，都御史奏请皇帝分派御史出差。明代的御史点差分大、中、小三等，按资历依次分配差事，并且巡按地方都有明确期限，期满后更换御史，以防止御史专擅一方。御史出巡回道时，必须将巡历地方的办事经过，按照御史回道考察所列项目，列举具体事实、处理过程等开奏明白，并造册上报。由都御史按照巡按通例及回道考察所定法规，考察核实。对于失职违法、处置失宜、用心酷刻、或擅作威福等情况，指实参奏。都察院作为十三道监察组织的上级直属部门，都御史还负责考核试职御史。不过需要指出的是，虽然都察院在监察方面具有很大权威，对全国的监察官起到了统领作用，但作为都察院属官的十三道监察御史又有能够独立行使职权、不受都察院堂上官干涉的一面。监察御史不管是在京纠察百官，还是在外代天子巡狩，所经办的事情不必经过都察院审批。

2. 六科给事中

六科是中央的另一套监察系统。明初太祖在中央统设给事中，正五品。洪武六年(1373 年)设给事中十二人，正七品，并开始分为对应六部的六科。每科两人，有给事中印，推举年长的一人掌管。以后，人数、隶属多有变动。洪武二十四年(1391 年)每科增设都给事中一人，正八品；左右都给事中各一

① 《明史》卷 73《职官志二》。

人，从八品。经过建文到永乐初，将六科移至午门外东西直房办公，自后成为定制。

六科给事中为“国家毗倚甚重”①。其职责据《明史》记载，主要为“掌侍从、规谏、补缺、拾遗，稽察六部百司之事”②。《明太祖实录》记载：“看详诸司奏本及日录旨意等事……凡省府及诸司奏事，给事中各随所掌于殿廷左右，执笔记录，具批旨意可否于奏本之后，仍于文薄内注写本日给事中某，钦记相同，以防壅遏欺蔽之弊。如有特旨，皆纂录付外施行。”③具体来说，六科给事中的职权如下：

第一，抄发章疏，驳正遗误。凡内外所上章奏经票拟、御批后，还须将原件交发六科中有关科抄发，再付部执行，若六科给事中认为有违反规章惯例，处理不当的，应封还驳正。凡文书下行，未经科抄，均不能生效。六科一方面起到了对六部的钳制作用，另一方面也分割了都察院的监察权。

第二，侍从谏诤，询谋建言。“朝政缺失，军民利病，皆得言之。”④其实，六科本就是言官。六科在“廷议”中亦有权参与发言，只是随着皇权的不断加强，六科谏言的作用不断削弱而监察的权力不断强化。六科是针对六部而设，因而在谏言方面，六科的谏言内容多倾向于中央各部政事的兴革。

第三，纠举弹劾，稽查官员。《明会典》规定：“凡两京大臣方面等官，有不职者，皆得劾奏，或大班面劾。及诸人有不公不法等事，俱得劾奏。……若系重事特旨令科道官记著者，即时纠举。”“凡各衙门援不为例事奏请者”，对科参语“任情增减削去者”，都要“指实劾奏”⑤。与御史所不同的是，六科纠举弹劾主要以两京大臣或方面官之违法失职为对象，监察的范围远不如御史广泛。

---

① 孙承泽：《春明梦馀录》卷25《六科》。

② 《明史》卷74《职工官志三》。

③ 《明太祖实录》卷80。

④ 徐学聚：《国朝典汇》卷68《六科》。

⑤ 《明会典》卷213《六科》。

第四，编录及注销案卷。《春明梦馀录》记载，成化中，谕六部臣曰："自今各衙门，一应奏题旨意，即明白覆奏发落，毋得稽缓，五日不覆奏者，该科劾之。"又，"崇祯二年(1629年)，上谕六科：尔等表里六曹，旧有注销之规，今合再行申饬，各掌印官选委给事中一员，查理六曹奉旨应行事务，某项某日做起，某日完结，次第情节，勒限奏报"①。六科与六部进行对口登记、稽查有关案卷文书，以监督考查各衙门所奉行的任务，是否依限完成工作，是否遵守了时效。如发现有稽延迟误的情况，那么六科便对之进行参奏究治。注销的主要目的在于纠举六部临事中的稽延积压现象，通过封驳和注销，六科对朝廷公文和日常事务的处理实施了有效的监督，以对六部的工作达到全面的监控。

另外，六科相对应于各部而各有专职，与六部内外相维，往往共同执行任务而对口监察。同时还有属于六科共同的任务，比如参与廷议、廷推、会审、铨选、轮值登闻鼓、扈从、纠仪、充当正副使册封宗室、藩王，或诰谕夷邦，礼、兵部会试充同考试官，登记考核文武官出勤，日朝时轮值在殿左右，珥笔记旨等。

(二)地方监察体制

1. 按察司

按察司，全称提刑按察使司，是明代地方的监察系统。按察司始设于明建国前至正二十四年(1364年)，有湖广等处提刑按察使司。吴元年(1367年)定为正三品衙门。

明初地方之制沿袭元制，于各地置行中书省。洪武九年(1376年)，太祖废行中书省，改设承宣布政使司，这样就与明初设立的提刑按察使司、都指挥使司形成三足鼎立之局。三司作为一种全新的地方政府组织，三权分之，又分别直接向中央负责，彼此相互制衡，难以在地方形成集权的合力，地方

① 孙承泽：《春明梦馀录》卷25《六科》。

难以坐大割据一方。

按察司，《明史·刑法志》云："按察名提刑，盖在外之法司也。"①设正官按察使一人，正三品，副使无定员，正四品，佥事无定员，正五品。首领官，经历司，经历一人，正七品，知事一人，正八品；照磨所，照磨一人，正九品，检校一人，从九品。所属衙门，司狱司，司狱一人，从九品。

按察使，亦名按台、臬台。该官系由元朝肃政廉访使演化而来，因此又有"廉使"之称。按察司在明朝还称为外台，这是由于按察司与都察院俱为法司，称风宪官，都察院称内台，按察司称外台。按察使掌一省刑名按劾之事，集司法与监察于一身。"纠官邪，戢奸暴，平狱讼，雪冤抑，以振风纪，而澄清吏治。"②按察副使、佥事，分道巡察，其兵备、提学、抚民、巡海、清军、驿传、水利、屯田、招练、监军，各专事而设。

在整个明代，按察司的权力和地位发生了很大的变化。明初三司地位都很高，权力也较重，按察司自然也位显权重。关于明初地方三司的地位，《明史·职官志》中这样记载，"初置藩司，与六部均重"。③ 对于按察司，《天府广记》卷23这样写道："明初置提刑按察司，谓之外台，与都察院并重。故大明令，按察司、都察院并列，不视之为外官也。"④但是，自明代中叶起，不仅按察司，整个三司的权势都在逐渐下降。这其中的原因是多方面的。首先，双重监察体制削弱了按察司的事权。明代地方各府州由按察司监察。但是另一方面，每年都会有巡按御史（多为监察御史出巡）监察府州县。巡按代天子巡狩，虽品位不及按察司，但"所按藩服大臣，府州县官诸考察，举劾尤专，大事奏裁，小事立断"⑤，巡按御史代表中央，自然高按察司一头。其次，总督、巡抚凌驾于按察司之上，按察司的权势受到一定的抑制。总督、巡抚均

① 《明史》卷94《刑法志二》。
② 《明史》卷75《职官志四》。
③ 《明史》卷75《职官志四》。
④ 《天府广记》卷23《都察院》。
⑤ 《明史》卷73《职官志二》。

为高级官吏，又加都察院正官衔，有“节制三司”的作用。特别是宣德以后，各省皆设巡抚，成为一省实际上的首脑。凡中央下达指令，首先下达到巡抚，再由巡抚转令三司。三司议决的重大事项，也要先请示督抚，然后向中央转呈。布、按二司承宣布政的职能逐渐被巡抚取代了。最后，原来一些临时性的差派逐渐固定化，分割了按察司的权力。

2. 督抚

明初，太祖朱元璋在地方废行省，置三司，其主要目的在于加强中央对地方的控制，避免地方割据，防止尾大不掉局面的出现。地方三司的分治，确实有利于中央对地方的掌控，但是，与权力制衡相伴而生的往往是各部门之间的权力推诿扯皮，以及由此带来的行政低效率。朱元璋废行省后，这便成为明朝地方政治体制中一个愈来愈突出的问题，这是朱元璋始料未及的。总督巡抚制度，正是为了弥补地方政制的这一缺陷而产生、发展的。

只不过，明朝最初派遣总督、巡抚，主要目的并不是为了让他们去总领一方，成为凌驾于地方三司之上的封疆大吏，而是为了更好地对地方政权进行监察。明代的督抚都带宪衔，《明史·职官志》也把督抚列入都察院系统里。

巡抚作为一项制度，它的形成有一个前提——巡抚官的专设与定设，也就是巡抚官专抚一地并且受命官员具有相对的稳定性。以此作为标志去衡量，则明代巡抚制度基本形成于宣德时期。《明史》记载十分明确：“洪熙元年(1425年)八月癸未(宣宗即位甫三月，未及改元)，大理卿胡概、参政叶春巡抚南畿、浙江。设巡抚自此始。”①巡抚经历了由临时派遣到专设专任，由短期出巡到长驻久任的演变过程，而且所管事务的范围越来越广，便宜行事的权力也越来越大。

明代的总督，是在巡抚制度普遍推行的基础上产生和形成的，其因事特

① 《明史》卷9《宣宗本纪》。

遣、偏重军事、节制地方文武以及置罢不常等方面，都较巡抚更为突出。明代之有总督，首先是出于军事上的需要，这也是其后总督一直偏重于军事的重要原因。明代总督制度的正式形成，在景泰至成化年间，其标志就是两广总督和三边总制的先后定设。正德、嘉靖年间，总督制度获得了进一步的发展。定设的总督继续有所增加，主要有宣大和蓟辽两处。而临时暂设的总督亦越来越多，其督辖范围也越来越大。从万历中期到崇祯年间，明王朝的统治已是内外交困、岌岌可危，反映在督抚的设置上，便是头痛医头，脚痛医脚，因完全失去了章法而处于极端混乱状态。当时不仅临时特遣的总督数量猛增，其设置已基本上没有什么布局可言，而且名目繁多混乱，既有总督，也有所谓经略、督师、总理等。

督抚的职权，总的来说，有以下几个方面：

第一，巡抚地方。这是总督和巡抚最基本的职责。宣德八年(1433 年)，宣宗给各处巡抚的敕谕中明确规定：“兹命尔等巡抚郡县，务宣德意，安抚民人，扶植良善。一切税粮，从尔设法区处，必使人不劳困，输不后期。卫所屯种，从尔比较，水田圩岸，亦从提督，使耕耘有时，水旱无患。应有便民之事，悉具奏闻。”①自然，一切与此有关及由此派生出来的招抚流民、劝课农桑、勘报灾情、督筹税粮、赋役的均平与蠲免，民变的招抚与镇压，以及水利的兴修、矿场的开闭等，皆责之巡抚。

第二，监察属吏。总督和巡抚既带都御史之衔，本身表明了他们具有监察之职能。明末人孙承泽说，景泰时差都御史巡抚各地，“其意尚在扶持风纪”②。各处巡抚侍郎会巡按御史共同考察方面、郡守官。

第三，提督军务。在弘治以前，督抚的军权仅限于参赞军务。参赞军务侧重于军事监督。弘治以后，由于镇压农民起义及平定“北倭北虏”之患的需要，巡抚和总督的军事权逐渐膨胀。举凡军武的整饬，将校的任免，军队的

① 《明宣宗实录》卷 98。

② 孙承泽：《春明梦馀录》卷 48《都察院》。

布防，军饷的供给，皆由巡抚和总督主持或参预决策。

从巡抚和总督的职责与权力来看，他们逐渐从单纯的代表中央监察地方的官员，发展为总领一方，节制三司的地方大员，从而突破了明初“三司分立”的地方权力格局，并且与都察院所派出的巡按御史区别越来越明显，以至于巡按御史反过来对督抚(特别是巡抚)如对待其他地方官员一样实行监控。

这一制度的创立对明代的监察制度有着重要的、积极的影响。首先，督抚制度的建立改变了明代中央和地方的监察格局。随着督抚制度的确立，不仅在地方政制上出现了新的制衡关系，而且在中央与地方之间也出现了新的制衡关系。一方面，督抚实际上是作为地方大吏在发挥作用；另一方面，他们名义上却还保留着中央官的职衔(如带宪衔、部衔)以及受差遣的形式，并且受到上下左右种种有效的制约，诸如部院、督抚之间、巡按御史，甚至是行省三司，均对督抚存在着不同的制衡关系。督抚不仅在地方上起作用，在中央方面也可以起作用。明代督抚制度的确立，加强了军事监察的能力。明代督抚大多肩负“提督军务”的职责，尤其是总督更偏重于军事方面。这是明王朝为推行“以文制武”、防止并克服武官专横跋扈而采取的重要措施。“国初兵事专任武臣，后曾以文臣监督，文臣重者曰总督，次曰巡抚”①，因而督抚也就成为对武臣的一支重要的制衡力量。

明代的巡抚与巡按，在监察方面的关系，仍常常是混淆不清的，因而抚按之争在有明一代是始终存在的。总的来说，在嘉靖以前，巡抚代表中央监控地方的职责仍很明显，且其级别较高，权力较大，故抚按发生争执时，巡抚往往占优势。在嘉靖以后，巡抚节制三司，成为总领一方的封疆大吏的趋势已大大加强，而原有的代表中央监控地方的职能则相对地减弱，因而朝廷便有意通过巡按对巡抚实行牵制，以防止巡抚在地方上专擅。

---

① 《明会典》卷128《镇戍三·督抚兵备》。

三、明代监察制度的特点

明代高度集权的君主专制决定了君臣之间必然存在着激烈的利益冲突。皇帝防臣如防贼，大臣伴君如伴虎，就是封建君臣矛盾的真实写照。明代君主要想驾驭庞大的官僚机构，使全国官吏既能毕恭毕敬地听命于他一人，又能主动地维护专制制度，这就需要对内外百官进行严密督察和有效监控。明代监察制度的特点，显示了封建社会后期君主集权的进一步发展，监察制度不仅已经成熟，而且走向了其反面。

（一）监察范围扩大

一方面，监察官员除了纠劾各种违法犯罪外，专门有对“大臣奸邪，小人构党”“学术不正，上书陈言变乱成宪”的弹劾，还置有督学御史，使臣民不仅在行动上，而且在思想、文化上，亦只能走在绝对忠君的轨道上，“非议政不与诸司群坐”的“顾独坐”右都御史顾佐，便是不党的楷模。另一方面，监察机构不仅是监察现任官吏，而且还参与各个层次的官吏的选拔与简任，从选举生员开始，到各级考试推选主考官以及荐举、铨选、拾遗，处处均有科道官主持或参加，外官领文凭赴任，也得先到吏科画字。这就改变了过去官吏委任升迁权全操于吏部的情况。将六部之首的吏部置于严密的监控之下，有效地控制了吏部在人事问题上可能出现的越轨行为。这同样保证了皇权对人事权的绝对控制，有利于提高官员的素质，在一定程度上起到正本清源的作用。但是，可以明显地看出，皇权强化到官僚系统更加末梢的系统，甚至走到了极限。

（二）监察机构和监察人员之间互监互纠

中国封建监察官的权力和权威很大，但权大则溢，威盛则骄。监察权的过分膨胀，必然给一部分监察官利用职权逞威作福，徇私枉法开了方便之门。对监察官员的监察是中国监察文化中“以官治官”永恒的难题。

明代监察机构和监察人员之间互监互纠，是对监察官实施反监的最基本手段。按明制的规定，明代的两个主要监察机构都察院和六科之间互相监察。如按照十三道监察御史的工作分工，福建道监察户部，四川道监察工部，河南道监察礼部，广东道监察刑部，山东道监察兵部，贵州道监察吏部。其中六科给事中的工作也在十三道监察御史的监察范围之内。反过来，六科给事中封驳权和注销权的对象也同样包括都察院及其附属机构的监察活动。

相互监督的机制同样也存在于都察院和六科系统内部。如十三道监察御史在组织形式上受都察院一定程度上的限制，都察院有权提督各道，参与监察御史出任的审查，监察御使出巡的提名，监察御使回京的述职及考评，并有权对监察御史的升降发表意见。但是监察御史在发挥其实际职能时却不受都察院控制。“十三道监察御史出则巡视方岳，入则弹压百僚，虽与都御史相涉，而非其属官，直名某道，不系之都察院，事得专达，都御史不得预知也。”①监察御史在京纠察百官时，只有露章面劾和封章奏劾两种方式。在外作为代天子巡狩的使者，也只有大事奏裁和小事立断两种方式，所经办的事情完全不必经过都察院的审批，相反，监察御史对都察院的都御史等也拥有监察权。《万历会典》载：“凡都察院、按察司，堂上官及首领官，各道监察御史吏典，但与不公不法，及旷职费事，贪淫暴横者，许互相纠举。”②《万历会典》卷209《各道分隶》就明确地把都察院分隶于河南道，《考核百官》还规定，都察院所有官员的平常考察都归河南道监察御史负责。

六科给事中之间的关系也是互相监督的关系。六科虽以吏、户、礼、兵、刑、工分隶，“其事属重大者，各科皆得通奏。但是属某科，则列某科为首”③。即使是事关重大机密的“密封”，其他五科也有权参阅并发表意见。同科之给事中，左、右给事中，他们之间的关系也既非长贰，更非堂属，遇事

① 张萱：《西园闻见录》。

② 《明会典》卷209《纠劾官邪》。

③ 《明史》卷74《职官三》。

都可以单独上疏，无须请示都给事中。他们之间也可以相互纠劾。

第二节　清代的监察制度

一、乾纲独断的监察思想

清代是专制主义极端发展的朝代，皇帝独揽大权，乾纲独断。圣祖曾明确表示："天下大权，惟一人操之，不可旁落。"①高宗也在诏谕中公开宣称："此乃本朝家法，自皇祖皇考以来，一切用人听言大权，从无旁假，即左右亲信大臣，亦未有能荣辱人、能生死人者。"②鉴于历朝均以监察机关作为皇帝耳目之寄所起到的作用，清帝在上谕中也反复强调监察机关作为耳目之寄的地位和职责。如顺治九年(1652年)二月，世祖谕都察院："国家设立都察院，职司风纪，为朝廷耳目之官，凡事直言无隐，上自诸王，下至诸臣，孰为忠勤，孰为不忠勤，据实奏闻，方为无忝厥职。"他还举"前任卓罗、徐起元，于政事是非得失，官员之贤否勤惰，缄口不言，是以革退"为例，要求监察官"自今以后，当敬承朕旨，凡遇有宜言之处，即行奏达，若瞻徇不言，被人参论，朕将于尔等是问，悔无及矣。慎之、勉之"③。

雍正时期，推行科道官密奏制度，不但具奏人的范围有严格规定，而且具奏人必须亲手缮写，奏前或奏后均不准向任何人泄露内容。奉到皇帝的批示(朱批)，不许向任何人出示，并且要限期缴回，不准抄存。密奏制是给监察官弹劾重臣提供的保护性措施，反映了封建社会晚期皇帝集权极端膨胀的历史条件下，皇帝对于官吏法外言行的密切关注。

至于地方行政、司法、考试、治安、漕粮、盐、游牧诸事，不仅在御史巡察之列，更要求监察官极尽皇帝耳目之寄的作用，以便洞察万里。由此可

① 《康熙政要》卷2。
② 《东华录》(乾隆朝)卷28。
③ 《清世祖实录》卷63。

见，乾纲愈是独断，作为“耳目之寄”的监察官的作用愈是被强调。

二、清代的监察体制

（一）中央监察体制

1. 都察院

清承明制，清代中央监察机关为都察院。据《清史稿》记载：“初沿明制，设都察院。天聪十年（1636 年），谕曰：‘凡有政事背谬，及贝勒、大臣骄肆慢上者，许直言无隐。’”①清太宗崇德元年（1636 年）设都察院，其堂官为承政和左右参政，员额不定。崇德三年（1638 年）定制：设承政一人，左右参政各二人，又设理事官、启心郎等官。这是入关以前的情况。入关以后，世祖对关外时期都察院的官制进行了改革。顺治元年（1644 年），清廷改承政为左都御史，掌院事，满汉各一人，满员一品，汉员二品；将参政改为左副都御史，满汉各二人；设汉左佥都御史一人；另设右都御史、右副都御使、右佥都御史若干人。顺治十六年（1659 年），又定制：左副都御使满汉各二人，均为正二品。康熙二十九年（1690 年）为发挥科道官员的作用，命左都御史入议政大臣，正二品，参与议政。雍正元年（1723 年），雍正帝出于加强皇权的需要，“以六科隶都察院，听都御史考核焉”②。自唐朝以来封建国家监察机关“台”“谏”并列，时至此，二者合而为一了，称为“科道合一”。

都察院是以左都御史和左副都御史执掌院务，右都御史和右副都御史例为地方总督、巡抚兼衔。都察院在朝廷中的主要职责是：监察朝廷政治得失，整饬纲纪。此外，凡皇帝谕令下九卿议核的大政事，都察院要参加议奏；一些重大案件，刑部要会同都察院、大理寺公审决断，即三法司会审；在祭祀、朝会、经筵及临雍时，都察院有权纠参不如仪的官员；在大计、京察之年，吏部要会同都察院察议具奏；各省总督、巡抚的考核，也由吏部会同都察院

① 《清史稿》卷 115《职官志二》。

② 《清朝通典》卷 26。

办理。

2. 六科

天聪六年(1632年)，明降将马光远曾上疏太宗建议设立六科，以经理六部之事，并详述了六科职掌之事。此后遂沿袭明制设六科自为一署，不受都察院管辖。六科初设给事中、汉军副理事官等职，无固定员额。顺治十八年(1661年)，六科每科设满汉都给事中各一人。满汉左右给事中各一人，汉给事中一人。"掌言职，传达纶音，勘鞫官府公事，以注销文卷，有封驳即闻。""其祭祀、监礼侍班纠仪。"①康熙四年(1665年)，每科只设满汉给事中各一人。其余悉裁。康熙五年(1666年)，又将原都给事中改名为掌印给事中，满汉各一人，给事中满汉各一人。

六科负责对六部进行监察，并职掌六部官员的京察考课，同时兼掌封驳。顺治十八年(1661年)规定："凡部院督抚本章已经奉旨，如确有未便施行之处，许该科封还执奏。如内阁票拟簸本错误，及院部督抚本内事理未协，并听驳正。"②

清代的六科是一个与御史职权相近、但又不属于都察院的谏官组织，专掌封驳违失，既可以侍从规谏，向皇帝进言，又可以驳回诸司上呈皇帝的奏章，具有唐代以来的谏官之责。雍正元年(1723年)六科隶属都察院后，给事中的职权与监察御史基本相同，只是监察百官，而其原来独有的"封驳"之权实际上已被取消，从此言官对皇帝的"谏诤"便徒有虚名了。六科的主要任务，是掌发"科抄"。各科每日派给事中赴内阁接收题本，然后按内容抄送有关衙门承办；其次，稽核各项政事，注销文卷。各科稽核、注销之内容如下：

吏科稽核官吏铨选，注销吏部、顺天府文卷；户科稽核财赋，注销户部文卷；礼科稽核典礼，注销礼部、宗人府、理藩院、太常寺、光禄

① 《清史稿》卷115《职官志二》。

② 《钦定台规》卷15《六科一》。

寺、鸿胪寺、国子监和钦天监文卷；兵科稽核军政，注销兵部、案仪卫、太仆寺文卷；刑科稽核刑事案件，注销刑部文卷；工科稽核工程，注销工部文卷。

3. 十五道

都察院下设十五道监察地方，是按行省划分的，即分京畿，河南、江南（包括江苏，安徽），浙江，江西、山东、山西、陕西、湖广（包括湖南、湖北）、福建、四川、广东、广西、云南和贵州十五道。每道置掌印监察御史，满、汉各一人。而监察御史则各道人数不一。京畿、江西、浙江、福建、湖广、河南、陕西和山西八省皆是满、汉各一人；江南道满、汉各三人；山东道满、汉各二人；而四川、广东、广西、云南和贵州五道则不设监察御史。故十五道共有掌印监察御史三十人，监察御史二十六人。御史之下，有笔帖式三十二人（京畿、江西二道各三人，其余十三道各二人），经承为四十九人。十五道的掌印监察御史、监察御史，笔帖式和经承的总人数为一百三十七人。①

十五道监察御史，初有"坐道"和"协道"之分。"坐道"为空衔，"不治事"；"协道"也不固定办理某道事务，到乾隆十四年（1749 年），始"诏按道定额"，固定各道的职掌。各道除掌稽核该省刑名案件和纠弹任务外，并稽察在京中央各部门事务。

十五道的执掌，正如《清史稿》所载，"掌弹举官邪，敷陈治道，各核本省刑名"，而"其祭祀，监礼、侍班纠仪，科道同之"②。《清朝文献通考》亦称，十五道"监察御史掌纠察内外百司之官邪，在内刷卷，巡视京营，监文武乡会试，稽察部院诸司；在外巡盐，巡漕，巡仓等及提督学校，各以其事专

① 《光绪会典事例》卷 147；《光绪会典》卷 69，台湾"中央研究院"汉籍电子文献，http：//www. sinica. edu. tw/ ~ tdbproj/handy1.

② 《清史稿》卷 115《职官志二》。

纠察，朝会纠仪，祭祀监礼，有大事集阙廷预议焉”①。

（二）地方监察体制

清朝除设十五道监察地方之外，还采用多轨制加强对地方官吏和政务的监察。如各地总督均兼都察院右都御史衔、各省巡抚、包括漕运总督、河道总督均兼右副都御史衔。也就是说，地方督抚大吏均是中央监察系统的一部分，均承担作为皇帝耳目的责任，对下属地方各级各类官员有考核权和监察权。

1. 督抚监察系统

在清代的地方行政体系中，总督和巡抚已成为管辖一省或数省的封疆大吏，总揽军事行政司法之权。同时，总督兼都察院右都御史衔，巡抚兼都察院右副都御史衔，督抚兼有监察地方之权，其权力超过道监察御史。

总督为正二品官，加尚书衔者为从一品，俗称“制军”或“制台”，掌统辖一部分地区文武、军民，总理戎政，保卫边疆。凡文职道府以下，武职副将以下都由总督奏请升调免黜，总督并有对外交涉之权。总督是代表中央管一省或二至三省的行政长官，有“综治军民，统辖文武，考核官吏，修饬封疆”之权。正由于总督兼宪衔，故有监察地方文武官吏和学政之职责。总督的品秩本为正二品，而加右都御史衔者则为从一品。另有因专门事务而设的总督，如驻淮安的漕运总督，管辖山东、河南、江苏、安徽、江西、浙江、湖南和湖北八省漕政，而又兼右都御史衔领有监察之职责。

巡抚，俗称“抚军”或“抚台”，为从二品官，是总管一省地方政务的长官，例兼都察院右副都御使，“掌宣布德意，抚安齐民，修明政刑，兴革利弊，考核群吏，会总督以诏废置。标下有参将、游击等官。其三年大比充监临官，武科充主试官，督、抚同”②，这表明巡抚还有监察本地方政务之权，

① 《清朝文献通考》卷82《职官考六》。

② 《清史稿》卷116《职官志三》。

并多兼兵部侍郎衔(加衔后提为正二品)，考察全省地方官员。本省关税，漕政等，都总其成于巡抚。遇用兵，则督理粮饷。每三年乡试，例由巡抚督试，武科则由他主考。其职权仅略逊于总督，无总督的省份，巡抚更是独当一面，所以巡抚与总督同是地方大员。

2. 巡按御史

御史出巡是朝廷监察地方的传统方式，也是监察官履行作为皇帝耳目之官的重要机会。顺治初，仿明巡按御史之制，每省派御史一人巡视省下地方，纠劾贪官污吏，捉拿盗贼，权力极大，差限以一年为满。御史离京出巡之前，必须陛见，接受皇帝面谕。早在顺治八年(1651 年)三月，《都察院条议巡方事宜》中便规定出巡地区的名额与御史的类约。至顺治十八年(1661 年)，兵部尚书管左都御史事阿思哈等遵旨制定《严议巡方事宜十款》，为清代御史出巡奠定了法律基础。顺治一朝巡按御史时设时停，至顺治十八年(1661 年)最终停止。雍正年间，于湖广、山东、河南、安徽、江宁等省派出巡察御史，其性质近于顺治朝的巡按御史，至乾隆元年(1736 年)俱停各省巡察御史。

三、清代监察制度的特点

(一)台谏合一、科道连称

清代监察制度不同于历代封建王朝的显著特征是台谏合一、科道连称，监察权力相对集中。隋唐时期的监察机构台谏分设，御史台只掌监督百官之职，另设谏官，主要职责是规谏朝政。还有给事中一职，是门下省职掌封驳的官职。明洪武十五年(1382 年)，朱元璋为加强对执行机构六部的监督，废掉谏官，并其权于给事中，成立吏、户、礼、兵、刑、工六科为独立的监察机构，主要职责是“稽察六部百司之事”。清雍正时期，意识到监察机构一分为二有重叠的弊端，给事中与御史分权、科道分设往往导致监察机构之间互相纠举弹劾、争权夺利，影响监察效能发挥，于是雍正元年(1723 年)，六科给事中被并入都察院，与十五道监察御史合称“科道”，分别负责对京内外官吏的监督和纠弹。至此，自唐以来台谏并列、科道分设的封建国家监察机制合而为一，台谏合一扩大了监察机构的效能，有利于提高监察效率。

（二）监察体系成熟

中国古代的监察制度，历经若干变化，到清代已形成了一个庞大的监察体系，无论在组织机构，还是在监察法规运行机制方面，均得到进一步完备。

在组织机构方面，唐宋以来的一台三院制废除，确立了都察院为最高监察机构的地位。组织机构简化，尤其是清代的科道合一，使监察机构达到空前的统一。

在监察法规方面，清朝的《钦定台规》是我国监察制度史上第一部以皇帝名义编撰和颁布的监察法规。它明确地规定了各监察机构的职权，监察官员的地位，监察官员的选用、升迁、纪律等。《钦定台规》是我国监察制度史上较完备的一部监察法规，是我国封建社会监察制度之集大成者。

在监察制度的运行机制方面，清代各个监察机构及其官员独立行使职权，除对君主负责外，不受任何机构和人员控制。科道互监，使百官无一不处于监察网络之中。在地方不仅有十五道监察御史的分工监察，还有兼职的地方最高监察官督抚，以及按察使司、道台等地方监司机构，皇帝还不时派出特殊监察人员进行监察，从而达到了内外相维、左右相制的目的。

（三）监察机能萎缩

首先，就监察对象和范围而言，清代监察制度存在着明显的“失监”和“虚监”问题。所谓“失监”，即监察机能的某一环节或某段时间内出现了“空白区”或“禁区”，譬如，雍正以前，八旗一向不受监察机关的稽查，直至雍正元年（1723 年），才照御史稽察各部院例，令每旗派出满洲御史二人稽查。此外，管理皇族事务的宗人府、管理宫廷事务的内务府及国家中枢军机处都是雍正乃至嘉庆后正式派遣御史稽查的。“虚监”是指监察官对监察对象有名无实的监督或稽察。在清代，“虚监”现象集中表现为科道官对满族王公贵族、官僚畏之如虎，尽可能少参或不参，或专打“死老虎”；八旗事务向来被言官视为议论的“禁区”，尽可能少说或不说，或专挑好听的说。其次，在清代，中国古代监察制度所固有的弹劾监察功能有所弱化或出现向其他职能转移的趋向，表现为科道官勤于陈言而疏于举弹。最后，监察主体即科道官经常性的怠政溺职行为，是清代监察制度机能萎缩的明显表现。同时，监察主体本身日益腐化的现实，必然产生“以腐防腐”问题，进而大大削弱了监察制度所固有的功能，也破坏了监察机关执法的严肃性。这种现象在清代各个时期都存在。

清代监察机能萎缩的原因是多方面的，但其最根本原因则在于清代君主专制制度的强化。首先，“台省合一”的结果使原本具有谏官意味的六科给事中彻底监官化。如果说原来六科尚具有“封驳”诏书的权力，对皇帝还有一丝形式上的牵制的话，那么，自雍正以后，这种传统的“谏官”就名实俱亡了，这表明清代君主已完全摆脱了谏官的无形制约。其次，清代皇帝为使监察官真正成为自己的“耳目之官”，成为代己监察文武百官的有效工具，进一步加强了对科道用人权的控制。皇帝不假手臣僚而直接将任免奖惩言官的权力牢牢掌握在自己手中，以便于发现和破格提拔人才，避免大臣在科道中安插亲信等。更重要的是，这种做法使监察权对皇权的绝对依附性加强了，也使大批真正敢于任事而不合某皇帝旨意的骨鲠之士被排挤了，其后果是不可胜言的。最后，清朝历代君主有意识地加强对科道官的严密控制和无情摧抑，也大大摧折了科道的锐气，造成了贯穿有清一代沉闷的科道风气。

四、结语

自秦汉建立起来的封建监察制度，历经一千多年的沧桑，到明清已构筑成一个庞大的监察体系。不论在组织机构、官员设置、监察范围，还是在监察法规，监官选任、考核和升迁等方面，均进一步完备、严密化和规范化，监察制度得到了极大的巩固和强化。

首先，在组织方面建立了监察权高度集中的最高领导机构都察院。唐宋以来的一台三院制，到明清则被废除，都察院成为中央最高领导机关，组织机构简化，主要职责是“察事”。魏晋以来的台谏分立，至元代台谏合一。明代废谏院，把前代的给事中发展为六科给事中，与十三道监察御史合称科道，分察内外百官，使台谏并行的监察制度发展到了一个新的阶段。清代实行科道合并，将六科给事中归属都察院，使中国封建监察机构达到空前统一。

其次，创设部门监察机构，加强了对中央部院衙门的监察。明清以前，虽有御史台派员对中央六部的监察，如唐分察尚书六司，每人负责两部，但未在六部建立部门监察机构。到明清，在六部分设六科给事中组织机构，成为一个严密的部门监察机构。六科给事中的创置，有力地钳制了六部的工作。清代除设六科给事中为六部的专察机构外，还设五城察院、稽察内务府御史处、宗室御史处，皆为都察院统一领导下的部门专察机构。为了防止失监，明清两朝的监察御史，除主管本道监察之外，还分工负责对中央直属机关和本监区的卫、所监察，使中央到地方各衙门无不处在科道官的监察范围之中。

再次，地方监察制度形成了交叉监察网络。明清在继承唐代监察御史分道监察的同时，又在明成祖永乐、明宣宗宣德年间设置总督、巡抚监察地方。另还有各省提刑按察司对所在辖区的监察。三者关系是：督抚是皇帝派遣巡察地方的最高地方监察官员，提刑按察司是明清设置的省一级监察机构，监察道是中央都察院派驻地方的监察机构。三者互不统属，但又相辅相成，交叉监察地方，形成纵横交错、体制严密的监察网。

在监察职权方面，明清科道官为适应君主专制高度强化的需要，在继承前代台谏官有关监察权的同时，又大大拓展了许多职权，地位也有所提高。明初的御史台地位提高到与中书、都督并列，成为中枢机构的三大府之一。而清代都察院无论在地位还是在职权上，都超过了前代。都御史可以参加“三法司会审”和“九卿圆审”，审录大狱重囚；可以参与朝政，参加廷议，谋划国政；可以参加廷推，讨论重大人事变动，推荐大臣进用。科道官拥有照刷文卷权，可以随时审查各衙门的各种公文档案，可以监察各衙门行政工作的时效、政绩。科道官还监督国家财政收支活动，不论中央还是地方国家机关的预算，都要送监察机关审查，认为合法，才准开支，在稽核中如发现浮夸舛错，则予以举劾。值得注意的是，科道官的监察范围已扩大到了学术思想领域，这是前所未有的。总之，凡国家行政、司法、教育所及的地方，都有科道官从旁进行监督。

在监察法规方面，中国古代监察法至元代已相当完备，到明清更进一步发展。清朝的《钦定台规》是我国监察制度史上的第一部以皇帝的名义编撰和颁布的监察法典，是我国监察制度史上最完整的一部以独立形式存在的监察法规。它明确了监察官是皇帝的耳目工具，宣布皇帝对监察具有最后决定权，规定了科道官的职权、选任、纪律及奖惩。这部监察法规在时代的横向坐标上，也同样处于峰值点。

在科道官的任用上，明清统治者在继承历代选任台谏官注重品行的公正正直的同时，又强调一定的文凭学历，即任官必须具有较高的文化素质，主张须经科举考试的选拔。这对于提高监察官的素质是有益的。从现代文官制度的角度来看，这些要求仍然包含着许多科学的合理因素。

但是，明清处于封建社会的晚期，封建统治者大力强化监察制度的目的是为了维护腐朽没落的封建统治，这就决定了他们不可能从根本上对古老的监察制度进行实质性的变革。相反，那些为维护极端君主专制而输入监察制度的封建毒汁使明清监察制度弊端比前代更为明显，这表现在以下两方面：

第一，监察法明确规定皇帝“乾纲独断”。监察制度是皇权的附属品，皇帝拥有最高监察权，这是中国封建监察制度的最根本性弊端。可以说，封建监察制度的其他一切弊端都由此派生。这个弊端决定了破坏监禁制度的不是别人，而是不受监督的皇帝。时至清朝，中国历史上第一次以监察法的形式明确宣布：皇帝实行“乾纲独断”，即所谓“条陈在臣下，而允行则出朕旨”①。这就以法规的形式规定了皇权对都察院的绝对控制权，以及对监察的最后决定权。整个监察过程，从纠参到议复到复劾，都必须请旨进行，

① 《清高宗实录》卷4。

最后由皇帝权衡裁决，“生杀予夺，操之自上”。

第二，皇权恶性膨胀发展，谏官组织消亡。中国古代监察制度的重要特点是监察对下不对上(皇帝)，握有最高权力的皇帝不受监察。但是，魏晋以来，帝王为了防止自己的失误铸成大错而危害统治，故设谏官，用以规谏与封驳。可是这仅有的一点限制皇帝的权力，至明清也逐渐取消了。明朝罢谏院，废除各谏议大夫，把给事中改为六科给事中，并将六科给事中的职能着重于诸如监礼纠仪以及注销文卷等具体事务上。唐朝给事中有封还驳正并用之权，至明朝实际上只存“驳”而无“封”了。如果说在明初鉴于元朝覆亡的教训，尚能鼓励科道官谏言的话，那么到了正德开始，台谏之风日趋衰败。若有给事中敢于向皇帝规谏献纳，往往招来大祸。言谏在明朝中叶以后，只能对臣下百官纠察，决不允许冒犯“天威”。血淋淋的事实表明，以匡正君主之失为任的谏官，至此已失去了固有的地位和权责，言谏制度开始灭亡了。至清雍正朝将六科给事中并入都察院之后，六科封驳之职丧失殆尽。清代的科道合一，标志着中国言谏制度在封建社会已经走完了自己的旅程，它是封建君主集权专制发展的必然结果。

监察权作为皇权的附庸，在明清封建皇权达到顶峰的时候也终于走向了顶端，同时也走向了自己的反面。封建的监察制度，连同封建专制制度，将要面临的是清末西方政治文明的冲击。

第三节　专论：明大诰贯彻中的司法与行政问题

一、《大诰》简介

“大诰”之名取自《尚书》中《大诰》篇，“诰”原是西周的一种法律形式，是周公东征予臣民之训诫，具有最高的法律效力，此处取“大诰”二字，即“陈大道以诰天下”之意。① 朱元璋效法这种形式，“取当世事之善可为法，恶

① 《明太祖实录》卷239。

可为戒”的原则，著为条目，大诰天下，以期达到“警醒奸顽”，训导士绅、官吏和平民的目的。

据《明史·艺文志》记载，太祖御制大诰一卷七十四条律令，大诰续编一卷八十七条律令，大诰三编一卷四十三条律令，大诰武臣一卷三十二条律令。这四编大诰共二百三十六条律令，集中在洪武十八年(1385年)到二十年(1387年)这三年时间内编成并陆续颁布施行。明《大诰》中不仅体现了不少较为重要的立法思想，例如治国首在治吏，趋民从教，执法以御民和重典用刑等，而且已经具有一定的立法结构和内容。诰文由案例、峻令和训诫三方面有机构成，具体内容可归纳为整治“官民过犯”的典型案例汇编、朱元璋为规劝臣民区分善恶祸福以“趋吉避凶”而发表的“训导”之辞以及以发布诏谕、诰文的形式传达律令条文精神，主要是为了严肃吏治、强化其统治职能，以便达到治国理民的目的。

明《大诰》的颁布旨在与《大明律》同时推行时，在刑罚处罚上提出明确的规定。明《大诰》的颁布使得法外法更加合理化，这在立法历史的舞台上也是较为少见的。对比于封建时期的正式立法规定，明《大诰》在实际运用中体现出更高法律效力，并将明朝的重典政策推向极端。同时，明《大诰》的颁布也能够给后世较多的借鉴和反思，它不仅在一定程度上完善了封建社会对于刑罚体系的规定和处罚措施，且这些律令之中所体现的司法机关与行政机关之间的牵制与配合在具体案例的对照和参考下，对于后世法律法规建设的过程具有一定的历史借鉴意义。

二、大诰实施机关与程序

明《大诰》由典型案例、重刑法令和朱元璋对臣民的训诫三个方面内容组成，四编《大诰》共236条中有156条是案例。① 这些诰令中的大量案例的处置过程与贯彻方式，涉及哪些司法与行政机关，以及皇帝对各个机关的控制

① 杨一凡：《明〈大诰〉与朱元璋的明刑弼教思想》，《烟台大学学报》1989年第1期。

均对现代司法与行政机制的发展研究有一定的启示。总结这 236 条诰文中所涉及的处理案件的机关，具体分类如下。

表 1 诰文所涉处理案件机关情况一览表

涉及机关/官员	司法行政	次数	出 处
十二布政司、按察司、府、州、县官	行政	5	御制大诰，勾取逃军第二十一① 御制大诰，耆民奏有司善恶第四十五② 大诰续编，有司超群第九③ 大诰续编，遣牌唤民第十五④ 大诰续编，枉禁凌汉第三十一⑤
通政司	行政	4	御制大诰，奸吏建言第三十三⑥ 御制大诰三编，臣民倚法为奸第一，归安县民沈显二⑦ 御制大诰三编，臣民倚法为奸第一，归安县民戴兴四⑧ 御制大诰三编，排陷大臣第四十⑨

① 杨一凡：《明〈大诰〉研究》，《中国法制史考证续编》（第十册），社会科学文献出版社 2009 年版，第 196 页。

② 杨一凡：《明〈大诰〉研究》，《中国法制史考证续编》（第十册），社会科学文献出版社 2009 年版，第 210 页。

③ 杨一凡：《明〈大诰〉研究》，《中国法制史考证续编》（第十册），社会科学文献出版社 2009 年版，第 247 页。

④ 杨一凡：《明〈大诰〉研究》，《中国法制史考证续编》（第十册），社会科学文献出版社 2009 年版，第 250 页。

⑤ 杨一凡：《明〈大诰〉研究》，《中国法制史考证续编》（第十册），社会科学文献出版社 2009 年版，第 261 页。

⑥ 杨一凡：《明〈大诰〉研究》，《中国法制史考证续编》（第十册），社会科学文献出版社 2009 年版，第 204 页。

⑦ 杨一凡：《明〈大诰〉研究》，《中国法制史考证续编》（第十册），社会科学文献出版社 2009 年版，第 317 页。

⑧ 杨一凡：《明〈大诰〉研究》，《中国法制史考证续编》（第十册），社会科学文献出版社 2009 年版，第 319 页。

⑨ 杨一凡：《明〈大诰〉研究》，《中国法制史考证续编》（第十册），社会科学文献出版社 2009 年版，第 371 页。

续表

涉及机关/官员	司法行政	次数	出　处
六部差使	行政	1	大诰续编，妄立干办等名第十二①
给事中(六科)	行政监察	1	御制大诰，户部行移不实第六十七②
司狱(刑部)	司法	4	大诰续编，刑狱第四十③ 大诰续编，追问下蕃第四十四④ 大诰续编，秦升等怙终第八十三⑤ 御制大诰三编，臣民倚法为奸第一，建昌县知县徐颐⑥
大理寺	司法	2	大诰续编，追问下蕃第四十四⑦ 大诰续编，秦升等怙终第八十三⑧
都察院都御史	司法行政监察机构	7	御制大诰，户部行移不实第六十七⑨ 大诰续编，松江逸民为害第二⑩

① 杨一凡：《明〈大诰〉研究》，《中国法制史考证续编》(第十册)，社会科学文献出版社2009年版，第248页。

② 杨一凡：《明〈大诰〉研究》，《中国法制史考证续编》(第十册)，社会科学文献出版社2009年版，第224页。

③ 杨一凡：《明〈大诰〉研究》，《中国法制史考证续编》(第十册)，社会科学文献出版社2009年版，第266页。

④ 杨一凡：《明〈大诰〉研究》，《中国法制史考证续编》(第十册)，社会科学文献出版社2009年版，第270页。

⑤ 杨一凡：《明〈大诰〉研究》，《中国法制史考证续编》(第十册)，社会科学文献出版社2009年版，第300页。

⑥ 杨一凡：《明〈大诰〉研究》，《中国法制史考证续编》(第十册)，社会科学文献出版社2009年版，第314页。

⑦ 杨一凡：《明〈大诰〉研究》，《中国法制史考证续编》(第十册)，社会科学文献出版社2009年版，第270页。

⑧ 杨一凡：《明〈大诰〉研究》，《中国法制史考证续编》(第十册)，社会科学文献出版社2009年版，第300页。

⑨ 杨一凡：《明〈大诰〉研究》，《中国法制史考证续编》(第十册)，社会科学文献出版社2009年版，第224页。

⑩ 杨一凡：《明〈大诰〉研究》，《中国法制史考证续编》(第十册)，社会科学文献出版社2009年版，第240页。

续表

涉及机关/官员	司法行政	次数	出处
			大诰续编，妄奏官属第三十七① 大诰续编，追问下蕃第四十四② 大诰续编，朝臣蹈恶第五十③ 大诰续编，秦升等怙终第八十三④ 御制大诰三编，臣民倚法为奸第一，松江府知府李子安⑤
断事官、五军遣行、首领官	军事	5	御制大诰，沉匿卷宗第六十⑥ 大诰续编，妄立干办等名第十二⑦ 大诰续编，用囚书办文案第二十八⑧ 大诰续编，故脱贼党第三十⑨ 大诰续编，追问下蕃第四十四⑩

① 杨一凡：《明〈大诰〉研究》，《中国法制史考证续编》（第十册），社会科学文献出版社2009年版，第264页。

② 杨一凡：《明〈大诰〉研究》，《中国法制史考证续编》（第十册），社会科学文献出版社2009年版，第270页。

③ 杨一凡：《明〈大诰〉研究》，《中国法制史考证续编》（第十册），社会科学文献出版社2009年版，第274页。

④ 杨一凡：《明〈大诰〉研究》，《中国法制史考证续编》（第十册），社会科学文献出版社2009年版，第300页。

⑤ 杨一凡：《明〈大诰〉研究》，《中国法制史考证续编》（第十册），社会科学文献出版社2009年版，第315页。

⑥ 杨一凡：《明〈大诰〉研究》，《中国法制史考证续编》（第十册），社会科学文献出版社2009年版，第218页。

⑦ 杨一凡：《明〈大诰〉研究》，《中国法制史考证续编》（第十册），社会科学文献出版社2009年版，第248页。

⑧ 杨一凡：《明〈大诰〉研究》，《中国法制史考证续编》（第十册），社会科学文献出版社2009年版，第259页。

⑨ 杨一凡：《明〈大诰〉研究》，《中国法制史考证续编》（第十册），社会科学文献出版社2009年版，第260页。

⑩ 杨一凡：《明〈大诰〉研究》，《中国法制史考证续编》（第十册），社会科学文献出版社2009年版，第270页。

续表

涉及机关/官员	司法行政	次数	出　处
卫所指挥、各卫勾军	军事	2	大诰续编，有司超群第九① 大诰续编，妄立干办等名第十二②

明代的中央司法机构为都察院、刑部、大理寺，合称为“三法司”。国家的重大案件，常由“三法司”会审。地方司法机构分省、府直隶州、县三级。沿宋制，省级有专门司法机关“提刑按察使司”，“掌一省刑名按劾之事”，府县仍是知府、知州、知县兼理司法。以上表格总结可见，明《大诰》在发布、实施过程中所提及、涉及的主要机关，并不仅仅局限于“三法司”，另有行政机关，也有军事机关，它们相互交叉配合，一同司法、执法。与都察院、刑部和大理寺为主的行政司法相比较，以上行政或军事监理司法的机关在司法色彩上则浅淡许多，在管辖范围上也较松弛，具体例证如下：

十二布政司、按察司、府、州、县官主掌地方司法与行政事务。明代布政司掌一省之政，主管民事，既往研究对于明代布政司在司法中的作用鲜有关注。但明代布政司作为省级最高行政机构，必定在古代行政司法合一的体系中占据一定位置，通过明《大诰》可以发现明代布政司、按察司在拘捕、审问等司法过程中均发挥了重要作用。朱元璋在《大诰》中首句即以“今后十二布政司、府、州、县诸司衙门”为执行机关反复动员，加之要求的有四处，另在勾取逃军案中警告布政司等机关在执法过程中不可贪图贿赂“不将正犯解官，而拿解同姓名”③，可见其前提是已经赋予其拘捕犯人的权力，随之才会

① 杨一凡：《明〈大诰〉研究》，《中国法制史考证续编》(第十册)，社会科学文献出版社2009年版，第247页。

② 杨一凡：《明〈大诰〉研究》，《中国法制史考证续编》(第十册)，社会科学文献出版社2009年版，第248页。

③ 杨一凡：《明〈大诰〉研究》，《中国法制史考证续编》(第十册)，社会科学文献出版社2009年版，第196页。

存在要求其办案严谨。不仅如此，洪武十七年(1384 年)，为加强对地方的管理，朱元璋令礼部以八事榜示天下，永为遵守。其中第三、第五、第六三条则具体规定了布政司的司法职掌，可分列如下：“其三，布政司官宜宣布德化，考核府州县官能否，询知民风美恶及士习情伪，奸弊甚者具闻鞫之，如所治不公则从按察司纠举。”“其五，犯徒流罪者，县拟其罪申州若府，以达布政司定拟。”“其六，有犯死罪者，县拟其罪申州若府以达布政司，布政司达刑部定拟。杂犯者准工赎罪；真犯者奏闻遣官审决。”①即布政司不仅可以立案审问，而且在对府州县初审案件的详谳，以及地方死刑案件转详刑部的过程中均担任重要的职责。按察司在司法中的重要性在《明史》中也有提及：“按察名提刑，盖在外之法司也。”②但是，刑名只是按察司执掌事务的次要部分，其主要职权是“弹压百僚，震慑群吏”③，即对省内职官的监督与纠举。

通政使司简称通政司，是明代创置的中央政府机构。其前身为洪武三年(1370 年)设置的察言司。通政司“出纳王命，为朝廷之喉舌，宣达下情，广朝廷之聪明，于政体关系最重也”④。在明《大诰》中，通政司体现出具有立案、审案的职能。例如：绍兴府余姚县吏叶彦彬父子案中，罪行败露后，“时朕亲问诸司，疾灵他犯又将及身，促为所知，畏惧罪责，乃以钞、银、缎、绢、布匹，赴通政司首”⑤。嫌犯知罪行败露，赴通政司自首请罪。嘉定县民沈显二、周官二、顾匡、曹贵五案中，周官二、曹贵五“将原里长顾匡仍前帮缚赴通政司告。通政司审问……”⑥归安县民戴兴四等一案中，顽民不纳秋粮，“其戴兴四等嗔怪本人到家索取，却将丘华一作帮虎拿来，致被通政司审

① 《明太祖实录》卷 161，洪武十七年四月壬午，第 2497~2498 页。

② 《明史》卷 94《刑法志二》，第 2306 页。

③ 吕坤：《吕坤全集·实政录》卷 1《明职》“按察司之职”，第 935~936 页。

④ 陆容《菽园杂记》卷 9。

⑤ 杨一凡：《明〈大诰〉研究》，《中国法制史考证续编》(第十册)，社会科学文献出版社 2009 年版，第 205 页。

⑥ 杨一凡：《明〈大诰〉研究》，《中国法制史考证续编》(第十册)，社会科学文献出版社 2009 年版，第 317 页。

出前情"①。此处通政司皆受理民告，并亲审案件。不仅如此，排陷大臣案中，"洪武二十年(1387年)正月二十九日，通政司奏：有来告者，言都御史受贿。命锦衣卫收系本人，朕亲问之"②。此处通政司受理告诉并直接上达皇帝。值得注意的是，周官二、曹贵五等人作为一介平民，其诉求怎么才能直达最高统治者？在这一点上，通政司起到了关键性的作用。综观整个明代，通政使司主要负责通达下情，勘合关防公文，奏报四方臣民进言、陈情申诉及军情、灾异等事。午朝引奏臣民之言事者，有机密则不时入奏。四方臣民奏本皆通过通政司传达至最高统治者那里，可以认为它是一个总收文书机关。通过通政司，统治者直接聆听最底层的呼声。百姓不仅可以通过通政司来上书申冤，也可以揭发官吏恶行。通政司在缓和社会矛盾，维持统治稳定方面有着重大作用。

此外，明《大诰》中还提及六部差使与六科给事中。六部是吏、户、礼、兵、刑、工六部的简称，是明朝主要中央行政机构，隶属于中书省。废中书省后，六部直接对皇帝负责。六部差使是在《大诰》"妄立干办等名第十二中"，朱元璋训斥地方衙门对"六部差使、五军遣行、各卫勾军，如此数等不辨，一概阿从。所以承差之徒，不拘贵贱，所到衙门，径由中道，直入公廨，据公座，口出非言"③时提及，可见，在平日的司法实践中，地方司法行政机关在上级机关人员莅临时，"但闻系是朝廷差遣人员，不问有无承制"，一概阿谀附和，言听计从，因而导致刁民冒充差使的情况发生。此处虽非具体案件的承办过程，但可从中窥知六部对地方司法也是有所干预的。六科是吏、户、礼、兵、刑、工六科的简称，在禁直机构中，作用仅次于内阁。六科设

① 杨一凡：《明〈大诰〉研究》，《中国法制史考证续编》(第十册)，社会科学文献出版社2009年版，第319页。

② 杨一凡：《明〈大诰〉研究》，《中国法制史考证续编》(第十册)，社会科学文献出版社2009年版，第371页。

③ 杨一凡：《明〈大诰〉研究》，《中国法制史考证续编》(第十册)，社会科学文献出版社2009年版，第248~249页。

官有都给事中，左、右给事中和给事中。① 六科主要执掌为处理诏旨章奏、规谏皇帝，充任言官、参与议政与监督六部中央官署、考察官吏。从其职能可以看出，六科是六部的监督监察机构。六科不但督察六部，同时参预其他各司之事。《大诰》记载，户部尚书茹太素、左侍郎张文质等官“将应施行事务故不施行”，谎报其应执行公务的数量，于是“敕给事中张衡、监察御史胡昌龄，比日考对所单之数”②。该案涉及嫌犯皆为户部官员，六科给事中行使监察职权，在证据搜集过程中核对比照从而得出其“妄作十七日接纳，发放一百四十三件，面欺以为冗繁”③，进而才能对其定罪量刑。

军事机关的司法权也在《大诰》中有所提及，涉及五军断事官、五军遣行、首领官、卫所指挥、各卫勾军等官吏。五军都督府是中军、左军、右军、前军、后军五个都督府的合称，是明朝最高统军机构。五军都督府的设置始于至正二十一年(1361 年)三月，朱元璋“改枢密院为大都督府。命枢密院同佥朱文正为大都督，节制中外诸军事，中书省参议李善长兼司马事，宋思颜兼参军事，前检校潭起宗为经历，掾史汪河为都事”④。据南炳文先生考证，这里的“枢密院”当为行枢密院。随着大都督府的正式建立，都督府军事领导体制逐步确立。卫所制度是有明一代的军事定制，是将按卫所编制的世袭服役军士与屯田紧密结合起来。军户世袭、卫所编制体系和军屯构成了卫所制的主要特色。明代的卫所遍及全国各地，各自隶属于当地的都司而统一于中央的五军都督府，形成了“五军都督府—都司（行都司、留守司)—卫（王府护卫)—千户所(王府仪卫司)”的管理体制。⑤ 安庆府怀宁县丞陈希文秉公执

① 王天有:《明代国家机构研究》，故宫出版社 2014 年版，第 72 页。

② 杨一凡:《明〈大诰〉研究》，《中国法制史考证续编》(第十册)，社会科学文献出版社 2009 年版，第 224 页。

③ 杨一凡:《明〈大诰〉研究》，《中国法制史考证续编》(第十册)，社会科学文献出版社 2009 年版，第 224 页。

④ 《明太祖实录》卷 9，至正二十一年三月丁丑。

⑤ 申时行等:《明会典》(万历朝重修本)，中华书局 1989 年版。

得到赏识，其缘由为“为指挥毕寅朦胧具奏，诬图民地，县丞陈希文执法不允。府官又令人以言诱之，陈希文曰：‘如此旨意，难便奉行。’指挥毕寅亲诣县求浼，县丞陈希文令皂隶将指挥抢出。朕闻之，就令本官鞫问指挥毕寅。事完，本官赴京朝觐，特燕享之，升青州府知府”①。此处，县的行政首长事“令”，是县级的最高司法长官，下设“县丞”，是县令的副手，负责处理司法事务。指挥使，明朝的军事指挥职务，为卫所一级最高军事长官，秩正三品。下辖指挥同知2人(副长官，从三品)，指挥佥事4人(正四品)等属员。县丞陈希文在执法过程中受到多方干预，包括其行政上级府官与军事管理体制中的指挥。虽然他最终不为所动，坚持依照律条办案，但其之所以后来能够受赏、升职是由于在一般情况下，绝大多数人无法无视上级与别级机关干预，才显得其品质可贵。金吾后卫知事靳谦一案中，“命断事官稽卫卷宗，令谦亲挟卷宗赴断事官觌面考对。及其至官，一卫卷宗，十不存一。于是着追明白，谦终日支吾，独以肌肤以拒刑，又令妻妾击鼓以诉，核之不实，断事官覆奏。朕亲问之，谦不以卷宗奏答，却言断事官诽谤朝廷。试将与断事官周士铭对问，委实谤言”②。掌握军事刑法的断事官最基本的职能即处理违法的军职人员。靳谦是金吾后卫知事，操持案牍，掌管卫兵。因其身份属于军职人员，该案始终由断事官审理、覆奏。“五军都督府首领官掾吏陈仔等，自到任以来，并不亲笔起稿。凡有书写，多令典吏、囚人起稿立意，然后押字施行。及至事参差，朕乃驳问，其各守领官惟皇皇瞠目四视，凡奏目内事，惟知大意，本末幽微，莫能解分。”③而《诸司职掌》中《五军都督府断事官牢狱》也对其管理刑狱的职能有所记载：“司狱司，额设司狱二员，专一监收五

① 杨一凡：《明〈大诰〉研究》，《中国法制史考证续编》(第十册)，社会科学文献出版社2009年版，第218~219页。

② 杨一凡：《明〈大诰〉研究》，《中国法制史考证续编》(第十册)，社会科学文献出版社2009年版，第218~219页。

③ 杨一凡：《明〈大诰〉研究》，《中国法制史考证续编》(第十册)，社会科学文献出版社2009年版，259~260页。

司见问囚人，验罪轻重如法枷锁，按月五司轮委官一员亲临提调，其监禁事理并与刑部同。”①可见，五军都督府不仅具有处理违法军职人员的权力，还下设军事监狱，管理囚犯。

三、《大诰》中司法行政军事三体合一性

从以上分析来看，明代司法与行政之间没有明确的界限，司法是行政的一个特殊组成部分。沈家本在《历代刑官考》中对中国古代行政与司法的分合进行概述：“周代以迄汉唐，中央的行政权与司法权是分离的，自宋代开始发生微妙变化，元代二者有渐合之势，明代完成了二者的混合，至清沿之不改。”

以《御制大诰续编》故脱贼党第三十条诰文为例：

> 山西都司断事陈允中，为管州山贼不时劫民，被承差采取木植旗军张士能等于无人烟可疑去处，拿获男子二名，问系送粮供给贼人人数，发下断事厅，会石州同知俞桓问备细情由，本民从实招供。其断事石州同知等，官吏陈允中等，通同受财，讲供送贼粮民人脱放，反将捕获军人张士能等，各杖一百充军。②

不仅仅行政机关、司法机关均执行司法，更复杂的是，明初洪武年间还设立专门的军事系统司法断事官，并且地位极高。洪武十七年(1384 年)十月，时任五军断事官邵文德上奏言，“本司与刑部、都察院皆掌天下刑名”，但刑部、都察院皆有完备的体制，“惟断事官独员，实难其任”，并希望能够

---

① 《诸司职掌》，《五军都督府断事官牢狱》，台北“国立中央图书馆”1981 年版，407~408 页。

② 杨一凡：《明〈大诰〉研究》，《中国法制史考证续编》(第十册)，社会科学文献出版社 2009 年版，第 260 页。

在五军各府都设立断事官。经过廷议之后，最终决定“五军都督府宜各设左右断事二人、提控案牍一人、司吏三人、典吏六人，以分理刑狱”。此外，五府下辖的各个都司、行都司也均设有断事司，以掌地方军事刑法。并直接对都督府断事官负责。随着其建制的不断扩充，在职能当中也有相应的体现。大理寺在洪武元年(1368年)被革除，至洪武十四年(1381年)复设。在此前后，断事官与刑部、都察院共为天下法司，皇帝令“刑部、都察院、断事等官审录囚徒”①，而非之后所经常提及的刑部、都察院、大理寺。但从其职能范围上来看，其中不少执掌也与都察院、刑部、大理寺重合，也为其日后被革除埋下了伏笔。此案中，军人张士能拿获山贼嫌犯，首先送至断事厅，山西都司断事陈允中会同石州同知俞桓审问明白后，贪赃枉法，不予公断。同知，系知府属官，正五品，与通判分掌清军、巡捕、管粮、治农、水利、屯田、牧马等事。但此处显然同知与断事官一同审理了此案，并反捕获原告张士能，将其杖刑并充军。可见，明代军事司法官与行政官员可一并涉足司法，这样的行为十分常见。

又一例：

前军断事官、提控案牍司吏施德庄等，于洪武十九年三月十四日，刑部总部、司门部官吏胡宁、童伯俊等，纵囚书写文案，各官吏束手在闲，就令囚人杨遇春说事过钱，各受赃私。被司狱王中觉其事，人各刖足鞭背，不知数日。不过半昼，已死数人，活者半存。当刖足鞭背之时，特令五军断事官、大理、刑部、都察院、十二道会视刑之。岂期前军断事官等官吏施德庄、杨耀、乔方，于四月初四日问泉州卫指挥张杰等私下蓄事，接受指挥张杰等银四百七十两，钞五百三十贯。施德庄、杨耀各分钞一百七十贯，乔方一百六十贯；施德庄分银一百七十两，杨耀、

① 《明太祖实录》卷149，洪武十五年十丙申条。

乔方各分银一百五十两。将原告百户范源拟作虚告，朦胧奏闻，意在杀无罪而脱有罪，身受赃私。朕命诸司会审，露出奸情。呜呼！前番赃私未终二十日，人已死讫一半，此等官吏不将非者为戒，杀身为寒心，公然冤枉无罪者，今各官人各死于有罪，是其宜也。①

此处，提控案牍司吏属承宣布政使司官员，承宣布政使司为明朝地方行政机关，承宣布政使的辖区是国家一级行政区，简称“藩司”“布政司”。传统观点认为，布政司与按察司、都司合称为“三司”，为省级行政区最高管理机关，三司首长同秩同阶从二品，布政司掌一省之行政，具体包括考核官员、征收钱粮、管理学校、主持祭祀、救济孤寡、旌表良善等，而一省之刑名、军事则分别由提刑按察使司与都指挥使司管辖。但此案中，不分管刑名，且吏属于承宣布政使司的提控案牍司吏参与了案件审理，不仅如此，刑部总部与司门部官吏、五军断事官、大理、刑部、都察院、十二道官吏也一起审理或观看了刑狱，无法分辨各自具体执掌与权限。刑部、大理寺、都察院等皆是明代专事刑名的机关，断事则是明代军队系统中从事司法的官员。此处布政使司官员与三法司官吏和断事并列，一起提出参与司法的过程，也可看出行政机关在地方司法体系中的位置。不仅如此，皇帝朱元璋亲问此案后，仍旧是通过“诸司会审”的方式审理并揭露实情。说明这样的司法与行政混为一体的程序已是常态。

事实上，关于布政司的司法权限，在洪武时期承宣布政司设立之初就有规定。洪武九年(1376 年)，承宣布政使司设立。朱元璋对于布政司长官曾发布以下诰命：“迩来朕有天下，更行省为承宣布政使司。所以承者，朕命也；宣者，代言之也；布者，张陈之也；所以政者，军民休戚，国之利病；所以使

① 杨一凡：《明〈大诰〉研究》，《中国法制史考证续编》(第十册)，社会科学文献出版社 2009 年版，第 270 页。

者，必去民之恶，而导民之善，使知有畏。从于斯之职可不重乎。”①这一诰命说明布政司职掌的重要特征：布政司对所辖地方进行全面的管理，即凡能使民去恶从善之政，均在布政司的职掌之内，其中包括刑名事务。

以上司法实践的特征，在司法过程中呈现出繁冗和混乱的现象，但是，在制度设计中，以上不同性质的机关在诉讼、审问和复核中各起作用，并明确以追求司法公平，减少冤枉为目标。多方准案、多官问案也代表了多次的复核，体现的是司法官员、行政官员和机构之间的互相协调和补充，相互制约和牵制。通过这样的机制，在一定程度上可以集中司法信息，分享法律知识，平衡各方的司法意见，获取司法的公正。

四、成因、局限性与结语

这种司法、行政、军事混为一体共同司法的局面，一方面，归因于从明朝初年的历史特殊性。有学者从政治上解释《大诰》颁布的深层次原因，“皇帝（朱元璋）通过颁布他著名的《大诰》三编，继续公开搞他的这种运动以恢复他的威望和权力”②。本身，明《大诰》就是一部未经法定立法程序颁布实施的特别法。因此，其实施机关也无法法定、统一、固定。沈家本认为，法为“国家惩戒之具”，而非“私人报复之端”，如果借刑泄愤，使立法宗旨两歧，将会发生法重刑滥之弊。《大诰》中的大量案例，都是朱元璋亲自审定的，其中著名的“胡惟庸奸党案”也牵涉其中，这在朱元璋废除丞相制度、强化集权专制的背景下，难免会让人怀疑朱元璋有意置当时的《大明律》于不顾，在法律之外任意采取刑罚，滥行诛杀。所以说，立法宗旨的过于盲目和极端，必定导致单凭统治者个人意愿随意而行，法律不成法律，在司法实施过程中，具体哪一步应由哪一机关执掌也是毫无头绪，这从根本上来讲，破坏并吞噬着

① 张德信、毛佩琦主编：《洪武御制全书》，黄山书社 1995 年版，第 71 页。

② ［英］崔瑞德、［美］牟复礼：《剑桥中国明代史》，张书生等译，中国社会科学出版社 1992 年版，第 101 页。

法的权威性以及法的公正性。

同时，法律的不稳定性易导致执法官吏滥用司法权力。在《大诰》颁布前，《大明律》已经颁布并实施，随着《大诰》的颁布，明朝形成了律、诰并行的法律运行体系，《大诰》与《大明律》具有相同的法律地位，但在适用效果上，《大诰》明显略胜一筹，更有史料记载，朱元璋强调犯罪必须依《大明律》《大诰》的规定进行裁决，将《大诰》上升为定罪量刑之依据。这样做会形成一系列不良后果：首先扩大了司法的权限，导致了司法官员与相关的行政官员滥用自由裁量权，造成司法擅断；其次，给出罪入刑埋下了隐患，官吏可以对法律作出任意解释，出于私利的考虑，甚至可以作出偏向罪犯的解释，使罪犯逃避法律的惩罚，造成大量的冤假错案。“以诰破律”、以“例”断案、法外用刑大大破坏了法律的完整性和权威性，是对法制的肆意践踏和破坏。立法荒谬，有法难依，失信于民，不利于社会的稳定与发展。

另一方面，从历史渊源看，中国古代源远流长、一脉相承的法律文化无疑构成了司法行政混为一谈的历史根基。首先，“无讼”法律思想一直存在。“无讼”是儒家的理想境界，追求的是一个没有纷争的和谐社会，即使今日仍是执政的重要目标。而“无讼”思想产生原因主要是诉讼程序的不体面；官司导致结仇怨、乖名分；讼中不得不低声下气委曲求全，且易受胥吏撮弄敲诈。地方行政长官也视“无讼”为自身良好政绩的代表，对讼争进行拖延、压制。在“无讼”思想深入人心的情况下，随之而来便出现“厌讼”“贱讼”等文化氛围。“无讼”文化在很大程度上导致了古代中国统治者和社会对司法本身的忽视，且对古代中国纠纷解决方式也有重要的影响，这也制约了古代司法的发展。中国古代社会中的纠纷往往被压制或由耆老里长家长族长用调解的方式加以解决。从各种材料来看，中国古人们更倾向于优先选择调解。名臣阳城未仕之前，“隐于中条山，远近慕其德行，多从之学，闾里相讼者，不诣官府，诣城请决”①，即人们在遇到矛盾时，愿意先寻求乡贤调解，诉讼是不得

① 沙知辑校：《敦煌契约文书辑校》，江苏古籍出版社1998年版，第517页。

已的选择。其他利弊暂且按下不表，但是“调处”对司法专业性的冲击巨大，这种争端解决方式直接导致整个古代中国社会对司法的专业性要求不高，对司法职业的需求也很少。社会缺乏精确地裁判纠纷的司法需求，司法功能长期停滞不前，相应司法机构的设置、人才的培养都严重滞后，没有形成专门的、独立的、系统的司法体系。相反，行政功能却因“作之君”“作之亲”“作之师”的家长式管理模式而积极地调整社会关系。在行政兼理司法的体制下，法律适用过程演变成教化的一种辅助手段，司法成为行政的附庸。

其次，中国古代司法在制度层面没有与行政有明确区分，而被作为行政方面的特殊组成。行政权与司法权在中央集权的君主专制下的分离并不代表司法权独立，只代表了行政、司法衙门的分工。在排除了君主的至上权力，并且局限于静态的、形式上“三法司”的存在后，似乎能推论出中国古代行政权与司法权的确出现过分离现象。但是基于君权至上的角度，所有的机构都是为封建皇权所服务。中国历史上，从秦代开始的漫长封建社会一直实行君主专制的中央集权制度，其中皇权和官僚制都得到了充分的发展。“以强大的皇权和官僚制为代表的中国传统政治文明，其行政权的发达是世之罕至的。随之而形成的司法与行政的合一也构成了中国传统司法独具特色的性质。”①

从“皋陶作士”到清末改制，“司法”机关在中国历史上一直是行政机关的附庸。这一点可以基于司法机关的角色定位进行考查。

中央政府中有专职的司法机构，对应不同的朝代有不同的司法机构如：廷尉、大理寺、刑部、御史台、都察院等。但是司法机构没有独立于行政权力，如秦汉时期的丞相，隋唐时期的中书、门下、尚书以及明清时期的“内阁”“六部”等都在行使着行政机构权利的同时参与或主持审判，大部分还被赋予监督司法机构权利。在职官建制方面，专职司法机构都归属于行政系统。在地方政府，中国封建朝代的传统就是司法与行政统一。“依据国家法律，

① ［英］培根：《培根论说文集》，商务印书馆1983年版，第193页。

刑、名、钱、谷是地方行政长官的四大职能，其中维持地方治安和负责司法审判是首要之务。”①秦汉时期，地方郡县郡守、县令兼理司法审判。三国两晋南北朝，地方司法行政合一，县郡州三级行政官吏拥有对应级之司法权。两宋虽路设“提点刑狱司”，但是州县司法行政合一，知州和县令分别是州、县的主审官，并配以通判、县丞为辅。元朝地方司法行政合一。明朝省提刑按察使司可以称为专职司法机构，但省承宣布政使司也设理问所来进行民事案件审判。府县司法行政合一。仅府可推选官员辅助知府处理审判事务，县级则由知县行审讯和判决事务，对应县丞、主簿、典史只能负责治安、巡捕，不进行审判。清初维持明制。

由此可见，中国古代的司法不是独立存在的，而是附属与行政职能，消融在行政权中。司法官吏只是附庸于行政官的另一种不重要角色。甚至可以推论出中国古代只存在“司法行政化”现象，无“司法”这一概念，裁判纠纷等司法行为被归属于行政官，是各级地方长官整体的部分职能。

再者，君权至上的传统使中国古代的权、法关系可以主要归结为君权(王权、皇权)与法律的关系。漫长的中国历史进程中，法律始终只是最高统治者的工具，没有摆脱君权的控制成为一体遵循的行为准则。从法律思想学派来看，即使是最推崇“法治”的法家，也只是停留在将法作为君主的统治工具，而没有想过以法律对君主的权力进行强有力的制约。李悝以“王者之政莫急于盗贼”作为指导思想“撰次诸国法，著《法经》”，可见其目的是为“王者之政”服务。商鞅执法极严但当太子犯法时，却只能刑其师傅。韩非“法、术、势三结合”的思想也将尊君作为其理论根基。在古代中国，皇权至高无上，无需任何机构授予。君王的权力没有禁区，可以涉足任何事物。君王身兼最高立法者，具有最高执政、司法和审判权力。中国历史上的各个朝代的法典几乎都规定皇帝对重大案件拥有裁决权；皇帝审判地方民事、刑事案件并作自己的

① 张中秋：《中西法律文化比较研究》，南京大学出版社 1991 年版，第 284 页。

判决无需依凭法律。从隋唐开始，中央司法职能虽有具体分工，即刑部主掌司法行政(明朝是专司审判)，大理寺主职审判(明朝是专管复核)，御史台主管检察(明朝是为“都察院”)，但以上三大机关的活动都受到中枢机关和皇帝的控制，都需要奏请皇帝裁决权。皇帝直接掌握死刑案的最后裁决。这些都体现出了我国法律体系“法自君出，权尊于法”的特点。由于法律至上是司法独立建立在法治基础之上的必然要求，因而，这种君权至上、法律受限的体制更多地为司法行政化奠定了一定的政治基础。

正如孟德斯鸠所讲：“这个政府与其说是管理民政，毋宁说是管理家政。这就是人们时常谈论的中国的那些典章制度之所由来。人们曾经想使法律和专制主义并行，但是任何东西和专制主义联系起来，便失掉了自己的力量。中国的专制主义，在祸患无穷的压力之下，虽然曾经愿意给自己带上锁链，但都徒劳无益；它用自己的锁链武装了自己，而变得更为凶暴。因此，中国是一个专制的国家，它的原则是恐怖。”①明代政治法律制度的构建，其影响是深远的，不但影响周边国家和地区的政治法律制度，而且在世界上也有一定的影响。中国固有的法律文化中司法、行政不分的传统一直延续至二十世纪初。之后效仿西方司法独立的改革思潮才逐渐涌现。但是传统思维定势也未被“三权分立”“主权在民”等资产阶级民主思想所完全革新。研究明《大诰》之中所体现的司法机关与行政机关之间的牵制与配合，不能够脱离当时的历史背景，既可以看到中华法系的创造性继承发展，也可以看到立法技术与智慧的进步飞跃，更可以看到专制政体自身难以克服的矛盾。

① [法]孟德斯鸠：《论法的精神》(上)，张雁深译，商务印书馆1961年版，第129页。

第五章　民国监察权制度的党政分立

第一节　民国初期监察制度的探索

民国肇始，政局动荡不安，军阀势力甚嚣尘上，政治势力尖锐对立，从帝制到共和，再到复辟帝制失败，到再造共和，国家政体和政权更替频繁、政令朝令夕改，国家机关设置不断革新，命运风雨飘摇。具体到法律层面，各种法律草案、法令层出不穷，这些法律争议的背后更是各方政治权力的暗潮涌动。在中国法律近代化的转型过程中，监察权究竟应如何定位，拥有悠久历史的中国古代传统的御史监察应何去何从，民国初创时期进行了积极的探索。民国草创时期，法律基础薄弱，监察制度尚未完善，各级官吏违法失职、卖官鬻爵、贪污受贿等违法违纪行为屡见不鲜，设立监察机关行使纠举弹劾之权，惩治贪官污吏，是维护国家政权正常维系的必要手段。如何用监察权整饬吏治，对各级官员的不当行为予以惩戒，确保政令通畅上传下达，让行政权运行处于民众所能容忍的底线之内，维护统治的长治久安已成为萦绕在当权者心中的重大议题。

民国初期的监察制度建设虽尚处于探索阶段，但也进行了许多有益的尝试，积累了监察的实践经验，其中蕴含着中国传统的独立监察体制与西方近代确立的民选议会监察体制的冲突与生机，也不乏当权者个人独裁的身影和专职监察机构的昙花一现。这一时期的监察机关主要包含着代表中国传统独立监察制度的平政院、肃政厅和代表西方议会监察制度的众议院、参议院，连同文官高等惩戒委员会、审计院、地方监察机关等，共同组成了集行政监察、财政监察为一体的庞大的从中央到地方的监察系统，这些关于监察权运行的探索为后续国民政府时期设立监察院奠定了良好的基础。

一、议会监察体制的初步设立

1911 年 10 月 10 日武昌起义爆发后，湖北的革命党人成立军政府，短短两个月内全国 15 个省份纷纷宣布脱离清政府统治而独立。1911 年 12 月 3 日各独立省代表会议议决并通过了《中华民国临时政府组织大纲》，各省代表签名，并于当日公布。但由于其规定过于简单，后于 1 月 2 日另行制定了《修正中华民国临时政府组织大纲》。内容共有四章，严格按照三权分立的原则来拟定制度，规定了临时大总统、副总统和行政各部组成行政机关，行使行政权；参议院是立法机关，行使立法权；临时中央审判所是司法机关，行使司法权。① 立法、行政、司法相互牵制、相互监督、彼此制约。1912 年孙中山任中华民国临时大总统，宋教仁起草制定了《中华民国临时约法》(以下简称《临时约法》)，于 1912 年 3 月 11 日正式取代《中华民国临时政府组织大纲》(以下简称《大纲》)。与《大纲》不同的是，《临时约法》为了限制袁世凯专权，将《大纲》中的总统制改为责任内阁的虚位元首制度，这也扩张了参议院的职权范围，将建议、质询和查办官吏纳贿违法之请求等事项之决议权赋予参政院。② 随后，临时参议院组织制定了《中华民国国会组织法》，确定了国会两院的基本构置，改变了起先一院制的国会格局，其中第十三条更是将原先仅归属于参议院的职权赋予了众议院，“以两院之一致成之，一院否决之议案，

① 参见焕力主编：《中国历史廉政监察研究》，武汉大学出版社 2015 年版，第 210 页。

② 《中华民国临时约法》第十九条第(九)项，参议院得提出质问于国务员，并要求其出席答复，得咨询临时政府查办官吏纳贿违法事件。第十九条第(十一)项，参议院对于临时大总统认为有谋叛行为时，得以总员五分之四以上出席，出席员四分之三以上可决弹劾之。第十九条第(十二)项，参议院对于国务员认为失职或违法时，得以总员四分之三以上出席，出席员三分之二以上可决弹劾之。

不得于同会期内再行提出”①，防止了一院专权，保证了国会两院职权的同等行使，也确保两院能够处于相互平衡、相互制衡的地位与状态。同时，针对本书所探讨的监察权来说，进一步确立了议会监察的主权。

1. 议会监察的职权范围

众议院、参议院行使监察权的主要内容大体规定于《临时约法》之中，其中主要包括对行政官员失职、受贿等违法行为的质询与监督权；对政府预算、决算、公债募集等财政上的监察权；对总统谋叛行为、国务员失职或违法行为的弹劾权；请求政府对违法官员予以监督查办的纠举权；对一切法律议案的议决权。综上，可以看出，参、众两院的监察权大致包含着立法监督权、财政监督权、质问权、纠举权、弹劾权等，覆盖了立法监察、行政监察、财政监察等多个方面。

对比《临时约法》中议会监察的职权与西方国家的议会监察权，其最大的不同点在于，西方代议政治是以人民为国家最高主权者，以得到人民托付而行使立法权的国会为其次，再次是行政机关，是“人民—议会—政府”三阶段国家权力动态论。② 议会的监察权源于人民的授权，其对政府的监察之基在于权力之间的制衡，来保证议会与政府之间的相互制约。一方面利用议会的监察权来牵制政府行政权，另一方面利用政府的解散权牵制议会的监察权，以保障两者之间的平衡态势，议会监察的意义就在于通过议会程序中的各种审查和决定程序，让议会成员获得最大程度上的知情权，从而对行政权或司法权施加直接或间接的影响，进而维护立法、行政、司法三权的平稳运行。美国宪法规定，只要众议院以简单多数决就可以对总统提出弹劾，再由参议院进行审理。出席参议院会议的三分之二以上票数通过，总统就可以被定罪。

① 夏新华：《近代中国宪政历程：史料荟萃》，中国政法大学出版社2004年版，第169页。

② 李云霖：《枢机转捩：近代中国代议制度研究》，中国政法大学出版社2016年版，第21页。

英国则更宽松，“对于大臣的违法行为，下议院一名议员即可以提出弹劾动议，经过三分之二议员同意和议院会议通过，便可起草弹劾起诉书送交上议院。同时，下议院还推选一名弹劾监督人来负责督促和协调弹劾事宜。上议院接到下议院弹劾书后，即通知被弹劾人，定期审判”①。对比之下，民国初期所确立的议会监察制度设计甚为苛刻，对于总统的弹劾仅限于其有谋叛行为，且必须参议院五分之四以上人员出席，出席员四分之三以上同意方可决弹劾。对于国务员出现违法或失职问题之时，参议院总员四分之三以上出席，出席员三分之二以上可决弹劾。大总统对参议院通过的弹劾案还享有复议权，被复议的弹劾案需出席参议员三分之二以上再次支持，原议的弹劾案才具有效力。事实上，经过复议的弹劾案很少能达到出席者三分之二以上的支持率，这样的制度设计让议会监督的效果大打折扣，更为政府部门的违法失职大开方便之门。

此外，必须意识到的是，民国初期的议会监察制度仅具雏形，缺乏相关细致化的规定。参议院的监察权在实际操作过程中并没有明确细致的规定，《临时约法》对参议院的质问权、弹劾权的规定也过于笼统，例如，议员在行使弹劾权之时如何行使，怎样弹劾，弹劾的标准和范围是什么等问题都没有相关规定。在缺乏相关法律依据的情况下，议会监察体制运行效能极低。从议员的党派体系来看，议会是党派斗争的集中地，国会议员的身份鱼龙混杂，党同伐异，纠举弹劾成为党派斗争的手段，各党派以维护本政治集团的利益为核心来获取议会席位，以拥护袁世凯为己任的共和党和进步党不遗余力地在议院内打击国民党，国民党中持反袁态度的强硬派对袁的党羽也是抓住机会穷追不舍，政治局势动荡，政府内阁接连倒台，各党派团体行监察之权作斗争之实，议会监察效果不尽如人意。

2. 议会监察的制度实践

① 杨五湖、刘明波：《世界行政监督大辞典》，法律出版社 1990 年版，第 569 页。

众议院、参议院监察权制度的实践，在民国初期主要表现为监察权中弹劾权和质问权的运用。下文将结合南京临时参议院时期的吕志伊弹劾案和北京临时参议院时期的陆军总长弹劾案、正式国会时期的弹劾国务院全体案、地方议会申请弹劾案来进行论述。

1912年2月28日，南京临时参议院向临时大总统孙中山提出了首个弹劾案，即对司法部次长吕志伊的弹劾案。弹劾咨文中列明吕志伊四项违法罪证："一、凡议员在院内发言对于院外不负责任，该次长于议员院内之言论横施干涉，深文罗织，违法者一；二、凡议员在会期中除现行犯及内乱外患罪外，不得逮捕，该次长乃指摘议员莫须有之发言，认为应行捕惩之，左证蔑视议院，蹂躏民权，违法者二；三、本院议员代表全国，非一地方所得而私，大总统为行政首长，乃远告于鄂军政府之军务部而请示办法于副总统，身为职官，故紊权限，违法者三；四、参议院为定法之府，参议员犯法，虽不视齐民有加，亦断无特别末减之理，刘成禺如果违法，自应按法治罪，该次长何得借口首先起义之邦，公然缓逮，既违法又市恩，违法者四。"①孙中山在收到弹劾咨文后，第二日便咨复临时参议院，逐一驳斥了参议院弹劾吕志伊的四项违法行为："来咨所谓出言偶尔失慎之嫌，本总统何能为之讳，抑共和国之下，立法权固当倍加尊重，而行政权亦不宜轻蔑，司法次长系民国之望，遽尔因其私函之意思，弹劾不职，恐非民国之宜。美国百年以来，议院弹劾行政官，不过数次，诚互相尊重维持之至意。当兹民国初定，常人亦不能无过激之意思，其未见于行为者，自不必深求，亦不能以其为司法次长，而遽据'欲施行'三字，加等深文也。此咨参议院。"②该弹劾案最后不了了之，力主弹劾之人也偃旗息鼓。吕志伊弹劾案始末折射出国民政府初设时期党团内部纷争，矛盾重重，在《临时约法》尚未出台的情况下，参议院还未被赋予弹劾之权，却径行行使了弹劾之实，且并无人提出质疑，这显然是依据国际惯

① 《参议院议决案汇编·弹劾案》，《临时政府公报》，1912年3月3日，第28号。

② 《参议院议决案汇编·弹劾案》，《临时政府公报》，1912年3月3日，第28号。

例即由议会行使弹劾之权来默示授予了参议院的弹劾之权。而整个弹劾事件最终以总统的复咨作为矛盾调和的终点，并无西方弹劾制度的严格程序与审慎精神。

北京临时参议院时期，发生了张振武案，举国哗然，对政府的弹劾之声不绝于耳。1912 年 8 月 18 日，张伯烈等国民党员和共和党员 20 人连署提出了质问政府书，质问该案“不可解者”五项、违法杀人七处。① 8 月 23 日，陆军总长段祺瑞出席参议院回应质问。袁世凯和黎元洪私下收买议员，并且借用武力施压，使得很多议员都放弃了弹劾的想法。随后，8 月 25 日关于段祺瑞的弹劾案在参议院开议之时，由于未能达到法定的四分之三以上的议员出席，弹劾案胎死腹中。根据整个弹劾案的经过，可以看出民国初期议员们希冀通过法律手段监督政府行为的美好设想，但在当时武力干政强硬、政党软弱退让、议会内部矛盾重重的情况下，议员们手中的质问权、弹劾权只是法律意义上的，并非实质意义上的。议会监察权空有其表，仅为当时的政府披上了看似民主的外衣。

1913 年 4 月 8 日，正式国会设立，第一届国会议员已被选举出来。在正式国会时期，国会的纠弹数量达到了一个新的高峰。在参议院内部有刘揆弹劾案、国务总理赵秉钧及财政总长周学熙弹劾案。在众议院有国民党籍议员邹鲁对袁世凯政府全体国务员的弹劾案。除了中央外，省议会与省都督矛盾冲突不断，地方议会呈请参议院弹劾的姿态也十分积极。1913 年 4 月 2 日公布的《省议会暂行法》等文件规定了省议会的职权为决议权、监督权、建议权。② 吉林省议会请求参议院弹劾吉林省都督陈昭常，黑龙江省议会请众议

① 中国社会科学院近代史研究所：《中华民国史料丛稿民初政争与二次革命》（上编），上海人民出版社 1983 年版，第 118~122 页。

② 夏新华：《近代中国宪政历程：史料荟萃》，中国政法大学出版社 2000 年版，第 227 页。

院弹劾黑龙江都督宋小濂、甘肃省议会呈请弹劾甘肃省都督赵惟熙。① 上述弹劾案都没有真正步入正常程序，有的直接因出席人员未达到法定人数未通过而被无限期搁置，有的官员迫于压力直接请辞，有的弹劾案则转换为质问书被政府搪塞。弹劾质问的此起彼伏，正反映出此时政府与议会之间的紧张关系，国民党与袁世凯政府之间的权力博弈也让议会监察成为利益集团斗争的砝码。自 1914 年 1 月 10 日议会被袁世凯强制解散后，弹劾案也随此烟消云散，议会监察制度就此瓦解。从 1912 年的南京临时参议院到 1914 年国会被解散，短短两年时间，议会行使监察权弹劾官吏十几次，次数之频繁更能说明议会监察权行使的目的都是尝试利用合法的方式来把政治斗争通过法律的手段予以解决，然其效果是被监察者未受实质影响，监察者深受利诱威胁，困于这样的局面，议会监察制度在中国监察史上也只能是昙花一现。

二、独立监察体制的后来居上

1912 年 3 月袁世凯继任中华民国临时大总统，为进一步增强总统专权，削弱议会的牵制，1914 年袁世凯废除《中华民国临时约法》，别出心裁独创出了《中华民国约法》，这部“袁记约法”公布后，原先的议会监察体制被废止，取而代之的是独立监察体制。独立监察体制中最为重要的监察机构即为平政院，平政院中包含着行使监察权的肃政厅与行使行政审判权的审判庭。肃政厅作为中国近代史上第一个中央监察机关，它的存在仅有短短两年，其后便被裁撤。

（一）集司法权与监察权为一体——平政院

1914 年 1 月 10 日，袁世凯下令解散国会，遣散议员。② 国会处于停摆状态，原先的议会监察体制运行受阻。1914 年 3 月 31 日，袁世凯以大总统教令

① 王葆真：《民国初年国会斗争的回忆》，载全国政协文史资料委员会编：《文史资料选辑》（第 82 辑），中国文史出版社 1999 年版，第 121 页。

② 《政府公报》，第 603 号，1914 年 1 月 11 日。

第39号颁布了《平政院编制令》，紧接着，1914年5月1日《中华民国约法》颁布，其中第四十三条为："国务卿、各部总长有违法行为时，受肃政厅之纠弹及平政院之审理。"①自此平政院的设立拥有了牢固的根本法依据。实际上，关于设立平政院早有规定，《中华民国临时约法》第十条规定，"人民对于官吏违法损害权利之行为，有陈诉于平政院之权"②；第四十九条规定："法院依法律审判民事诉讼及刑事诉讼；但关于行政诉讼及其他特别诉讼，别以法律规定之。"③此条规定旨在将平政院塑造为专司行政诉讼的机构，是引入大陆法系二元司法体制的初步尝试。囿于当时行政诉讼的观念尚未深入人心，且学者们对于是否设立平政院均有不同的见解，之后的宪法起草委员会，出席议员536人中有371人反对设立平政院，因而，设立平政院在当时并未得到支持，直到1914年才正式设立。

《平政院编制令》虽只有二十九条，但对平政院的职权范围、人员编制、组织机构等都有所界定。其中第一条就规定："平政院直隶于大总统，察理行政官吏之违法不正行为，但以法令属特别机关管辖者，不在此限。平政院审理纠弹事件，不妨及司法官署之行使职权。"④针对此项规定，不少学者认为，平政院由于归属总统直接领导，导致了其行政监察的目的不像西方国家那样处于防止公权力的滥用，而是处于对总统负责而进行的行政监督，来保障总统行政权力运行顺畅。在民国初期政党幼稚、公民权利意识薄弱、军阀势力蛮横干预的背景下，平政院监察职能的发挥遭遇掣肘，从而沦为了巩固总统统治的权力工具。

从平政院的外部地位来看，平政院直接隶属于总统管辖，其上除总统之

① 蔡鸿源主编：《民国法规集成》(第6册)，黄山书社1999年版，第12页。

② 夏新华：《近代中国宪政历程：史料荟萃》，中国政法大学出版社2014年版，第157页。

③ 夏新华：《近代中国宪政历程：史料荟萃》，中国政法大学出版社2014年版，第159页。

④ 《平政院编制令》，《东方杂志》1914年第10卷第11期，第2~3页。

外并不存在其他任何的领导部门。平政院独立于立法、行政、司法三大权之外，独立行使行政审判权，其行政审判权与现代意义上的行政审判外延不同，平政院审判的案件主要包括三类，第一类是审理普通的民告官的行政诉讼案件，大都是行政处分证据不足、适用法律错误、违反程序、越权、滥用职权、显失公正或不履行法定职责等引起的行政诉讼案件，人民有权依据《诉愿法》及《行政诉讼法》申诉于平政院；第二类是审理行政系统内部纠纷案件，例如行政官署之间的权限划分与行政裁员行为；第三类是审理肃政厅提起的纠弹案件。此类案件大多由总统授意审理，这类审判政治意味较浓，一不小心就会卷入权力斗争之中。

从平政院的内部组织安排看，平政院置院长一人，指挥监督全院事务，院长之职为特任，只负责院内的行政事务，不得干预院内的行政审判工作。平政院设评事 15 人，分配至三个行政审判庭，每庭 5 人，每庭须有司法职出身者一人或二人，每庭以平政院评事一人为庭长。针对“评事”一词，黄源盛先生作过专门的考证：汉代设置廷尉平，与廷尉正、廷尉监同掌平决刑狱，南北朝将“平”改为“评”，隋唐均设立了评事，明清设有左右评事，属大理寺，清末废之，民国初年又设置评事于平政院。① 评事在职期间不得为政治结社及政谈集会之社员或会员，以及国会或地方议会之议员，以保证评事的公正裁判立场；评事在职期间非受刑法之宣告，或惩戒之处分，或因精神衰弱及其他不治之障碍，致无法履行职务，不得强令其退职、转职或减俸，以保障评事的独立裁判地位不受到威胁。②

从具体的审判过程来看，《平政院处务规则》规定了平政院受理、审理案件的具体司法程序和司法制度。平政院受理案件的前提是起诉必须在法定期限内进行，起诉的同时要一并提交诉状，此外，还要缴纳一定的诉讼费用。

---

① 黄源盛：《民国第一个行政诉讼审判机关——民初平政院裁决书整编与初探》，载张晋藩主编：《20 世纪中国法治的回顾与前瞻》，中国政法大学出版社 2002 年版，第 199 页。

② 武乾：《论北洋政府的行政诉讼制度》，载《中国法学》1999 年第 5 期，第 122 页。

平政院决定受理后，由庭长根据案件到庭的先后顺序分交评事中一人审查，评事审查后应将受理案件的重要案情制作成报告书，连同案卷材料全部汇报给庭长，若汇报后评事及庭长认为并无审理之必要时，应召集其他评事联合合议议决，若汇报后评事及庭长认为有审理之必要，则由此评事专任审理。相对于古代的法律程序，平政院的审理程序和制度更为现代化，回避制度、证据原则、答辩规则等都有细致化的规定，标志着我国行政诉讼的近代化与民主化。

平政院被大多数学者誉为我国第一个行政裁判机关，这是近代中国在面临欧风美雨时的借鉴学习之举，但这种借鉴又包含着中国式的改造创新，平政院成为集司法权与监察权为一体的独特机关。其从表面上看属于行政机关，但却与一般的行政机关有着极大的差别。在法律地位上直属于大总统管理，除总统外无任何机关领导平政院，在内部机构设置上除却一般法院所应具备的审判庭外还设有独立行使监察职能的肃政厅，在职能权限上具有双重性质，既负有审理行政诉讼案件的职能，也肩负着纠察百官的监察职能，这些特性决定了其在中国监察制度史中极具典型性和独特性，是近代中国学习西方行政法院制度和继承传统监察权所独创出的中西合璧的新式机构。

（二）独立的最高监察机关——肃政厅

为整治吏治肃正风气，惩戒贪墨恢复纲纪，袁世凯特于平政院内单设肃政厅，建立了中央最高监察机关。袁世凯曾指出：“查行政裁判所之设，东西各国俱有先例，即吾国临时约法亦有行政诉讼别定法律之明文。亟应将平政院从速设置，并参酌旧制，体察国情，于该院设置肃政厅，俾于行政审判之外兼有纠弹官吏之权，期挽颓风而臻上理……”①正是在这种思想下，《平政院编制令》第六条明确规定，平政院设肃政厅，肃政厅置肃政史，设都肃政史

① 《政府公报》，第684号，1914年4月3日。

一人指挥监督全厅事务，特任。肃政厅内设肃政史16人，都肃政史与肃政史共同组成总会议，都肃政史为议长，所议事项除有特别规定之外，其他均由都肃政史及4名肃政史以上同意通过。袁世凯对于肃政史极为倚重，对肃政史整治贪官污吏寄予厚望，在会见肃政史时，袁世凯专门提到："吾国自入民国以来，仕途庞杂极矣，特设肃政史一官冀有所补救。"①于是，在肃政厅设立的短短几年间，其在肃清吏治方面发挥着举足轻重的作用。

肃政厅的权能主要包含五个方面：其一，纠弹权。上到国务大臣和各部总长，下到普通官吏，凡有违宪违法，行贿受贿，营私舞弊，溺职殃民等事之一者，可纠弹之。② 其二，司法监督权。若有行政官署未按照平政院的裁决执行，肃政史可以纠弹并且强制执行。其三，调查权。针对人民告发或指定审查的案件，肃政史认为需要调取证据的，可由肃政史或相关行政机关调查取证。其四，公诉权。肃政厅之肃政史对于中央或地方最高行政官署之违法处分致使人民权利损害者，人民未在陈诉期或诉愿期内提起行政诉讼的，肃政史依法以原告的身份向平政院起诉，并监督平政院是否依照法律规定裁决。其五，建议权。肃政厅的建议权多为对于国家大事、人事任命、官员教育上的建议权，建议函也都是直接送达给总统本人。肃政厅由于身处平政院内部，所以在职权构成中不免涉及行政诉讼相关的司法监督权及公诉权，但其主要职权仍是凸显其监察机关性质的纠弹权。

1. 肃政厅监察的启动

肃政厅监察权力运行的开始主要有两种形式，第一种是主动启动，第二种是被动启动。主动启动的情况是肃政史本人认为有需要启动弹劾的情况，即《中华民国约法》第四十三条国务卿、各部总长有违法行为时，受肃政厅之纠弹及平政院之审理与《平政院编制令》第九条规定的行政官吏违反宪法、行

① 《总统训诫肃政史之演词》，《申报》，1914年5月30日，第3版。

② 邓文友主编：《行政监察大辞典》，中国政法大学出版社1990年版，第252页。

贿受贿、滥用威权、玩视民瘼等情形。主动纠弹可由肃政史一人直接向大总统进行，如果大总统否决肃政史启动弹劾的呈文，则该项弹劾不得继续进行，如果大总统批准肃政史启动弹劾的呈文，则该项弹劾须由肃政史向平政院正式提出弹劾状进行弹劾。

被动启动的纠弹主要包括两类情形，第一类是大总统交办肃政厅审查的案件，此类案件必须由都肃政史指定肃政史二人以上查办。①（《纠弹法》第四条）经查办后肃政史认为应当予以弹劾的，直接向大总统弹劾；查办后认为不应当弹劾的，向都肃政史汇报，由都肃政史呈复大总统。第二类人民向肃政厅告发的案件，都肃政史应当指定肃政史二人以上审查，肃政史审查后，认为应当予以纠弹的，直接向大总统提出；认为不需要纠弹的，则需要向都肃政史报告，由都肃政史驳回。

2. 肃政厅监察的程序

肃政厅在进行了前期调查与事实审查后认为官员存在相关违法行为，确有弹劾之必要，并获得大总统批准后，可正式受理弹劾案，向平政院提出弹劾控诉并提交弹劾状，弹劾状中需列明官员的基本犯罪事实及被控罪名，这种诉状的要求也是出于保障权利的需要。收到弹劾状后，平政院院长需指定三个审判庭中的一个审理弹劾诉讼，合议庭的组成必须适用回避原则，即当审判庭的评事涉及该弹劾状内所列事由，或者与被弹劾者有亲属关系时，评事自行提出或经肃政史提出，由平政院各庭评事共同议决。平政院审判庭对弹劾案件进行审理，审理过程中必须传唤相应证人出庭，证人除非有特殊情况，必须出庭；被弹劾的官员也可行使辩护权利。审判庭同时审查其他证据，并在此基础上形成审判的结果。审判结果形成后，必须由平政院长将审判结果呈文给大总统，由大总统对此结果进行判断，并下批令，平政院审判庭据

① 参见刘云虹：《国民政府监察院研究》，上海三联书店2012年版，第122页。

此作出裁决书。① 平政院裁决书的裁决结果涉及刑事犯罪的要交由司法审判机关，涉及官员行政处分的则交付文官惩戒委员会予以处分。

有关弹劾权的分割问题，在现代民主国家，基本上是将弹劾的启动权归属于代表公民意志的国会，将弹劾的审判权赋予专门承担审判任务的司法机关。从肃政厅弹劾的具体程序可以看出，肃政厅负责弹劾的启动，平政院负责弹劾案的审理，具有了将弹劾权细化为启动与审理的雏形，这种做法是出于分权制衡的考虑，保证弹劾机关内部的权力平衡，也确保了弹劾的启动和审判完全掌控于总统手中。

3. 肃政厅监察的效果

在肃政厅存续的783天内，北洋政府颁布了一系列关于监察官员的法律规范，开创了我国近代意义上独立监察的先河。在存续期间，肃政厅先后纠弹了许多违法官员，引起了不小的政坛地震，可以说当时在肃清吏治、整治官场上发挥了相当大的作用。依据黄源盛先生的《民初平政院裁决书整编初探》一文，平政院纠弹事件裁决共13件，其中交付司法审判的案件有8件，交付惩戒的有4件，因无相关违法事实呈请结案的有1件，具体情况如下表所示。

表2　　平政院纠弹事件交付司法审判的案件②

号序	日期	被纠弹人	案由	结果
1	1914年7月28日	前直隶代理霸县知事刘鼎锡	被纠弹人对于执法时间收受贿款，婪赃至六千余元之巨	涉及刑事范围，交付司法审判
2	1914年8月14日	增盛栈股东支友山	于塞北征收局长虞维铎卖羊毛案，为重要关系人	本案业经外交、财政两部办结、故毋庸审理

① 邱之岫：《民国初期行政法院发展史研究》，知识产权出版社2014年版，第243页。

② 邱之岫：《民国初期行政法院发展史研究》，知识产权出版社2014年版，第56页。

续表

号序	日期	被纠弹人	案由	结果
3	1914 年 8 月 15 日	前顺天府尹王治馨	被纠弹人所犯者：①卖官受贿，贿委官缺。②苛征牙纪，违法婪收。③私匿禁物，借口焚烧	涉及刑事范围，交付司法审判
4	1915 年 2 月 4 日	前江苏民政长应德闳	被纠弹人伪造报销债票，蒙混发息，意图侵占，图利忘国	涉及刑事范围，交付司法审判
5	1915 年 3 月 2 日	前直隶昌黎县知事郝继贞	被纠弹人浮收取利，滥罚冒销，纵丁婪赃	涉及刑事范围，交付司法审判
6	1915 年 6 月 13 日	前湖北咸甯知事张德柄	被纠弹人滥发营业证据，浮收差验费，枉法营私，蒙混舞弊	本案查无违法情事，惟该员确有疏失，交付惩戒
7	1915 年 6 月 22 日	前河南西华县知事刘泽青	被纠弹人被控藉公舞弊，枉法勒赃	查虽无勒贿情事，惟于交办命案违法办案，并浮收状纸图利，涉及刑事范围，交付司法审判
8	1915 年 6 月 23 日	前直隶雄县知事丁纶恩	被纠弹人被控浮收税款，颠倒案情	查于浮收一节，无涉不法，但确有失职，于颠倒案情一节，确有滥用职权，私擅监禁，涉及刑事范围，交付司法审判
9	1915 年 7 月 9 日	前浙江泰顺县知事张元成	被纠弹人营私舞弊，溺职殃民	涉及刑事范围，交付司法审判

续表

号序	日期	被纠弹人	案由	结果
10	1915 年 10 月 16 日	前津浦铁路局长赵庆华	被纠弹人于津浦铁路一案被控：①逢迎权要、位置私人；②虚糜公款、自便私图；③朋开公司、营私舞弊；④侵蚀运力、几酿风潮；⑤趁乱吞欸、捏造报销；⑥纵容站长、需索陋规；⑦包庇私人、赏罚紊乱；⑧密设机构、违禁烟赌；⑨路政废弛、不加整理；⑩滥发免票、不顾路款	本案查无违法情事，惟该员确有疏失，交付惩戒
11	1915 年 11 月 15 日	前归绥丰镇县知事项致中	被纠弹人遭控，溺职殃民	本案查无违法情事，惟该员确有疏失，交付惩戒
12	1915 年 11 月 30 日	京汉铁路站长关赓麟、京汉铁路车务总长唐士清、北京铁路医院院长汤富礼、保定车站站长唐士濂、保定车站司磅梁士森	被纠弹人等于京汉铁路一案遭控，①巧立名目、位置闲人；②滥支公款、结交报馆；③密订矿约、检收运费；④勾串公司、通同舞弊；⑤挟带妓女、乘坐花车；⑥兼办饭车任带私货；⑦纵容各站、婪索陋规；⑧购买材料、半归私饱；⑨假公济私、侵蚀公款；⑩沿路巡警废弛公务；⑪车务废弛、不加整顿；⑫延用劣员、不加慎防。唐士濂被控营私舞弊；梁士森任意需索	①关赓麟对车务总长背弃职务不加监察，汤富礼办医院无成效，且虚糜路款，唐士濂不知远嫌，监督不周，一并交付惩戒。②唐士清虽无侵吞公款实据，惟率订合同致路局受损，背弃职务图利私人，损害国家财产，涉及刑事范围，交付司法审判。③梁士森收贿应交付司法审判
13	1917 年 5 月 12 日	前四川巡按陈廷杰	被纠弹人遭控昏庸溺职，违法营私	本案查该员违背职守义务，交付惩戒

可以肯定的是，肃政厅在民国初期官场混乱、贪赃枉法的政治生态下，通过与文官惩戒委员会及司法审判机关的制度联系，确实惩治了一批政治团体内营私舞弊、溺职殃民的官员。但不能忽视的是，肃政厅地位的独特性决定了它只是位于超级总统制下，替总统控制官僚服务的机关。如上所述，肃政厅在弹劾的主动启动与被动启动上，皆需要有大总统的亲自同意，在肃政厅交付平政院审理后，平政院的裁判结果也必须有总统本人的批令才可生效。大总统对于平政院的控制程度之深，从平政院院长、肃政史、评事的任命上可见一斑，平政院院长与都肃政史一人，由大总统特任；平政院评事及肃政史由平政院院长、各部总长、大理院院长及高等咨询机关密荐年满三十岁，同时具有任行政职三年以上著有成绩者，或任司法职二年以上著有成绩者，呈由大总统选择任命之。① 平政院与肃政厅的人事任命上直接都是经由总统特任或荐任。因此，无论是从具体的办事程式上观察还是从人事任免上分析，平政院与肃政厅的设立及运行从一开始就牢牢掌控于总统个人手中。

三、行政系统内部的监察惩戒

自中国建立封建制度，皇帝个人将国家最高权力集于一身，围绕着皇权统治的需要下设了官僚制，官僚制内部分化产生了不同品位、等分、职位的高低，官僚权力受命于天子，官僚权力运行和配置源于皇帝统治的需要，但这种官僚权力的运用必须在皇帝能够掌控的范围之内，因而，中国古代对于官僚群体的监察体制早已发展到成熟状态。民国时期，为了监督官僚衍生出了中国近代第一个文官惩戒制度，借用行政系统内部的力量对官员进行监察。“行政官吏，除赃私案属刑事，应提交法庭外，其余渎职违法等情，凡应当受处分者，皆由此会议决惩戒。”②如前文所述，平政院和肃政厅在处理完弹劾案后，依据不同的情况分别交付文官惩戒委员会或司法审判机关审理，对于

① 何勤华：《清末民国法律史料丛刊》，上海人民出版社 2015 年版，第 147 页。
② 沃邱仲子：《民国十年官僚腐败史》，中华书局 2007 年版，第 81 页。

贪赃枉法、严重失职、已经触犯刑律的官员由肃政厅和平政院交付司法机关审判，而对于稍有违纪却不至上升到刑事制裁层面的官员，则交付文官惩戒委员会，由官僚系统内部给予处分。熊希龄担任袁世凯政府的国务总理后，着手创设了文官惩戒制度。

（一）惩戒机构

文官惩戒制度中具有惩戒权的机构是文官惩戒委员会。1913 年 1 月临时大总统公布了《文官惩戒委员会编制法草案》和《文官惩戒法草案》，紧接着，1914 年 1 月又颁布了《文官惩戒委员会编制令》。根据此法令，文官惩戒机构分为高等文官惩戒委员会和普通文官惩戒委员会。① 高等文官与普通文官之分的标准在于 1912 年 10 月 16 日公布的《中央行政官官等法》的规定。中央行政官除特任外，共分九等，其中第一等、第二等为简任官，第三等至第五等为荐任官，第六等至第九等为委任官。因此，文官共特任、简任、荐任、委任四种。② 文官高等委员会负责惩戒简任和荐任官员，文官普通惩戒委员会负责委任官员的惩戒。根据《文官惩戒法草案》，文官惩戒委员会惩戒的对象包括简任官、荐任官和委任官，特任官并不在惩戒之列。但是，1918 年 1 月 17 日颁行的《文官惩戒条例》第十三条规定："特任官应付惩戒之行为时，由大总统交由惩戒委员会审查"，这样就将特任官也纳入了惩戒对象之中。③ 文官高等惩戒委员会设于中央，内设委员长一人，委员长从大理院院长或平政院院长中选任，委员会内除委员长外还设十名委员，委员由大总统从大总统顾问、大理院推事以及平政院评事及其他三等、四等官员的文官中选任。中央与地方均设普通惩戒委员会，中央的普通惩戒委员会设于国务院和各部机关，地方设于各行政官署内部，委员长由地方长官兼任，委员两到四人，从官署内五等、六等官员中临时选派。

① 张晋藩主编：《中国法制史》（第 5 版），中国政法大学出版社 2016 年版，第 357 页。
② 钱实甫：《北洋政府时期的政治制度》（上册），中华书局 1984 年版，第 344 页。
③ 刘梅生：《中国近代文官制度》，河南大学出版社 1994 年版，第 326 页。

（二）惩戒事由

《文官惩戒法草案》规定，官员有下列情形之一者应受惩戒：违背职守义务、玷污官吏身份、丧失官吏信用。而这些惩戒事由过于空泛，在实践中缺乏可操作性，反而给了惩戒者出入人罪的权力。随后颁布的《知事惩戒条例》，规定的则更为细致严密。官员在行为上卑鄙玷污官吏身份，举措不当人地不宜等；官员侵吞公款查有实据者，假托会党名义以营私舞弊者等；官员贻误河防工程导致危险危及人民生命财产安全，或是故意隐瞒人命案或盗窃案者等；官员非因疾病而不处理公务者等。① 从以上规定可以看出，官员惩戒的事由主要包括三个方面，第一是不守官仪玷污官员身份，第二是违背职守义务，第三是失去职务信用。只要满足其一，该官员即可被惩戒。惩戒后的处分类型，根据 1918 年公布的《文官惩戒条例》，惩戒方法为褫职、降等、减俸、记过、申诫。② 褫职处分者非经两年，不得复任职；降等，受到降等处分者，非经一年，不得再叙进；减俸，受到降等处分而无等可以降者，减其半俸，期限为一年以上两年以下；另外，受到减俸处分者，减其月俸十分之一以上三分之一以下者，期限为一个月以上，一年以下。③ 最后一种惩戒类型是申诫，是意在通过谴责与警告，对受惩官员的名誉与荣誉施加影响，从而引起其精神上的警惕，以更加谨慎的态度履职。

（三）惩戒程序

惩戒程序一般分为四个阶段，第一是惩戒案件的提起，其次是惩戒案件的审理，再次是惩戒案件的合议，最后是惩戒处分的实施。关于惩戒案件的提起，依据官员等级，具体确定了不同官员的惩戒提起程序，针对特任官应付惩戒的情况，是由大总统交付惩戒委员会审查。简任官中属于国务院或直属于国务总理的，由国务总理呈请大总统批准执行；简任官隶属于各部或各

---

① 《知事惩戒条例》，《大同报（上海）》1914 年第 20 卷第 7 期，第 31～33 页。

② 张晋藩主编：《中国法制史》（第 5 版），中国政法大学出版社 2016 年版，第 357 页。

③ 《文官惩戒条例》，《东方杂志》1918 年第 15 卷第 2 期，第 202～205 页。

部总长的，由各部总长向国务总理陈述事由，并经国务总理呈请大总统组织惩戒委员会审查，委员会经过审查作出具体决定，再由各部总长经国务总理呈请大总统执行；简任官中属于地方最高长官管理的，由各地行政长官向国务总理汇报后，呈请大总统交由惩戒委员会。荐任官中依据所属的管辖层级的差异，参照简任官的程序办理。委任官的所属长官认为其有应付惩戒的行为之时，直接由所属长官交付惩戒委员会审查。交付惩戒委员会审查后，委员会必须依照所提供的证据作出判断，有疑点的地方经由长官通知当事人，令其出具答辩意见书，或当面询问当事人。针对审查的情况，委员会后续要召开全体委员会议进行讨论，最终得出一致的结果，以议决书的方式呈现，议决书上要列明被惩戒人的姓名、官职、提起惩戒机构、处分、事实、理由几个部分。①

从形式上看，平政院与文官惩戒委员会都有惩治文官之权，且两者职权之间似乎还存在着交叉重复的部分，但实际上，平政院所处理的弹劾案件大多涉及免职与停职的处罚，文官内部的一般行政处分平政院并不干预，这些是文官惩戒委员会内部的自决事项，且在平政院的裁判中，也多次重申了文官的处分必须由文官惩戒委员会作出，才符合法律的规定，虽然平政院受理并做出议决书的案件数量不多，但其中涉及行政官员处分的仍均交由文官惩戒委员会处理，这在一定程度上帮助文官惩戒委员会树立了惩戒权威，对于整个行政系统内部的自我监察制度的实践起到了不可替代的作用。

四、监察型审计的逐步定型

在监察制度中，财政监察对于维护国家财政安全、提高财政资源利用效益、制约政府权力和预防腐败上作用重大。民国时期审计机关的设立始于地

① 刘梅生：《中国近代文官制度》，河南大学出版社1994年版，第328页。

方。地方审计机关的设立，在一定程度上促进了中央审计机关的诞生。①1912 年北洋政府设立了审计处，根据《审计处暂行章程》之规定，该处隶属于国务总理，掌理全国会计监督事务。1914 年 4 月 29 日通过的《中华民国约法》规定国家政体由责任内阁制改为总统负责制，废除了审计处而改为审计院。②《中华民国约法》第八章会计第五十七条规定："国家岁入岁出之决算，每年经审计院审定后，由大总统提出报告于立法院，请求承诺。"这是审计权第一次见之于法律。其后颁布的《审计院编制法》和《审计法》正式把审计处改名为审计院并且直属于总统统领。

（一）审计的机构与人员

依据《审计院编制法》，全国只设审计院一级审计机关，直隶于大总统，各省不设审计分院。审计院建院时，全院人员总数为 195 人。审计院设正、副院长各 1 人，院长由总统特任，副院长由总统简任。审计员置审计官 15 人，协审官 27 人，均由院长呈请大总统任命，分掌审计事务。《审计院编制法》所定审计院机构的基本框架是三个业务厅和书记室，后又改为三个业务厅和书记室、外债室。每厅由审计官 3 人以上，协审官 4 人以上组成，厅长由总统从审计官中选任。③ 第一厅负责审计外交部、财政部、教育部本部、直管各机关以及全国国债收支、使用及各级国库出纳账目；第二厅负责审计陆军部、参谋部、海军部和交通部本部以及所辖所属各单位；第三厅负责审计内务部、司法部、农商部本部以及所辖所属各单位；书记室负责机要、会计、庶务、编译、统计、案卷保管等事务；外债室负责审计善后款项下开支事项；审查决算委员会负责院长交办的审计事项和各厅所有的初审报告，并作出审

① 刘鼎铭：《民国时期的中央审计机关与审计制度论述》，载《南京审计学院学报》2004 年第 5 期，第 51 页。

② 朱灵通：《民主法治视角下的民国政府审计思想研究》，浙江大学出版社 2016 年版，第 66 页。

③ 王春瑜主编：《简明中国反贪史》，四川人民出版社 2002 年版，第 268 页。

计结论和决定。①《审计院编制法》中还专门作出规定，凡未受刑罚或未受惩戒的审计员、协审官，不得令其退职或减俸，这一规定为审计员的履职提供了法律保障。梁启超在《论审计院》一文中说："审计院者，财政上之司法监督，严正独立之机关也。非惟独立于行政部之外，抑且独立于立法部之外。"②审计院作为专门审计机构独立于行政机关之外，突出了审计机构独立性原则和监察型审计机构的特点。

(二)审计的程序与范围

审计事务的开展起先仅依据《暂行审计规则》《收支凭证之证明规则》两条法规，在设立审计院后，1914 年 10 月北洋政府便颁行了《审计法》，这是我国历史上第一个审计法。根据此法，审计院除法令规定的大总统、副大总统岁费及政府机密费外，应行审定的决算及收支计算为：①国民政府总决算；②各官署的每月收支计算；③特别会计的收支计算；④由政府发给补助费或特与保证的收支计算；⑤法令特定为应经审计院审定的收支计算。审计院在审计之时，需要制作审计报告，审计报告中必须列明以下事项：①总决算及主管官署决算报告书的金额与金库出纳的计算金额是否相符；②岁入的征收，岁出的支用，官有物的买卖、让与利用是否与法令的规定及预算相符。审计报告制作完毕后需呈报大总统。③ 审计院还有必要之调查权，针对税捐收入及经费支出计算书，审计院审计后认为有疑问，可以直接调阅证据。审计院施行会议多数决制，对各种审计案件的讨论，认为官府财政执行情况不实的，应通知该主管长官执行处分，但同时也准许被惩戒的官吏有书面辩白申请再议之权，再次议决后，审计院认为仍应追究责任的，应通知该主管长官予以处分，除大总统特免外，不得为之减免。若认为官府财政执行情况属实，并无侵吞公款等犯罪事实的，发送核准状，免除会计官员的相关责任。审计院审计完毕之

① 李金华主编：《中国审计史》(第 2 卷)，中国时代经济出版社 2005 年版，第 18 页。

② 梁启超：《饮冰室全集》(第 39 卷)，中华书局 2017 年版，第 235 页。

③ 张达聪：《民国时期审计制度的演进及其特点》，载《江汉论坛》1997 年第 1 期，第 62 页。

事项，自审计作出之日起5年内，若发现有审计错误、审计过失遗漏等情形，可再次组织审计。若是发现原审计过程中存在伪证行为，则不限于5年的时限，任何时间均可提起再审。

此时的审计制度在中国初步设立，虽还不够完善，但不得不说依托审计制度而建立的财政监察基础已经逐步趋于民主化与现代化，在审计的过程中能够发挥着促进政府资金透明化运作和防止官员公款私用的作用。但需要注意的是其局限性仍不可忽略，审计院虽能够独立于行政机关之外，但在法律的框架内，它永远附属于总统，任何审计报告与审计结果必须呈报总统，总统与副总统的岁费也并不在审查之列，这样的制度安排明显与人民主权的原则背道而驰。审计院审计的职权来源本应是人民授权，代替人民监督政府资金的合理使用，谨防侵吞公款等贪污行为的发生，但审计院归属总统领导，审计员由总统任命，审计报告呈请总统审阅，令审计院变成了附属于总统的私人机构。

五、结语

近代中国处于中国传统法治与西方民主法治相互融合、彼此切磋的交汇点，在建构共和政体，建立民主国家，引入西方的政治制度后，司法制度上的移植也不断与中国传统社会土壤产生了一系列的相互排斥或融汇共生的反应。在民国监察制度的设计上，《中华民国临时约法》仿效西方社会确立了议会监察体制，然这种监察体制在不久后就被“袁记约法”所确立的独立监察体制所替代。究其缘由是多方面的，不仅是袁世凯个人专权、野心膨胀、武断蛮横的原因，更有深刻的社会文化背景因素。西方的议会监察制度有着深厚的历史文化传统和社会背景，是建立在民选议员的基础之上的，相比之下，同时代的中国民智未启，风尚未开，所选议员并无广泛的民意基础，且党派众多斗争纷杂，议会监察本应是代表民意的立法机关与政府机关之间相互平衡制约的形式，但在《临时约法》因人设法与民国政党斗争的历史背景下，议会监察成为国民党与袁世凯斗争的手段，进而也引发了中国宪政史上不小的挫折。

在北洋时期所确立的独立监察体制中，平政院与肃政厅行使监察弹劾之权，连同行政系统内部的文官惩戒委员会与主管财政监察的审计院共同构成了庞大的内外监察体系。随着北洋政府的覆灭，其建立的监察体系也落下了帷幕。所谓独立监察体制，却也并非实质意义上的独立，仅是独立于普通行政机关与司法机关，却不能独立于总统，这一特点不禁让人联想到中国古代皇权之下专职的监察机关(例如御史台、都察院)。监察体系在近代中国的建立过程中，亦中亦西，亦现代亦复古，在这两者之间摇摆不定，这种现象的背后更是说明了尚在转型之中的民国初期宪政，在不断探索着一种既能与西方式宪政实现顺利对接，又适应中国国情，符合中国传统法律文化的制度架构，这是贯穿整个民国监察制度史的重大问题。

第二节　专论：训政时期监察权之二元配置

“专制政府不应该有监察官是显而易见的。但中国的事例，似乎破坏了这条规律。”①“中国的事例”之所以成为孟德斯鸠眼中的例外，其原因在于中国古代的监察制度是一种专为“吏治”的特殊存在，与西方相比只不过“名相似而实不同”②。

不同于西方的分权模式，中国古代的国家权力是从一个权力中心发源，自上往下传递而形成行政分工③，即天子以下，设官牧民，分官职事，以官僚政治作为专制政治的辅助和补充④。然而，官僚集团仅对自身负责，“在极端场合，官僚且会变成世袭阶级，把一切政治措施作为自己图谋利益的勾

① [法]孟德斯鸠：《论法的精神》(上)，张雁深译，商务印书馆 1961 年版，第 72 页。
② [法]孟德斯鸠：《法意》(上)，严复译，商务印书馆 1981 年版，第 104 页。
③ 陈晓枫、柳正权：《中国法制史》(上)，武汉大学出版社 2012 年版，第 293 页。
④ 王亚南：《中国官僚政治研究》，商务印书馆 2010 年版，第 10 页。

当”①。在此种情形下，“闻有吏虽乱而有独善之民，不闻有乱民而有独治之吏”②，“治吏”自然成为专制政治的头等大事，更有“明主治吏不治民”之说，而治吏须察吏，所以历代统治者均致力于建立和完善监察制度，作为治吏之利器。

据记载，秦统一后，御史正式成为专司纠察之任，并设置了御史大夫一职。③ 汉承秦制，在御史系统之外，又设有丞相司直、司隶校尉，形成了多元化的监察体制。④ 唐代，将多元监察系统并为“一台三院”，另立专任谏诤与弹劾的谏官系统，形成台谏分立之局。宋初，台谏本亦分职，自真宗置言事御史，台谏渐趋合并。⑤ 明代，改御史台为都察院，在废除丞相后，又设六科给事中来监察六部。清代，雍正皇帝以给事中“廷议纷嚣”“恣意自肆”⑥为由，诏以六科隶属都察院，实现“科道合一”。

历朝历代在以监察制度肃清吏治之时，因监察官本身亦属官僚集团，同样有自利的倾向，故而“设法定制，设想不为不慎”，从汉之“六条问事”到清之《钦定台规》，从贪赃受贿到枉道回家，监察官本身也处在愈加繁密的监察罗网之中。一旦作为特殊群体的“风宪官”违法，其所受惩治之严酷远超一般官吏。⑦

然而，“以法救法，治丝愈棼”⑧乃是因为中国古代为等差有序的阶级社会，民与官因身份不同，自然牧民与治官分途。正如孟德斯鸠所言：“在必须有身份区别的国家，就必定有特权存在。这更减少了法律的简单性，并制造

① 王亚南：《中国官僚政治研究》，商务印书馆 2010 年版，第 6~7 页。

② 《韩非子・外储说右下》。

③ 胡宝华：《唐代监察制度研究》，商务印书馆 2005 年版，第 3 页。

④ 张晋藩：《中国监察法制史稿》，商务印书馆 2007 年版，第 90 页。

⑤ 贺凌虚：《中国监察制度之沿革》，台湾五南图书出版有限公司 1967 年版，第 3 页。

⑥ 《历代职官表》卷 18。

⑦ 如《大明会要・都察院・风宪总例》规定：“凡都察院官及监察御史、按察司官吏人等，不许于各衙门嘱托公事。违者比常人加三等，有赃者从重论。”

⑧ 张治安：《明代监察制度研究》，台湾五南图书出版有限公司 2000 年版，第 335 页。

出千百种的例外。"①同时，民众既然是官僚牧使的羊群，其身份低于官僚，也就不存在"以民治官"②。在此种"等差有序""吏民分治"的治理模式下，君主无可争辩地控制了合法性评价的最高权力，决定监察制度运行的效果，其可根据政治形势或喜怒好恶，或将弹劾者"有诏勿劾""释置不问"；或对监察官"严旨谴责"，治其"讪谤之罪"③。

近代，受西方民主、法治和分权思想之影响，《临时约法》《中华民国国会组织法》试图建立议会监察制度，将监督政府官员的权力主要赋予给议会。在议会监察权的基础上，设有专门的行政监察机构，将监察权限缩为行政监察权，属于行政权的一部分。民初的议会监察体制因政治混乱，政权更迭频仍而未能发挥实际效用。④

这一期间，虽有孙中山集合古今中外监察制度的精华，纳监察权入宪法之框架，主张五权分立，其中包括"纠察权"的独立。⑤但由于三权分立、议会监察之说更为当时资产阶级革命营垒所熟稔和膜拜，孙中山的"五权宪法"并未被采纳。⑥孙中山在革命实践屡遭失败后，转而学习苏俄，提出了"党政分察"的监察理论，即在党政两个系统内分别设立中央监察委员会、监察院作为各自的最高监察机关，行使监察职能。依照孙中山的监察理论，国民党一

① [法]孟德斯鸠：《论法的精神》(上)，张雁深译，商务印书馆1961年版，第74页。

② 克里特人为了确保官吏奉公守法，赋予了公民叛变的权利，即通过揭竿而起赶走官吏，从而制止权力的滥用。参见[法]孟德斯鸠：《论法的精神》(上)，张雁深译，商务印书馆1961年版，第119页。

③ 如《大明会典·都察院·纠劾官邪》："凡纠举官员，生杀予夺，悉听上命。若已有旨发落，不许再劾。"再如清代《钦定台规》："条陈在臣下，而允行则出朕旨。"

④ 朱福惠：《国家监察体制之宪法史观察——兼论监察委员会制度的时代特征》，载《武汉大学学报》(哲学社会科学版)2017年第3期。

⑤ 孙中山正式使用"监察权"一词，见于1923年1月1日《中国国民党党纲》，而此前则多表述为监督、考察、弹劾、纠察等。

⑥ 1921年7月，孙中山在广州讲演五权宪法时指出："兄弟在南京政府的时候。原想要参议院订出一种五权宪法。不料他们那些议员，都不晓得什么叫做五权宪法。后来立了一个'约法'，兄弟也不去理。"参见中国社科院近代史研究所：《孙中山全集》(第五卷)，中华书局1985年版，第511页。

大组建了中央监察委员会，进入训政时期后，经过多番筹备的监察院也宣告成立，由此形成监察权二元配置之格局。

一、监察权二元配置之理论来源

国民党训政时期监察权二元配置之理论来源，乃是孙中山“党政分察”的监察理论。孙中山的这一理论，是其学习英美政党政治、苏俄“以党治国”之结果。然而，在学习的过程中，由于西方的分权、法治与自身“官民分治”的深层理念相冲突，孙中山关于监察权制度的设计背离了分权与法治的目标，转而回归传统监察“官民分治”之轨道。

1.“五权宪法”中的监察院

监察院是根据孙中山“五权宪法”理论和监察思想而创设的监察机构，其理论形成是孙中山反思欧美宪政体制下的监察权和批判继承中国传统监察权的结果。在实用理性的文化传统影响下，孙中山在形式上选择了民主制度，但在价值理念上却表现出对中国传统监察制度的赞赏与依恋，并通过其政治制度设计彰显出来。

因而孙中山监察权的重构并不是一种随心所欲的创造，而是在等差有序、吏民分治的文化“前见”下的创造。这种文化前见与英美监察制度中的法治内核相抵触，从而使孙中山产生了以下误解：

其一，议会既有立法权又有监察权，容易挟制行政机关，甚至形成议会独裁。尤其是英国议会利用弹劾权控制行政机关，形成“国会独裁”①。而实际上，英国议会的弹劾权之所以产生有如下原因：一则当时司法机关尚未脱离行政机关而独立，国务员的犯罪不易受到法庭的制裁，而有特设他种制裁的必要；二则当时议会内阁制尚未产生，官员如有犯罪行为，不能由当时的议会投不信任票以解其职；三则按照英国法律，对于犯罪的起诉权，原属于

① 中国社科院近代史研究所：《孙中山全集》(第五卷)，中华书局 1985 年版，第 492 页。

普通人民组成的陪审团，众议院既为民意机关，而英国贵族院历来为英国的最高法院，则授众议院以向贵族院对于国务员起诉之权，与英国传习上的法律观念与组织并不矛盾。而且，英国议会之弹劾权“久已废弛不用，且自1805年以来，英国议会从无行使弹劾权之事。盖英国法庭的独立，既足以为国务员犯罪的制裁，而自议会内阁制实现以后，英国议会尚可投不信任票以为国务员犯罪或失职的制裁”①。

其二，孙中山认为，美国的弹劾案“开国以来不过数起，他则付诸司法巡回裁判官之处理贪官污吏而已”，难以发挥监督之功效。但孙中山只看到其表面的结果，而未见其中缘由。因为议会的弹劾具有党派政治的性质，为预防议员被政治情感所驱使，或为党见所挟持，以致违反法治原则，所以美国的弹劾过程“具有遵守一切常规司法程序细节的审判性质”②，在实践中，弹劾的法律程序一般可以分为众议院提出弹劾案的程序和参议院审议弹劾案的程序。其中，众议院提出弹劾的程序，从众议院司法委员会的弹劾调查开始，到众议院将弹劾决议案(包括弹劾指控) 提交给参议院为止，这个阶段主要包括有7个步骤。而参议院的决议则更为复杂一些，具体可分为9个程序。③弹劾案在表达通过时又有两项限制：一是须经出席人员三分之二的同意；二是参议院的判决结果仅以剥夺公职为限，而定罪量刑之权仍属于普通法院。故而美国议会在使用该项权力时，往往慎之又慎，据统计，美国自1800年到克林顿弹劾案发生的1998年，众议院共处理过60余起弹劾案，其中只对14人提出了弹劾，最后只有7名法官被弹劾免职。④

其三，“裁判人民的司法权独立，裁判官吏的纠察权反而隶属于其他机关

---

① 王世杰、钱端升：《比较宪法》，中国政法大学出版社2004年版，第231页。

② 戴维·米勒、韦农·波格丹诺编：《布莱克维尔政治学大百科全书》，邓正来等译，中国政法大学出版社1992年版，第370页。

③ 刘想树：《美国总统弹劾制度与法治》，载《广东社会科学》2000年第6期。

④ 严泉：《议会弹劾权的运作实践及经验》，载《人大研究》2006年第8期。

之下，这是不恰当的"①。孙中山基于中国官民分立之差序格局，认为裁判人民与裁判官吏之权力应该分离，但此种想法反而破坏了司法的普遍管辖，致使司法权支离破碎。例如美国为了维护司法权的统一，议会弹劾案的判决结果，仅以剥夺公职为限，而定罪量刑之权仍属于普通法院。

这些误解导致监察院之制度设计发生偏离。正因如此，监察权仍然是治吏的工具而非治权的利器。②

孙中山的以上误解，出于以"官民分治"的传统监察理念去理解英美之议会监察，发现英美议会的弹劾权正好可以与古代言官的弹劾权相对应："弹劾有专管弹劾的官，如台谏御史之类。"③是以孙中山认为，中国古代的"监察权就是弹劾权"④，忽视了古代监察制度还包括御史制度，而御史"除了行使弹劾权外，还享有监督行政、考察官吏、检查会计和注销案卷等种种特权"⑤。而且，孙中山对言官之行为大加赞赏，认为"虽君主有过，亦可冒死直谏、风骨凛然"，"原是一种可取的事情"⑥。这也造成后来监察委员沿袭"风闻奏事"之传统。因此，在对传统监察制度的认同之下，孙中山主张"采用外国的行政权、立法权、司法权，加入中国的考试权和监察权，联成一个很好的完璧，造成五权分立的政府"⑦，创设一个与立法、行政、司法及考试四院平行的监察院，独立行使监察权。

---

① 中国社科院近代史研究所：《孙中山全集》（第一卷），中华书局 1981 年版，第 320 页。

② 徐德刚：《五权宪法监察权研究》，武汉大学 2006 年法学博士学位论文，第 9 页。

③ 中国社科院近代史研究所：《孙中山全集》（第五卷），中华书局 1985 年版，第 493 页。

④ 中国社科院近代史研究所：《孙中山全集》（第九卷），中华书局 1986 年版，第 353 页。

⑤ 高一涵：《中国御史制度的沿革》，商务印书馆 1934 年版，第 2 页。

⑥ 中国社科院近代史研究所：《孙中山全集》（第五卷），中华书局 1985 年版，第 493 页。

⑦ 中国社科院近代史研究所：《孙中山全集》（第九卷），中华书局 1986 年版，第 345 页。

同时，为了防止监察院尾大不掉，按照孙中山的设计，监察院虽然独立，为中央最高监察机构，但其行使权力受到直接民权的制约。孙中山认为，西方的代议制是间接民主，而非真正的民主，只有当人民拥有选举、罢免、创制、复决四项直接民权时，才算得上“全民政治”和真正的民主。因此，孙中山并未照搬西方的分权理论，在五权之间寻求制衡，而是将国家权力分为“政权”和“治权”，以“政权”来制约作为“治权”的监察权，即“要人民有充分的政权，可以直接去管理国事”。具体而言，在县以下实行地方自治，人民直接行使选举、罢免、创制、复决四项直接民权来监督政府的监察权等五权，而县以上人民则通过国民大会对监察权等进行监督：“各院人员失职，由监察院向国民大会弹劾之；而监察人员失职，则国民大会自行弹劾而罢黜之。”①以“政权”来控制作为监察权的“治权”，由国民大会来制约监察院，乃是孙中山民权主义的体现，但也为训政时期监察院受国民党之制约埋下了隐患。

2.“以党治国”下的监察委员会

孙中山“向来主张以党治国”②，但其所说的“以党治国”又可分为前后两个时期。前期，孙中山的“以党治国”，即效仿英美，走政党政治的道路，认为党能够团结发达“必要有两个作用：一是感情作用，二是主义作用；至于法治作用，其效力甚小”③。

此时的政党为有限党，所聚集的党员，不会在所有细节上都有绝对相同的意见和立场，党内崇尚的是个人自由平等之说，并无严格的纪律约束成员，因而个人观点的分歧在党内广泛存在。④ 此种政党政治一移植到中国，便“橘

① 中国社科院近代史研究所：《孙中山全集》(第一卷)，中华书局 1981 年版，第 205 页。

② 中国社科院近代史研究所：《孙中山全集》(第五卷)，中华书局 1985 年版，第 281 页。

③ 中国社科院近代史研究所：《孙中山全集》(第五卷)，中华书局 1985 年版，第 391 页。

④ [法]莫里斯·迪韦尔热：《政党概论》，雷兢璇译，青文文化事业有限公司 1991 年版，第 110~112 页。

生淮北”，出现种种乱象，“今日赞成第一党之政策，即可入第一党，明日赞成第二党之政策，即可入第二党”①，党内如遇意见分歧，即有类散沙，步骤凌乱，而又不受党魁之教令，难以团结自治，一遇外侮，“立见摧败，患难之际，疏如路人”②。尤其在传统官本位思想之支配下，“大多数党员是以加入本党为做官的终南捷径”③。

有鉴于此，孙中山在中华革命党时期，加强了对党员的纪律要求，但在执行的方式上，却仍因袭旧时会党之组织方法，讲求对领袖个人的绝对服从。此种消极、落后的方法未能加强孙中山在其领导的一系列斗争中的地位和力量。

在孙中山的迷茫之际，俄国十月革命的胜利给他带来了希望，孙中山遂转而走俄国道路，决定“以后欲以党治国，应效法俄人”④。在孙中山看来，所谓效法俄国的“以党治国”，是以国民党的三民主义治理国家，“并不是要党员都做官，然后中国才可以治，是要本党的主义实行，全国人都遵守本党的主义，中国然后才可以治”⑤。而欲实现以党治国之目的，成为群众之政党，绝不能单单仅靠党员个人的自律精神，“须有普及的、强逼的纪律”⑥。而党章就是“党员心理合成之法律”，党员认同了党章，等同于认同党的纪律，无异于兵士之盟誓，“故破坏纪律者，不啻战时叛兵降将”⑦。对于违反

① 中国社科院近代史研究所：《孙中山全集》（第三卷），中华书局1984年版，第36页。

② 中国社科院近代史研究所：《孙中山全集》（第三卷），中华书局1984年版，第92页。

③ 中国社科院近代史研究所：《孙中山全集》（第八卷），中华书局1986年版，第271页。

④ 中国社科院近代史研究所：《孙中山全集》（第八卷），中华书局1986年版，第268页。

⑤ 中国社科院近代史研究所：《孙中山全集》（第八卷），中华书局1986年版，第284页。

⑥ 荣孟源：《中国国民党历次代表大会及中央全会资料》（上），光明日报出版社1985年版，第37页。

⑦ 荣孟源：《中国国民党历次代表大会及中央全会资料》（上），光明日报出版社1985年版，第37页。

党纪者，除受道德上、名誉上之制裁外，还应当有免职、调任、暂时的或永久的驱逐出境等强制措施。

为了加强法治在党组织中的作用以及确保党员的纯洁性，国民党仿效苏俄的监察委员会制度①，在1924年1月召开的国民党一大上修正党章，正式确立了中央—省—县三级监察体制，各级监察委员会由同级党部代表大会产生，并独立于同级执行委员会，拥有财政稽核权、党务审查权和政务稽核权。具体而言，即稽核同级执行委员会财政之出入；审查同级党务之进行情形及部员之勤惰；稽核在同级政府任职之党员，其施政之方针及政绩是否根据本党政纲及本党制定之政策。其中，中央监察委员会作为党内最高的监察机关，由国民党全国代表大会选举产生，其党务审查权还包括训令下级党部审核财政与党务，其政务稽核权的行使对象扩展到了党中央任职之党员。②

各级监察委员会在行使上述职权时，如发现"不执行国民党决议、破坏党章、违反党义及党德"之现象，可对党员个人或全部进行弹劾，经该部监察委员会详细审查后，交由同级执行委员会判决处分。党员个人如有上述行为者，须受如下处分：党内惩戒或公开惩戒，并在党报上详细登出原委，及暂时或永久开除党籍。已被开除党籍之党员，不得在本党执政地方之政府机关服务。如地方全部有上述行动者，须受以下处分：(1)全部党员再行登记，分别去取。(2)全部解散，并在党报上登出原委。③

然而，国民党的监察委员会却难以发挥应有的"法治"作用。一是监察委员弹劾的范围极为广泛，包括不执行国民党决议、破坏党章、违反党义以党

① 1920年，俄共(布)九大通过了列宁关于在中央设立监察委员会的建议，1921年，俄共(布)十大选举出与中央委员会平行的不受其约束的中央监察委员会。其后，又进一步完善了党内监察委员会制度，形成了中央—区域—省三级监察体系，实行垂直领导，监督党员遵守党纪。参见《苏联共产党决议汇编》(2)，人民出版社1964年版，第43~44页。

② 荣孟源：《中国国民党历次代表大会及中央全会资料》(上)，光明日报出版社1985年版，第27~29页。

③ 荣孟源：《中国国民党历次代表大会及中央全会资料》(上)，光明日报出版社1985年版，第31~32页。

德者，前三者尚且较为确定，而“党德”极不确切。二是国民党的监察委员会只是形式上模仿了苏俄的监察委员会，却舍弃了最为核心的制衡与约束，未在中央执行委员会与监察委员会之间的职权上划出一个明确的界限，“监察委其会的决议，本级的委员会必须执行，而不得加以撤销”①，仍旧走的是古代监察制度“弹惩分离”的老路子，监察委员会只有弹劾权，而惩戒决定权却掌握在同级的执行委员会手中，监察委员会的地位职权无明确之保障，故在与执行委员会相互的关系上，监察委员会实似虚设的机关。

更为重要的是，改组后的国民党已然成为总体党，天然地与法治相背离。作为总体党，它拥有对世界的一整套解释，它不仅解释权力的性质、特征、形式，而且解释整个世界，全部的人类生活。不唯如此，它试图将这个整体的理论变成一种信仰，融入成员的日常生活之中。② 这种团契性质的政党常具有军事化和准军事化结构，同时又具有强协调功能和中央集权的性质③，极其容易形成一元化权力中心，致使监察委员会陷入传统监察机关的困境，同时也为训政体制埋下了伏笔。

二、训政时期的监察院和中央监察委员会

训政是孙中山先生的革命方针之一，其思想中将中华民国建设序列分为三个时期：军政时期、训政时期、宪政时期。孙中山认为当时国民民智落后，需要一个时期由政府训练国民使用民权，这个时期就称为“训政时期”。政府派经过训练的人员到各级地方为国民创造行使政权的条件，如果一个省内完全实现了县的自治，那么“训政”即结束。但这种理论片面地为一党专政提供了依据。

① 《苏联共产党决议汇编》(2)，人民出版社1964年版，第71页。

② ［法］莫里斯·迪韦尔热：《政党概论》，雷兢璇译，青文文化事业有限公司1991年版，第109页。

③ 付春杨：《国民党党国体制：作为一种政体的研究》，武汉大学法学院2016年博士学位论文，第26页。

1928年6月，随着国民党二次北伐的成功，南京国民政府在形式上完成了中国的统一。6月15日，南京国民政府发表对内对外宣言，宣布中国之统一正式完成，“此实结束军政，开始训政之时也”①，这标志着训政时期在形式上正式开始。本应在1935年训政时期结束，宪政时期开始。但由于内战和外敌侵入，训政时期拖延了十余年之久。同时又因内战及抗战等原因，国民党的党政监察体系在地方未能有效建立，故训政时期的论述仅限于监察院和中央监察委员会。

1. 监察院之职权

军政时期，国民政府虽然颁布并多次修改了《监察院组织法》，成立了监察院，但由于种种原因，监察院并未开展实质性的工作。国民党宣布实行训政后，历经数年筹备，1931年2月2日，监察院院长于右任就职，监察院正式成立，“五权制度从此完成”②。

监察院作为五院之一，为“国民政府最高监察机关”，其院部组织有院长、副院长、监察委员、监察院会议、秘书处及参事处。其中，院长及副院长由中央执行委员会选任，而监察委员的产生方式有：由监察院院长提请国民政府任命，或由监察院院长提出人选由国民政府主席提请国民政府依法任命，或由监察院院长提请国民政府主席任命。

监察院之监察权主要可分为两部分：(1)弹劾权，由监察院本身行使；(2)审计权，由监察院所辖审计部独立行使。审计部虽隶属于监察院，却独立行使审计权，监察院只负责审计部的内部行政事务，而不能干涉审计。因此监察院的职权主要是弹劾权，这也与孙中山对传统监察权的体认相符。

监察院以监察委员行使弹劾权，地方的监察权亦可由监察使行使③，每

① 《国闻周报》1928年第24期。

② 荣孟源：《中国国民党历次代表大会及中央全会资料》(上)，光明日报出版社1985年版，第919页。

③ 王世杰、钱端升：《比较宪法》，商务印书馆2010年版，第484页。

位监察委员均可对全体公务员的违法或失职行为单独提出弹劾案。弹劾程序具体分为三个阶段：(1)提出阶段。每位监察委员对于公务员违法或失职之行为，提出弹劾案于监察院，而院长不得指使或干涉。弹劾案须见于书面，并应详叙事实，提出后不得撤回。至于提案之来源，或由监察委员之闻见，或由监察院之收受人民书状。(2)审查阶段。弹劾案提出后，应即由提案委员外之监委三人审查。多数人认为应付惩戒时，监察院应即将被弹劾人移付惩戒机关；如弹劾案未获通过，而提案委员有异议者，应即将该案再付其他监委五人审查，为最后之决定。审查委员应由全体监委按序轮流担任，但审查委员与该案有关系时，应当回避。(3)惩戒阶段。弹劾案经审查通过后，即移付惩戒机关。其因公务员违法或失职之行为情节重大，有急速救济之必要者，监察院将该弹劾案移付惩戒机关时，得通知该主管长官为急速救济之处分，其主管长官接到通知，如不为急速救济之处分者，于被弹劾人受惩戒时，应负责任。至监察院于弹劾案移付惩戒机关后，除因该机关对案件有延压情形，可提出质询外，其所任职务即告解除。①

严格来说，监察院弹劾权之设置，一定程度上违背了法治原则。其一，弹劾原因过于宽泛。依据《弹劾法》第二条的规定，弹劾的原因是公务员有违法或失职的行为。但何为违法、失职，法无明确规定，而受传统监察制度之精神影响，出于“正纲纪、纠官邪”之目的，监察院往往倾向于采取最广义之解释：“其议而不决，决而不行，行而不力者，监察院得随时提出质问，以促其注意”，“玩忽因循，愆期失职者，亦随时提出弹劾”。② 特别是监察院对“失职”的解释“范围太广，易滋流弊”③。例如监察院在1930年前后三次弹劾当时的外交部长王正廷：“自长外交以来，素无方针，又乏设备。……乃王外长于第一次提出抗议文内，竟有日军与华军冲突，发生不幸等语。如此不顾

① 彭勃主编：《监察大典(法律卷)》，中国政法大学出版社1994年版，第847页。

② 《监察院公报》1934年第7~12期合刊本，第501~502页。

③ 汤吉禾：《论违法与失职》，载《行政研究》1937年第3期。

真相，冒然措词，实属失职已极。”①可见，监察院关于“失职”一词的含义不限于有法律之依据，有时沦为政治上的攻击。有学者甚至认为，监察院的弹劾权，在这个意义上“实包含了外国议会中的弹劾权和不信任权在内”②。

其二，审查程序过于简便。依《弹劾法》之规定，弹劾案的提出，须有事实与证据加以证明。但是，事实证据的收集，应有法律程序，例如法院之收集事实证据，才能最大限度地实现公平。而按照弹劾法规定，提案只需一人的提议，经过三人或者五人之审查，程序极为简单，无须依照法定程序，对于复杂的案情，难免有冤屈被弹劾者的危险。以顾孟余案为例，刘侯武的弹劾案中有“论者谓与此项购料，黑幕多端，其渔利之精巧，中饱之数目，有甚于前者北京政府时代之借款四扣者，人言啧啧，不为无因”③数语，并未言及真实可信之证据，却大谈“论者所谓”“人言啧啧”，此种简单审查程序，无疑在一定意义上赋予了监察委员古代风闻弹事之权。

其三，惩戒机关多元化，违反司法普遍管辖原则。现代法治国家，官吏的不法行为或不当行为，都归属于司法权的管辖范围，虽然可能审判机关有所不同，或为英美法系的普通法院，或为大陆法系的行政法院。但国民政府的《公务员惩戒法》第十条却规定，以被移付惩戒者所居之官职为依据，由不同的机关负责惩戒：“(1)被弹劾人为国民政府委员者，送中央党部监察委员会；(2)被弹劾人为前款以外之政务官者，送国民政府；(3)被弹劾人为荐任以上及为中央各官署委任职者，送中央公务员惩戒委员会；(4)被弹劾人为地方各官署委任职者，送各该省地方公务员惩戒委员会。”④其中隶属于司法院的，只有一个中央公务员惩戒委员会。故有学者指出：“现代法治国家中，司法权既已独立，此种监察权实在无独立的必要。即勉强使其独立，势必至

---

① 《监察院公报》1934 年第 7~12 期合刊，第 21~22 页。
② 陈之迈：《中国政府》，上海人民出版社 2015 年版，第 423 页。
③ 陈之迈：《监察院的回头与前瞻》，载《独立评论》1935 年第 148 期。
④ 高一涵：《宪法上监察权的问题》，载《东方杂志》1933 年第 7 期。

于与司法权相混。”①

弹劾权是监察院及监察委员的主要职权，而调查研究、弄清案情是其顺利行使的前提和保障，因而调查权便显得尤为必要。调查权既可以说是权力，又可以说是工作程序。1931 年国民政府公布《监察院调查证及其使用规则》，1934 年又颁布了《监察院调查规则》②，规定了监察委员在调查时应该遵守的各项规则。调查权行使方式有行文调查和派员调查两种，行文调查是指监察院行文委托其他机关代为调查，派员调查是指监察院直接派员去实地调查。法律规定，监察院得随时派员分赴各公署及其他公立机关调查档案、册籍及其他有关文件，如有疑问，该主管人员应负责详细答复。必要时调查人员可封存有关证件。

按照以上法律规定，监察院在行使调查权的过程中须得到行政系统的支持，但在实践中行政官员常常不予以配合，使得调查处处受阻。如“弹劾案以调查证据为重要阶段，而各机关之文卷又为案件中之良好证据，唯刁胥滑吏往往对于本院调取案卷时，或设法推诿，或将有关系之文件加以隐匿，致使案情不易明了，举动无凭着手”。为此，监察院不得不“特咨请行政院严令各省市政府通饬所属各机构，无论本院或监察使署调取文卷证件时，须遵照监察院调查证使用规则之规定，不得拒绝隐匿，以利监政”③。可见，监察院之调查权极为脆弱，难以对行政院行使职权进行有效牵制。

2. 中央监察委员会之职权

中央监察委员会为国民党的最高监察机关，其监察委员和候补监察委员均由全国代表大会选举产生。中央监察委员会内设有中央监察委员会常委会和秘书处，其中，常委会由监察委员之间互选产生，并由各个常委轮流担任主席；秘书处之内按工作类别设立各处(室)，即下设总务、稽查、审核三

---

① 萨孟武等编：《五权宪法》，新生命书局 1930 年版，第 106 页。

② 彭勃主编：《监察大典(法律卷)》，中国政法大学出版社 1994 年版，第 839 页。

③ 《推进监察职权之实施》，载《监察院公报》1936 年第 26 期。

处。依据《国民党总章》以及相关法律规定，中央监委会拥有四大类职权：党纪监察、政务稽核、财务稽核及党务审查。

其一，党纪监察，即监察中央党部或委员是否违背党的纪律。按照《中国国民党党员及党部处分规程》①关于党部或党员违背纪律的处分之规定，中央监察委员会及其委员具有如下职权：(1)弹劾、检举权。中央监察委员会或监察委员对中央党部或委员认为失职或违法时，得提出弹劾。弹劾各级党部委员应向该管上级党部提出。中央监察委员会对所属党员及党部均得直接检举。但弹劾书、检举书须叙明事实理由及证据证人。(2)审查权。中央执行委员会收到控告、弹劾、检举案件，应送中央监察委员会审查。审查期间，可以限令被告人、被弹劾人、被检举人答辩，如案情重大，应传集当事人及其关系人质询。审查事实未明或证据未充足时，应由中央党部函托政府机关或地方团体调查，必要时还可以派员调查。审查者对于被控告人、被弹劾人、被检举人认为有违犯党纪的证据时，应制成处分书。(3)议决权。经审查明确应予处分或免予处分的案件，须经过中央监察委员会会议的议决，议定处分之案件，送中央执行委员会执行，但后者对前者之处分有异议时，应附其理由移请复议一次。

其二，政务稽核，即监督中央政府的施政方针与政绩。训政时期，国民党奉行"以党治国"的原则，"一切权力皆由党集中，由党发施。政府由党负其保姆之责，故由党指导，由党拥护"②。国民党不仅掌握国家大事的决策权和指导政府实施政策，而且有权对政府进行监督、审查。按照《各级监察委员会稽核各同级政府施政方针及政绩通则》③之规定，中央政府的施政方针应限时函致中央党部执行委员会转中央监察委员会审查。中央监察委员会稽核中央政府所定施政方针时，发现与党的政纲政策不合者，得附述意见函，由执

① 《中国国民党中央监察委员会现行法规辑要》，南开大学图书馆藏，第23~31页。

② 杨幼炯：《近代中国立法史》，商务印书馆1936年版，第352页。

③ 徐百齐：《中华民国法规大全》(十)，商务印书馆1936年版，第879页。

行委员会转请同级政府修改。中央政府每年须将政绩造具报告书送中央执行委员会转中央监察委员会稽核，如有疑义，得函请解释，中央政府应负完满答复之义务，必要时并得派员调查之。中央监察委员会稽核中央政府政绩时，发现有违反党的政纲及政策者，得提出弹劾案于中央执行委员会。后来国民党六大通过的《国民党总章》改为监察党员的政治活动是否根据党的政纲政策，而非直接稽核政府的施政方针与政绩。

但该项职能的改变，实际上削弱了党对政府的控制。据统计，中央机关荐任和委任级公务员①中，有党籍者约占20%~40%。② 总计中央政府机关公务员中国民党党员所占的比例，1929年时为36%③，1933年时降至22%，1939年上升到45%④。对一个一党独裁的政权来说，这一比例并不显著。

其三，财务稽核，即稽核中央执行委员会的财政经费。国民党中央监察委员会议决了《稽核程序》《稽核条例》⑤等一系列法规、条例，对党的财政经费等方面的监察作了明确的规定。其中规定了中央监察委员会有权稽核中央执行委员会的财政收支和预算，中央监察委员会如对中央执行委员会上一月份的报销数据有疑义，得行文或派员查问，必要时还调阅相关证据。

其四，党务审查，即审查中央执行委员会和中央党部的党务。1931年，中央监察委员会会议修正了《各级监察委员会或监察委员审查党务通则》和《各级监察委员会或监察委员审查党务细则》⑥，规定中央监察委员会有权审查中央监察委员会及中央党部的党务，且得派员实地调查。具体而言，中央

---

① 训政时期公布的公务员任用法，简任、荐任、委任三级公务员任用资格，每级各有五项，具备其中一项即可。五项资格中“党籍”居其一，即“致力革命”10年、7年、5年者，可分别出任简任、荐任、委任各职。由此而观，党籍是入仕条件之一，但不是必要条件。

② 《统计月报》1929年第1卷第9期。

③ 铨叙部编：《铨叙年鉴续编》(民国二十至二十二年)，南京大陆印书馆1934年版，第443~446页。

④ 《行政院所属各部会人事概况》，载《行政评论》1940年第5、6期合刊；《铨叙部统计年报》(1941年)，中国第二历史档案馆藏，卷号：27/785。

⑤ 《中国国民党中央监察委员会现行法规辑要》，南开大学图书馆藏，第45~60页。

⑥ 《中国国民党中央监察委员会现行法规辑要》，南开大学图书馆藏，第71~74页。

执行委员会应将每次决议案、每月工作报告移交中央监察委员会审查，如认为有违背党章、党义的，得函请复议撤销之。

中央监察委员会的上述四大类职权，其主要落脚点在于对违反党章、党义及党德的党员个人和全部予以弹劾，并提请中执委处分。对党员个人的处分方面，相较于国民党一大党章之规定，训政时期更为严格，党员之开除党籍，与褫夺公权并无差别。① 当时刑法第五十六条规定，褫夺公权者被剥夺以下五种资格：(1)为公务员之资格；(2)依法律所定之中央之地方选举，为选举人及被选举人之资格；(3)入军籍之资格；(4)为官立公立学校职员教员之资格；(5)为律师之资格。② 这实际上是将党章、党义及党德直接等同于现行刑法，党员作为特殊群体，处在普遍司法管辖范围之外。

尽管监察委员会拥有上述四大类职权，但中央执行委员会与监察委员会之间的职权并没有明确的界限，以致前者在实践中往往侵夺后者的职权，常越俎代庖处分违纪党员，甚至事后不向监委会通报，这使得监委会始终难以获得一个清晰的定位。对此，国民党人黄季陆指出："本党现今组织的弱点，即在于监察委员会的地位职权无明确之保障，故在与执行委员会相互的关系上，监察委员会实似虚设的机关，吾人在职务上，亦更难寻出监察委员会设立之必要。"③

3. 监察院与中央监察委员会之关联

原本按照孙中山"党政分察"之设计，监察院是国民政府的最高监察机关，中央监察委员会是国民党的最高监察机关，双方在原则上本各司其职，不相干涉。其中，国民大会代表人民行使最高监察权，弹劾监察院及其监察委员之失职，即"各院人员失职，由监察院向国民大会弹劾之；而监察人员失

---

① 《内政部咨各省市政府文(中华民国二十三年十一月七日)：开除党籍与褫夺公权无别》，载《法令周刊》1934 年第 234 期。

② 马存坤：《褫夺公权新论》，载《法律评论》(北京)1932 年第 25 期。

③ 黄季陆：《中国国民党的组织问题(下)：对三次全国代表大会建议之一》，载《建国(广州)》1929 年第 40 期。

职，则国民大会自行弹劾而罢黜之"①。

然而，在"以党治国"的训政时期，一切权力集中于党，无有一机关能独立于党外，国民党的主义即为全国政治之依归；所以党的监察机关(中央监察委员会)成为全国监察的最高机关。② 国民党的党义一跃而成为监察权之行使指南，建立在其把持监察院及其人员配置的基础上，致使监察委员大多为国民党员。而作为国民党员，在监察工作中无疑是要贯彻国民党的政纲与政策。如监察院的首任院长于右任，乃是国民党元老，在就职时就表示要做"三民主义门前的卫士"，又勉励监察委员研究党义，"党义就是指导我们的指南针"，"凡在国民政府之下服务，对于党义，是要有深切的认识，才能办事"。③ 受此种风气之熏染，原专为保障监察委员独立而通过的《监察委员保障法》，在党之纪律面前，也失去了"护身符"的作用："监委虽有保障法，但若为党员，则党之纪律制裁，固仍可加诸其身……"④

监察委员行使职权的独立性受到党内监察的制约，而通过监察委员来履行其职能的监察院也难以独立，以致偏离孙中山监察院设计的初衷："监察院的监察行政，不仅对人民一方面负责，而且兼对党负责，不仅人民在监察它，而且党也在监察它，比从前多了个党的制裁。"⑤

监察委员在接受中央监察委员会监察的同时，也受到其制裁。原本监察委员尚未明确交于何种机关惩戒，如《监察委员会保障法》曾拟定"监察委员之惩戒处分以监察委员惩戒委员会行之"⑥，但因该惩戒委员会始终未能成立，1931 年国民政府即命令决定由中央监察委员会作为监察委员的惩戒机

① 中国社科院近代史研究所：《孙中山全集》(第一卷)，中华书局 1981 年版，第 204~205 页。

② 徐式圭：《中国监察史略》，中国书籍出版社 2016 年版，第 132 页。

③ 《于院长勉励职员研究党义》，载《中央日报》1931 年 2 月 18 日第 1 版。

④ 《汪精卫发表谈话警告监委》，载《大公报》1934 年 7 月 20 日第 3 版。

⑤ 胡汉民：《什么监察院的责任》，载《中央日报》1929 年 9 月 22 日第 3 版。

⑥ 彭勃主编：《监察大典》(法律卷)，中国政法大学出版社 1994 年版，第 837 页。

关，理由是："监察委员惩戒委员会之组织尚未规定，查此种最高监察权应属诸国民大会，今似以属于中央监察委员会为宜。"①

在训政时期，中央监察委员会除了是监察委员的惩戒机关，还是监察院弹劾对象的惩戒机关，按照《公务员惩戒法》第十条之规定，当监察院被弹劾的公务员属于"国民政府委员"，监察院"应将弹劾案，连同证据"，移送中央监察委员会进行惩戒。这种"弹惩分离"的设计沿袭了中国古代监察的传统，既极大地削弱了监察权效能的发挥，也使监察权在运行过程中偏离法治的轨道。在实践中，监察院基于达到弹劾目的考虑，往往会在移交弹劾案之后，将弹劾案公布于报纸杂志，以助长弹劾之声势，被弹劾者也会公开辩驳，双方你来我往，争论不休。在惩戒机关进行审议之时，弹劾者与被弹劾者已经在公众面前打了一场有声有色的笔墨官司了，而依照法定程序谨慎进行的惩戒程序及处分反而显得不甚重要。②

以汪精卫被弹劾一案为例，1932 年国民政府外交次长与日本签订上海停战协定，监察院以该协定未送立法院审议为由，向中央监察委员会提出对行政院长汪精卫的弹劾案："立法院为国民政府最高立法机关，立法院由议决法律案……媾和案……此次上海停战协定，已经行政院外交部批准，与日本签字，未闻提交立法院议决……国家既号称法治，则一切措施当循法轨。反是即为违法，即应受法之制裁，虽有贤者，莫能外也……应请将行政院院长汪兆铭交付惩戒，以儆效尤，而崇法治。"弹劾案一提交，监察院即公开发表，汪精卫也在各大报纸上进行回应："监察院弹劾案之成立，系始于委员一人之提议，而终于委员三人之审查，由此可知，弹劾案之成立，仅系弹劾方面之意思，而被弹劾者之意思尚无表示，惩戒机关之意思，更尚无表示。一般人认为，弹劾案成立，便是被弹劾者罪名成立，这是绝对的误解……"虽然监察

---

① 荣孟源：《中国国民党历次代表大会及中央全会资料》(下)，光明日报出版社 1985 年版，第 44 页。

② 陈之迈：《中国政府》，上海人民出版社 2015 年版，第 419 页。

院在弹劾案中表明“崇法治”，但在公众面前大造舆论，却明显有违法治原则。中央监察委员会在舆论面前，最后决议：“上海停战协议系中央政治会议第二十九次临时会议决议……所谓惩戒行政院长汪兆铭一节，应无庸议。”①同时又肯定监察院依法行使职权。

三、监察文化与法治

“古之建官，所以济育群生，统理民物也，故为之君长以司牧之。司牧之主，欲一而专，一则官任定而上下安，专则职业脩而事不烦……下考殷、周五等之叙，徒有小大贵贱之差，亦无君官臣民而有二统互相牵制者也。……始自秦世，不师圣道，私以御职，奸以待下。惧宰官之不脩，立监牧以董之，畏督监之容曲，设司察以纠之。宰牧相累，监察相司，人怀异心，上下殊务。”②

可见，在奴隶制时代，官员与民众虽有大小贵贱之差，但都处于司法的普遍管辖之下，不会出现“二统互相牵制”的局面。如《尚书·吕刑》：“伯夷降典，折民唯刑。”《左传·昭公六年》：“夏有乱政，而作禹刑；商有乱政，而作汤刑；周有乱政，而作九刑。”特别是《左传·僖公二十六年》：“昏、墨、贼、杀，皋陶之刑也。”从调整范围来看，“昏、墨、贼、杀”涉及庸官、贪官、杀人等多方面③，对于贪官污吏的处理，是在治理民众的同一程序之中，并无特殊的机关进行管辖。

然而，自秦并六国，“天下之事无小大皆决于上”④，皇帝“虽有尧之智，而无众人之助，大功不立”⑤，故设百官以牧民，依靠官僚集团维系专制统治。同时，官僚集团作为特殊群体，一旦与权力相结合，在等差有序的身份

① 《监察院公报》1932 年第 13~14 期合刊本，第 50~51 页。

② 《三国志》卷 9《魏书·夏侯玄传》。

③ 陈晓枫、柳正权：《中国法制史》(上)，武汉大学出版社 2012 年版，第 171 页。

④ 《史记》卷 6《秦始皇本纪》。

⑤ 《韩非子·观行》。

区隔之下，便会有脱离普遍司法管辖的特权，“这更减少了法律的简单性，并制造出千百种的例外”①。因此，以专门的监察机关与法律去治理官僚集团就成为一种必然，“惧宰官之不脩，立监牧以董之，畏督监之容曲，设司察以纠之”。

一旦上述“官民分治”的观念与“监察”这一词语形成稳定结合，“监察”就会被反复对应于描述和表达“官民分治”的观念，从而使“监察”一词在历史继承中凝结和保留了历代先民对这一概念所体验到的全部情绪。② 正如马克思所说：“人们创造自己的历史，但是他们并不是随心所欲地创造，并不是在他们选定的条件下创造，而是在直接碰到的、既定的、从过去继承下来的条件下创造。一切已死去的先辈的传统，像梦魇一样纠缠着活人的头脑。”③历史传习而来的“监察”也是这样一种“纠缠着活人头脑的梦魇”，自秦代开始沉淀凝结形成了的“官民分治”行为模式，或可称之为“监察文化”。

作为一种行为模式，“监察文化”对人们的监察实践起着指令作用。孙中山在进行监察制度设计时同样也受到“监察文化”的指令作用，这使得孙中山在接触英美的监察制度时，无法理解其法治中司法普遍管辖的意涵：“裁判人民的司法权独立，裁判官吏的纠察权反而隶属于其他机关之下，这是不恰当的。”④因而，孙中山主张设置独立的监察院来专门纠察裁判官吏之违法失职行为。治理民众的官员是特殊群体，领导建国、治国的党员自然也是特殊群体，也需要专门的机关予以监督。正是在这种“官民分治”的行为指令下，孙中山形成了“党政分察”的监察思想，即在国民党内组建监察委员会，在国民政府内设置监察院，“以官纠官，以党察党”，专门管辖官员和党员两大特殊

① ［法］孟德斯鸠：《论法的精神》(上)，张雁深译，商务印书馆 1961 年版，第 74 页。

② 关于特定概念与民族情感体验相凝结的论述参见陈晓枫：《中国法律文化研究》，河南人民出版社 1993 年版，第 9 页。

③ 《马克思恩格斯选集》(第一卷)，人民出版社 1995 年版，第 585 页。

④ 中国社科院近代史研究所：《孙中山全集》(第一卷)，中华书局 1981 年版，第 320 页。

群体。

训政时期，国民党依据孙中山“党政分察”的监察思想，成立了监察院，并使其受国民党中央监察委员会的制约，二者又同时受到国民党治权的控制。而崇尚权力一元的理念认为，不管权威核心是一个人还是一个社会集团，其享有的权力是整体的，自始至终不可析分，在行政分工成为社会管理必要时，只能通过授权在上下级之间进行单向传递，中国传统的王权、皇权、党治权均是这样的权力。① 这使得监察权虽然进行了二元配置，但在一元权威之下，实际上又回归了君主专制的旧模式，并不能很好起到监察的效能。正如孟德斯鸠所言：“监察官对于君主政体的腐败，是无能为力的，但是君主政体的腐败，对于监察官却是一种不可抵抗的力量。”②

作为一种法律制度，监察以实施权力监督为职责，是法治的实施机关。权力监督是法治的题中应有之义，而法治是权力监督的保障：法治为权力监督提供合法性基础，为权力监督的内容提供基本准绳和尺度，为权力矫正提供基本依托。若无法提供监察权有效运行的前提和保障，监察是难以施展的。正如监察委员高一涵所说：“只有真正法治的国家中，监察权才可以推行无碍，法律是权衡度量，有了权衡度量，然后才有长短轻重大小多少之分。……违法，只有在法治国家才可以听到。……监察权之行使，或可行之有效，一定要在政治已上轨道的地方。政治越上轨道，监察权越有效用。”③

① 陈晓枫：《中国宪法文化研究》，武汉大学出版社2014年版，第345页。
② ［法］孟德斯鸠：《论法的精神》（上），张雁深译，商务印书馆1961年版，第72页。
③ 高一涵：《在湖北省党部纪念周演说辞》，载《监察院公报》1935年第35期。

第六章　域外监察专员制度

自人类建立文明国家以来，如何防止公权力的滥用成为各个国家建构本国政治制度的重要考量因素，因而发展出了类型多样的监督救济途径，监察制度成为其中重要的一个环节。而在域外国家所设立的监察机构多为监察专员制度，因此通过对监察专员制度的深入了解，将有助于我们对域外监察制度的初步窥探。作为监察、督导行政行为的重要法律制度，监察专员制度在面对行政权力在国家政治生活、经济管理和社会治理中拥有日益强大的影响力时，能够有效地预防不良行政的产生，从而使国家公权力能够最大限度地被限制在合法的范围内合理地行使。监察制度并不存在最好的模式，因此监察专员制度并不一定是最好的或者是适用于每一个国家的制度，但是对它的了解能够汲取域外监察制度发展过程中的经验，为建立适合本国历史文化传统、政治制度现状和现实政治需求的监察制度提供有益借鉴。

一、监察专员制度概述

监察专员制度产生于北欧国家，进而影响到整个世界的监察制度建立，成为了瑞典语中广为人知的一个名词，也成为许多国家限制与制约行政权的有效手段。从诞生之初，它就被认为是公民防御行政权力的救济途径，此后在发展过程中，它也一直坚持了其独立监督政府的定位，并能够有效地、非强制性地防止与纠正行政权力对社会的过度及不当干预。

(一)监察专员的域外语义

监察专员，英语名称为“ombudsman”，被认为是一个来源于瑞典语的外来词。从词根来看，这一单词由“ombud”和“man”组成。其中，“ombodh”来源于古斯堪的纳维亚语“umbodh”，意思是“由代表团负责、调查、管理”，而“man”在同属于日耳曼语族的英语和瑞典语中是同样的含义，即都表示“人”或“男人”。因此，“ombudsman”的原意为“负责调查和管理的代表团中的人”①，后指“专门负责调查针对雇主的客户投诉的人；也指负责调查针对政府服务的公民申诉的人”②。从词源上看，这一词汇所代表的是男性官员，这与监察专员制度最初的发展是一致的，只不过随着女权运动的发展，女性监察官员也被称为“ombudsman”，这一词汇逐渐成为了不带性别指向的单纯的官职称谓。

而在翻译过程中，“ombudsman”被翻译成了多种称呼。在我国台湾地区，学者们一般将其翻译为“按察使”“护民官”“监察长”等。我国香港的学者则基本将其译为“申诉专员”，例如其特色的“申诉专员公署”即采用此翻译。而在大陆地区，其翻译尚未达成统一，在学者著作中，最为常见的是译为“监察专员”③。官方会议一般也都使用这一翻译。④

从“监察专员”的概念内涵来说，不同的机构以及著作都对其给予了各自的定义。比较典型的有国际律师协会在1974年对其作出的定义：“监察专员指的是依据宪法(或立法机关的法律)设立的，由一个独立的拥有较高地位威望的公共官员领导的机构。该机构对立法机关或者议会负责，接受对政府机

---

① Peter Leyland and Terry Woods, *Administrative Law Facing the Future: Old Constraints and New Horizons*, Blackstone Press Limited, 1997, p. 90.

② http://www.duhaime.org/LegalDictionary/O/Ombudsman.aspx，Ombudsman 的词条，访问日期：2018年5月2日。

③ [瑞典]本特·维斯兰德尔：《瑞典的议会监察专员》，程洁译，清华大学出版社2001年版，第57页。

④ 夏长勇：《亚洲监察专员协会第七次会议闭幕》，载《人民日报》2002年5月25日。

关、官员或者雇员有冤情的人的申诉，或采取主动的行为。监察专员有权进行调查，建议正确的行为，并提出报告。”在这一定义中，监察专员被描述为一个对议会负责的机构。而随后建立的国际监察专员协会对此却作出了不同的定义：“监察专员是一个独立、无党派的官员，通常由宪法设立，监督行政。他处理针对行政不公和不良行政的申诉。”①可以看出，在国际监察专员协会的定义中，监察专员是一个官员，他是完全独立的，并不要求对于议会负责，从这个角度上来看，国际监察专员协会所作出的定义外延更广。但值得注意的是，在国际监察专员协会所做的定义中，“私人监察专员”和“行政监察专员”是被排除在这一定义之外的，前者是由私人机构设立的，所针对的也是平等主体之间的纠纷，因此一般被认为是替代性纠纷解决机制的一种。而后者则一般被认为是属于行政内部救济途径，其独立性受制于行政权，因此被排除在外。

从语义上说，“ombudsman”所对应的应该是“监察专员”这个机构，是对其的统称，对其具体官员的称呼则各国说法不一。例如，英国的监察专员的法律用语采取的是传统的称呼“commissioner”，在西班牙以及前西班牙殖民地地区，由于其监察专员被认为是人权监察专员，因此一般采用“defensor del pueblo”，即“人民保护人”的称呼。在法国及前法属殖民地国家，采用“调解人(mediateur)”这一更为特别的称号，意欲强调这些国家中监察专员的调解职能。

正是由于定义的不确定以及称呼的不一致，因此国际监察协会对监察机构的认定提出了自己的标准，不再采取下定义的方式，也不看其具体的称呼是什么，而是看其机构的基本特征是否符合其所抽象出来的特定的标准：(1)根据宪法、法律或者国际条约的规定设立；(2)其机构职能是保护人权，避免民众受到行政机关滥用权力、腐败、官僚主义、不当行政等的侵害；(3)能够独立运

① 袁钢：《欧盟监察专员制度研究》，中国政法大学出版社2013年版，第11页。

作，推进政务公开；(4)不接受其他公共权力机关的指令，这些指令将影响其公正履行职务；(5)有必要的手段和权力去调查民众的申诉，并有权对调查结果进行评价和提出意见；(6)有权向其他公共权力部门提出建议，纠正和预防第(2)点中提到的问题，推动立法和行政改革，推进善政；(7)其机构和人员应由立法机关或其他选举机构产生，应有固定任期，并依法定程序被立法机关或选举其产生的机构罢免，定期公开向立法机关或选举机构提交报告；(8)管辖范围包括国家、地区等，管辖权及于公共机关或公共领域；(9)有独立财政保障其功能实现。这一标准规定主要是从监察机构的产生、职权、功能以及保障等方面进行界定，其较为全面地概括了监察机构应该具有的特征。

(二)监察专员的职能定位

监察专员一般被认为是一个独立于政府的机构，即使它或许是由议会产生的，但是最终它也是独立于议会的。因此，监察专员的职权通常由具体的法律规定进行明确并确定下来。但其具体的职权范围却是根据各国的国情呈现出不一样的特点。例如，最先建立监察专员制度的瑞典，监察专员有控告权，这是其最为典型的特点。在《议会监察专员指令法》中规定，监察专员有权控告那些有明显的严重错误，触犯刑法并造成重大损失的公职人员。当然，为了协调与司法机关的关系，瑞典的其他法律中也规定了监察专员一般只受理没有达到起诉条件的公民的申诉，法院也会尊重监察专员所提出的处理意见。① 而新西兰则把其职权重点放在了调查权，在1962年颁布的《监察专员条例》中，规定监察专员的职权是对条例附表中所列的政府部门和组织所作的与行政管理有关并影响到某个人或某个团体权益的决定、建议、作为和不作为进行调查。② 一般这些行为要么是违反法律的、本身错误或者是依据错误的法令实施的，要么是不合理的、违反人权的，甚至依据习惯被认为不合理

① 艾政文、胡松：《瑞典议会监察专员制度》，载《人大研究》2004年第7期。
② 袁钢：《欧盟监察专员制度研究》，中国政法大学出版社2013年版，第24页。

的也在可申请调查范围内。新西兰将监察专员的权限控制在了调查的范围，大部分的行政机关违法行为都可以向法院起诉，但并不能向监察专员申诉。同时，这也就将其权限范围所针对的对象在实质上控制在了行政机关的不当行政行为上。

不仅是法律直接规定，从上文的定义中也可看出新西兰的监察专员针对的是不当行政行为。1995 年成立的欧盟监察专员，其职权确定时也用了“不当行政行为”这一术语。在欧盟印发的监察专员指导手册中，它这样表述监察专员的职权：“在欧洲联盟条约框架内，在欧盟法院司法职能外，发现欧盟机构和部门的违法不当行政行为，提出建议使其终止。”①在建立监察专员的框架时，欧盟所采用的是经典的北欧数国的监察专员模式，对不当行政行为的定义采取的是“良好行政行为是遵循法律的行为，一旦非法则不可能是良好行政”这一理念，因此，它将不当行政行为与非法行为等同起来，在确定不当行政行为的认定标准时，采取的是合法性审查标准。这在 1997 年年度报告中明确下来，在界定定义时作出了清楚的表述：“当一行政机构未依据有约束力的规则或原则行为时，即有不当行政行为的发生。”②这里的法规或原则包括法定或非法定的规范。之后的“良好行政原则”进一步要求欧盟各机构在尊重其法律义务的基础上，同时要秉承服务理念，使得欧盟的公民能够得到适宜的、充分的权利。依此，欧盟监察专员所作出的不当行政行为的决定，并不会导致诸如法院作出认定行政行为不合法的法律后果。正是由于此，不良行政行为逐渐被《欧洲良好行政行为准则》取代。

当然，监察专员的职权由于各国不同的规定，会与其他机构的职权有所重合，特别是当对不当行政行为进行宽泛解释的时候，这一现象就更为明显。因此，各国也对其职权作出了相应的限制，仍以欧盟监察专员为例，欧盟监

① See European Ombudsman, *What can European Ombudsman do for you? A guide for citizen*, *Leaflet of the European Ombudsman*, p. 7.

② 参见 Newbury Bypass 的案例，《1996 年欧盟监察专员年度报告》，第 64 页。

察专员并不能调查欧洲议会的政治性工作，也不能对欧洲理事会的政治决定进行问询，当然也不能够审查欧洲议会认可的法令。同时，欧盟监察专员必须服从欧盟机构在法律限制内的所有决定。

从具体行为类型来说，监察专员所审理的案件一般包括：法律错误、过失行政行为、不当延迟、程序错误、歧视、透明度不够等。一般说来，各国的监察专员都会在年度报告中对其审查的不当行政行为进行具体描述。以英国为例，在其年度报告中对不良行政行为作了列举性规定，包括粗暴、不愿视申诉人为有权利之人、拒绝回答合理的提问、因疏忽没有告知申诉人其应享有的权利、拒绝给予救济、偏私、拒绝充分告知上诉权、程序错误等 15 种不良行政行为。① 这样一来，将不良行政行为具体化，使得监察的强度更大，最大限度地发挥了监察专员制度在提高公众对政府的信任度方面的作用。

从监察专员的职权范围来看，它的定位并不是法院或者行政裁判所的替代，而是其有益的补充。从地位上看，监察专员制度是超国家的、行政机构之上的监督制度顶层设计。这是由于社会变迁过程中新呈现的问题在性质上是多中心的，不是立法、行政、司法三机关所能分别解决的，而是需要一个综合性机构来加以应对。对于公民而言，它是护民官（对政府提建议和意见；调解员），是处理政府与公民之间矛盾和冲突的非诉讼纠纷解决机制；对于政府而言，它是监督者；对于议会而言，它既促进法律实施，又间接参与法律制定。因此，监察专员制度是介于议会、政府和公民三者之间的一个对话机制、协调机制和制衡机制。

（三）监察专员制度的共性特征

虽然各国的监察专员制度都是依照自身国情建立的，各自具有鲜明的特

① 彼得·莱兰、戈登·安东尼：《英国行政法教科书》（第 5 版），杨伟东译，北京大学出版社 2007 年版，第 157 页。

色，但总的来说监察专员制度还是具有以下四个共性特征①：

第一，监察权力来源的至高性。监察专员的权力大多来自于国家最高权力机关。监察专员制度大多在各国宪法或基本法中确定，同时监察专员多数由议会任命，这在权力来源上保证了监察专员的至高地位。监察专员从法律上只需向议会报告工作，除议会外，其他机关都没有对监察专员的任免权。而且在一般情况下，监察专员在退休之前都可以一直任职，拥有独特的身份保障。而且，由于监察专员自身的专业素养和道德修养都保持在很高的水平，他们一般拥有崇高的社会声望。

第二，监督工作的独立性。虽然监察专员是由议会产生的，但是各国法律都赋予了监察专员机构以相当大的独立性。监察专员拥有充足的财政预算支持，同时从法律传统上看，即使是任命监察专员的议会也不能干涉其日常事务。监察专员除了可以接受公民申诉进行调查外，还可以主动通过媒体报道、公共舆论来寻找官员的不良行政行为。同时，监察专员对于其管辖范围内的案件拥有较大的自主决定权，能够选择对案件的处理方式。除了调查之外，还拥有向立法机关和政府建议的权利，甚至在一些国家还拥有控告权。

第三，监察方式的及时性。相比于公民防御公权力侵害的其他救济手段，监察专员制度能够最大限度地提供给公民非正式的、方便的救济途径，将每一位公民受到政府公平对待的权利予以制度化，充分发挥了自身有效、经济、处理及时的非司法救济途径的优势。同时，正是由于监察专员不仅能够受理公民诉讼，还能够主动审查，因此它就像是高悬在政府官员头上的“达摩克利斯之剑”，随时会受到调查的心态促使其提高行政效率，保持良好行政。

第四，监察结果的有效性。监察专员最重要的工作之一就是受理公民提出的申诉，而且这一受理渠道是开放性的，使得监察过程是透明的，容易得

① 参见黄珊、朱春宇：《从议会监察专员视角论我国监察制度的完善》，载《北京工业大学学报》(社会科学版)2006年第3期。

到民众认同。虽然监察专员利用的是非正式程序和诉讼以外的方式来处理案件，但是对于案件调查结果，监察专员会提出自己的处理方式，这些处理方式都拥有相当强的权威性和有效性。在大部分情况下，监察专员对案件所提出的处理建议都会得到行政机关各部门的认同，即使遭到拒绝，监察专员还能够通过向议会或议会中的专门委员会提交特别报告等方式向行政机关施加压力。

二、监察专员制度的形成

追溯整个监察专员制度的发展，我们可以从古代罗马的监察官制度中发现源头，而在其真正诞生之后，可以依第二次世界大战分为两个阶段。二战之前，这一制度只存在于斯堪的纳维亚半岛，即瑞典和芬兰，且当时的古典监察专员职能只被看作议会监督政府的手段，其与公众之间的联系没有那么密切。二战之后，特别是丹麦建立现代监察专员制度之后，监察专员成为了独立、专门监察政府的机构。越来越多的国家建立了监察专员制度之后，监察专员组织也随之诞生了。

(一) 古代监察专员制度：罗马的监察官

古罗马被看作欧洲法制文明的摇篮，它所创立的公民大会、元老院和元首的民主制、贵族制和君主制三种成分相融合的模式，被认为是罗马人对权力监督的一种尝试与努力，而保民官、监察官等各种高级官员的设立更是体现了罗马人对于公权力的防御与谨慎的态度，这对之后整个西欧监察机构的建立甚至是欧洲政治法律结构的搭建都产生了深远的影响。

在古罗马国家的共和时期，监察官的设立被看作共和时期古罗马政制走向成熟的一个重要步骤，也被看作此后监察专员制度的历史源头。从这一制度诞生的背景看，它本身就体现了古罗马时期平民与贵族之间的政治斗争。公元前 6 世纪，古罗马从王政时期走向共和时期，贵族依旧垄断了国家权力，平民的利益仍然被忽略，但是他们在不断的抗争中争取到了参政权。在这种情况下，贵族新设了监察官来分化保民官的权力，但是平民争取权力的斗争却仍未停止，在公元前339年，平民争取到了担任监察官的法定地位。这一年，《关于建立平民监察官的普布利亚和菲罗尼法》规定必须由平民担任两位监察官之一①，这时监察官虽不具有最高统治权，但却已经是神圣的高级官员之一。

监察官的权力被认为是赎罪献祭的宗教权力转化来的政治权力，因此从诞生之初就拥有十分显赫的地位。虽然一开始只有普查人口和财产状况的权力，但是之后随着现实的需要，监察官开始负责监督社会道德风尚和进行道德指导。凡是监察官认为有违反道德的公民行为都会被记录在案，每五年会出具一次“监察官评注”，即针对公民品行所作的书面评价报告，这对于公民来说非常重要，涉及“丧失名誉”和公民降等。非常重要的一点是，这时候的监察官与后世的一样，他们的决定权也是没有强制性的，并不是完全法律性质的。

而监察官拥有的一项更为重要的权力是修改并确定元老的名单。这一权力最开始是由最高执法官承担的，《奥威尼平民会决议》将此任务转交给监察官：监察官从平民和贵族两个阶层中为元老院选拔最优秀的市民。② 这一权力是由对于公民道德的监督权发展而来的，因为罗马人认为一个人的社会地位越高，其道德品质就越重要，因此人们委托监察官对元老院这样位高权重的职位遴选纯洁官员候选人也是自然而然之事。两位监察官拥有的这项权力很大，他们所依据的不是法律而是行为规范和道德准则，因此只要他们作出决定后，其他官员不能干预，因此监察官拥有很强的独立地位。

监察官的设立贯穿了罗马人的权力观：权力导致腐败，绝对的权力导致绝对的腐败。监察官从执政官手中分担一部分行政职责，客观上缩小了执政

---

① 连佳：《浅议古罗马共和宪政下监察官制度及其启示》，载《现代交际》2016年7月刊。

② 贺五一：《略论古罗马共和国的监察官制》，载《广西社会科学》2006年第4期。

官的行政权。罗马人需要权力，却又害怕权力，其解决方法是用权力来限制权力，对实权进行分割、限制，让居高位者互相监督。这种权力制衡机制既是罗马人的政治创举，同时也折射出罗马人对暴政的深度恐惧心理。古罗马共和国的监察官由代表民意的公民大会通过投票选举产生，拥有重要且众多的权力，处于独立的地位，成为行政监督的第一道防线。之后，虽然这一制度湮没在历史的尘埃中，但仍然深刻影响着西欧国家监察机构的建立。

(二)近代监察专员制度：发轫于瑞典的古典监察专员

古典的监察专员制度诞生于瑞典，在1809年新的《政府组织法》创立之后，议会监察专员公署作为其政府组织的一个部分创建。在1809年之前，瑞典是一个绝对专制的独裁君主制国家。而在专制君主古斯塔夫四世·阿道夫被第三等级罢黜以后，等级会议成为当时的最高权力机关且权力几乎不受制约，瑞典在绝对专制之后陷入了另外一个极端，当时的瑞典人民希望在两者之间寻求切合实际的道路，新的《政府组织法》在这样的背景下出台了。

在为数不多的留下的《政府组织法》的起草文件中，我们可以发现这一著名的制度是以洛克与孟德斯鸠权力应当彼此制衡理论为基础的。1809年6月2日宪法委员会的备忘录中有一份政府的法律建议案，其中提到了有明确分权的立法机构、行政机构与司法机构。① 同时，它保留了国家机关自治制度，这是17世纪以来瑞典所坚持的传统，即不允许大臣对国家机关进行直接管理。与大多数国家不同的是，瑞典的各个行政机关并不受到其主管内阁部门的干涉，而是独立地行使职权。同时瑞典的大臣也不是他的部所负责的行政机关的首长，对其下属的行政部门也没有直接下达指令的权力，即政务不是由各个大臣分别执掌，而是统一由全体内阁一起发布。因此瑞典的行政部门在处理与上级的关系时表现得都较为独立。这一传统对于议会监察专员制度的建立也有着非常重要的影响，任何权力机关(包括议会)都不能指令或影响

---

① [瑞典]本特·维斯兰德尔：《瑞典的议会监察专员》，程洁译，清华大学出版社2001年版，第4页。

任一行政部门对具体事务的裁决。因此，议会与议会监察专员的权力在此进行分野，议会通过宪法委员会来监督政府履行职责的情况，而法院、文官系统以及地方和区域性政府机构的具体行政事务的监督则交由了议会监察专员。

在议会监察专员制度建立之前，瑞典就有了司法总长制度，后者的前身是皇家最高监察专员。1709年卡尔十二世在波尔塔瓦输给了当时的俄罗斯，随后逃往土耳其，被苏丹扣留为人质，这就导致了瑞典的国王长期缺位，整个瑞典的行政系统陷入混乱。正是在这样的情况下，瑞典决定任命一位最高监察专员作为代表来确保法律与法规的效力，皇家最高监察专员并没有任何实质上的政治权力，但一旦他发现有官员失职，就有控告该名官员的权力。在卡尔十二世去世之前，这一职位通常由被国王任命为司法总长的人兼任，而在其死后，由于当时的国家权力集中在等级会议，因此司法总长的任命权也归入等级议会。新的《政府组织法》颁布之后，司法总长一般都由政府来任命。正是由于司法总长是对政府负责，不得违背政府所发布的指令，人们对司法总长能否很好地监督政府行政来保障公民权利产生了质疑。基于这一原因，瑞典公民迫切希望能够在政府之外有一个独立的机构来监督政府的行政，即使其职权与司法总长的职权看起来是一样的，却让瑞典公民对其充满了不一样的期待。

为议会中的等级会议创设议会监察专员的建议体现在宪法委员会拟定的《政府组织法》草案第九十六条。条文规定，每一届议会召开时，等级会议均可以任命一位具有杰出法律才能而且秉性正直的人士作为代表，根据发布给他的指令"监督法官与政府官员是否遵守法律，并按照法律的政党程序，对在履行职责过程中采用暴力、基于个人私利或其他原因违法或未履行与其职务相关职责者进行追诉"①。当时的议会监察专员所监督的对象主要集中在法官、狱政及矫正机构，因此也有人认为瑞典的监察专员制度的前身是瑞典的

① [瑞典]本特·维斯兰德尔:《瑞典的议会监察专员》，程洁译，清华大学出版社2001年版，第5页。

“大法官”制度。

自诞生以来到1915年，瑞典所设立的议会监察专员公署中基本上只有一位公职人员，除非在事务紧急时才会由本人申请一位候补人员。1915年，以议会监察专员为模型，还设立军事监察专员，专门用来监督军事机构，这样瑞典就出现了两类拥有独立职权范围的议会监察专员。在两次世界大战之后，军事监察专员因案件数量明显减少，最终被合并入议会监察专员公署。

监察专员在创立之初，主要工作并不是受理公众诉讼，而是被设计成议会监督行政的一只眼睛，很长时间内它的宗旨都是为了让议会能够控制行政权力。直到20世纪头十年，监察专员调查个人申诉的功能才成为这个制度体系的重要部分，在这样的框架设计下，监察专员的相对独立性才有所体现，也影响到了公众对其的看法：监察专员不再是议会的眼睛，而是公众的代表，公众对于监察专员有了更高的期待。

(三)现代监察专员制度：针对政府的专门监察专员

“二战”之后，各国纷纷建立自己的监察专员制度，出现了所谓的“监察浪潮”。这一时期的特点是，监察专员不再是身兼多职的监督者，而是只针对行政机关进行专门监察，同时更加强调监察专员机构的独立性。

对政府进行专门监察这一特点的出现符合的是现实的政治需要，与善政理念的认同不无关系。根据联合国亚太经社理事会的定义，“善政”包括了法治、透明、效率、公平等标准，而这些都离不开监察制度的创建。随着现代各国行政事务的增多，尤其是随着经济的发展，政府开始加大对公共事业、福利事业的投入，政府权力也在此过程中不断扩张。① 行政权的扩张使得公民对政府的行政效率以及行政行为的合法性、适当性产生怀疑，对于政府行为的监督成为各国亟须解决的问题。而与此同时，传统的监督方式，如立法机关和司法机关的监督都有明显的滞后性，监察专员制度正是以能够弥补其

① 叶青：《域外监察制度评述》，载《西北政法大学学报》2017年第6期。

效率不足的及时性逐渐受到各国重视，成为“二战”之后各国选择的路径之一。特别是“二战”之后新型的发展中国家，正在处于政治转型和国家治理模式的构建之中，政府滥权和贪腐问题随之而来，因此，规范公权力行使、预防贪腐是在构建监察专员制度时着重考虑的问题。1954年丹麦建立起现代监察专员制度之后，这一制度从北欧逐渐传播到整个欧洲，最后影响了世界很多地区的监察制度。以新西兰为例，它是第一个欧洲之外建立监察专员制度的国家，其监察专员制度充分反映了对政府的专门监察性质。在新西兰颁布的《监察专员条例》中，特别说明监察专员的职权是对条例附表中所列的、政府部门所作出的、和行政管理有关并影响到某个人或某个团体的权益的决定、建议，行政作为和不作为情况进行调查。而且还进一步划清了监察和司法之间的界限，规定如果是可以依据制定法向法院或者裁判所寻求救济的申诉，则监察专员无权进行审查。正是基于这一规定，虽然法律上监察专员可以针对违法或不当行政行为展开调查，但是实践过程中一般处理的基本上都是行政机关的不当行政行为。可以说，现代监察专员制度的产生正是回应了在国家甚至是超国家的行政机构之上设立更高层次规制的这一现代发展的趋势，提供了系统化的针对个人的旨在提高行政质量的救济渠道。①

强调监察专员机构独立性的观念与“第四权”概念的产生密不可分。所谓的“第四权”概念，实质上是对西方传统的三权分立学说的反思，包括分权制衡是否合理或必要，分权之外是否应该另有他权存在。这里的“他权”主要是指一种对公权力的监督权。② 在美国学者塞西尔的著作《自由》一书中就指出了监察权不应该配属给立法机关，而应该“四权分立”。同样是美国学者的巴直氏更是在《自由与政府》中将中国古代的监察制度评价为自由与政府之间最优的处理方式，同样主张将监察权作为“第四权”。也有美国学者提出了五权

① Anne Peters, “The European Ombudsman and the European Constitution”, *Common Market Law Review*, June 2005, p. 669.

② 任德厚：《比较宪法与政府》，台湾三民书局2002年版，第109页。

分立的主张，而孙中山先生更是在此基础上提出了五权宪法的主张。在“第四权”的政治权力架构理论中，监察权独立于监督行政权力的立法权与司法权之外，重组形成的新的平行权力，其内容包括了监察和审计等。虽然西方主流社会并没有接受这种“第四权”理论，但是这一理论还是使得西方社会开始重视监察专员机构的独立性。即使大部分的监察专员都是由议会任命的，但是监察专员一旦被任命就几乎独立于议会之外，议会不能对监察专员的日常工作予以干涉。

(四)监察专员组织的产生

正是由于现代监察专员制度的价值得到越来越多国家的认可，随着国际间交往的日益增多，越来越多的监察专员认识到有必要建立一个国际性的监察专员组织平台，便于各国监察专员之间的交流与合作，达成监察专员制度发展的共识和标准。基于这一考虑，国际监察专员协会(International Ombudsman Institute，简称IOI)于1978年在加拿大的埃德蒙顿埃布尔达大学成立，此后在亚洲、非洲、澳太地区、加勒比—北美地区、欧洲以及北美设立分会，以英语、法语和拉丁语作为工作语言。随着国际监察专员协会影响力的扩大，其成员队伍也在不断扩大，截至2015年年底，已经有来自97个国家的199个成员。2009年，国际监察专员协会搬到奥地利维也纳，同时根据《非政府国际组织授权法》获得了作为“组织机构”的法律地位。每四年，国际监察专员协会都会举办一次世界监察专员大会，通过发布重要会议文献来构建世界监察专员制度的标准，其中最为重要的是在2012年新西兰惠灵顿发布的《惠灵顿宣言》。

《惠灵顿宣言》确定了监察专员应具有调查不良行政和处理公民申诉的职权，其根本目标是监督行政权力，以促进行政水平的提高，重申了国际社会应当提高对于监察专员制度在保护人权方面的重要意义。也是在这次宣言中，国际监察专员协会统计出监察专员制度已经扩展到世界上近140个国家和地区，对于法治、善政和人权作出了卓越贡献。虽然宣言本身并没有法律约束力，但是它确实以国际监察专员协会的名义呼吁各国政府重视监察专员制度的政治和法律价值，对世界监察专员制度的发展产生了深远影响。

除此之外，国际监察专员协会为监察专员制度作出的另一大贡献是促进了对监察制度的调查研究。其一是刊物的出版，自1978年建立以来，国际监察专员协会便将其研究资料、工作成果、协会信息以及世界范围内有关监察专员的新闻资讯等内容整理成册，这促进了国际监察专员协会成员的相互交流，提高了世界范围内对监察专员制度的了解，吸引更多国家或地区的官方监察专员机构加入协会，为行政权力的监管模式出谋划策。① 这些刊物包括传递最新有关监察专员新闻信息的《IOI时事通讯》，阐述组织情况的《IOI年度报告》和不定期报告，以及重要的会议文献。其二是资助世界范围内各地区监察专员制度的研究，例如2013年，资助了对澳台地区监察专员制度的比较研究，促成了成果《Information Folder：About the IOI(EN)》的面世。

国际监察专员协会多样的活动提高了监察专员制度的影响力，有助于各个国家和地区监察专员制度的完善，在推动世界人权保障事业发展方面作出了重要贡献。同时国际监察专员协会虽然名义上只是一个类似于行业协会的组织，但实质上由于其成员为各国(地区)的官方监察专员机构，因此在实质上它类似于经济领域的世界贸易组织，成为处理世界范围内公民申诉的“联合国”。目前，我国香港地区监察专员、澳门地区的反腐败委员会以及台湾的监察院都是国际监察专员协会的成员。

除了国际性的监察专员协会，其他区域性的协会也不断涌现。1992年，欧洲共同体成员签署《马斯特里赫特条约》，以丹麦模式为蓝本的欧盟监察专员出现。1995年，拉丁美洲地区国家联合在哥伦比亚的卡达赫那市建立了拉丁美洲监察专员联盟(FIO)，目的是推动西班牙语系国家及拉丁美洲国家之

---

① 王傲寒、李红勃：《“护民官”的联合体：国际监察专员协会(IOI)研究》，载《信访与社会矛盾问题研究》2015年第6期。

间关于人权事务的交流。[1] 1996年，亚洲监察专员协会（AOA）在巴基斯坦首都伊斯兰堡召开筹备会议，来自16个亚洲国家和地区的代表出席了这次会议。1998年，法语系国家建立政府间合作组织法语国家监察专员联盟（AOMF）。监察专员制度自此超越种族、社会、地理、宗教和政治的界限，成为世界范围内共同认可的监察制度之一，拥有越来越深广的影响力。

三、监察专员制度的模式比较

现代的监察专员制度主要有两种模式，一种模式诞生于20世纪50年代的丹麦，它以瑞典监察专员制度为范本建立了拥有丹麦特色的现代监察专员制度，并成为此后世界多数国家监察专员制度的蓝图，尤其是为英语世界引入监察专员制度提供了范本。而另一种模式则是在20世纪70年代左右由西班牙引入中东欧地区，之后被称为“东欧模式”的人权监察专员制度，这一在监察中加入人权维度的方式被许多发展中国家尤其是撒哈拉地区和拉丁美洲地区所采用。而在两种模式之外，在“二战”之前就已经建立监察专员制度的芬兰，则创设了一种有别于世界上大多数国家的双重监察专员制度，并凭借这一特殊制度创造出世界瞩目的清廉国家。

（一）芬兰特色：双重监察专员

虽然与瑞典一样同属于北欧国家，芬兰的监察专员制度也很大程度上借鉴了瑞典模式，但是由于不同的历史背景，使得芬兰的监察制度呈现出不一样的特点。最为显著的一点是，芬兰同时拥有职权相似的、具有独立性的司法大臣和议会监察专员，形成了特殊的双重监察专员制度。

18世纪末期，由于沙皇对当时的芬兰采取高压统治，芬兰军队被废除，芬兰人民只能将法律传统视为最后的壁垒。1809年，原属于瑞典的芬兰被俄

---

① 赵荣耀：《走向国际——“监察院”之国际参与、交流与扎根》，台北秀威信息科技股份有限公司2005年版，第14页。

国占领，沙皇在征服时同意其设立与瑞典司法大臣相似的总检察长制度，而设立的宗旨是为了能够让全体政府官员依法行事，特别是能够监督沙皇派来的总督的日常行政。总检察长的权限之大甚至能够在发现官员违法时直接向沙皇报告。与瑞典的司法大臣逐渐变成向政府负责的机构不同的是，芬兰的总检察长却逐渐凭借自身所具有的影响力和独立性，成为芬兰人民反对沙皇统治的武器。芬兰法院的法官们在审理案件过程中拒绝使用违背本国宪法的俄国法律而遭到沙皇的监禁，拒绝执行俄国法律的总检察长也被沙皇解职，被沙皇直接派来的俄国人所代替。后来的芬兰第一位总理斯金胡夫在当时反抗沙皇的过程中，以法官身份拒绝接受沙皇委派的总检察长身份的合法性，证明了芬兰维护宪法传统以及维护作为法律监护者的总监察长职位的极端重要性。① 在俄国革命爆发之后，他被委任为总检察长，以自己的影响力捍卫了这一职位的尊严。

芬兰独立之后，在宪法中保留了总监察长的职位，更名为司法大臣。虽然这时候的司法大臣是由总统任命的，表面上应该属于行政机关内部的救济机构，与之前所说的监察专员似乎大不相同，但实质上，由于其特殊的历史传统以及 1919 年宪法中的规定，芬兰司法大臣实质上是一个独立机构，并不属于立法、行政和司法部门的任何部门。② 司法大臣一般由精通法律的专业人士担任，同时也担任着国家的最高检察长，在监督总统和内阁遵守法律的同时，有权在高等法院弹劾最高法院和最高行政法院的法官及内阁成员，甚至在议会的同意下能够起诉总统。1960 年，当时的司法大臣就对最高行政法院院长和政府总理进行指控，导致总理引咎辞职，司法大臣的影响力可见一斑。特别是基于其最高检察长的身份，当司法大臣发现法院的判决错误或新的证据出现时，对法院已经产生既判力的判决仍然拥有撤销权。此外，司法

① 陈宏彩：《行政监察专员制度比较研究》，学林出版社 2009 年版，第 113 页。

② Donald C. Rowat, *Public Administration in Developed Democracies: A Comparative Study*, New York: M. Dekker, 1998, p. 121.

大臣在特定条件下也受理民事案件。

由于经历过沙皇的高压统治，尽管在独立之后，芬兰建立了由民主选举产生的总统和部长委员会，芬兰人民对各种政府机构以及官员都保持着很大的怀疑，制约行政权力成为他们在设计监察制度时的重要考量。因此他们在保持了司法大臣的影响力和独立性的基础上，还仿照瑞典的监察专员制度在议会设立了部分功能重叠的代理监察机构——议会监察专员。议会监察专员由议会选举任命，虽有一定任期，但大多都可以连选连任，几乎历任议会监察专员在退休之前都会连任。不像由总统任命的司法大臣有随时被解雇的风险，议会监察专员拥有较高程度的法律保障。同时，议会监察专员也对司法大臣进行权力制约，当议会或者总统确信司法大臣违反法律的时候，议会监察专员拥有宪法上赋予的对司法大臣的控告权。

与司法大臣相比，芬兰的议会监察专员似乎在监督和起诉总统，以及最高法院法官等高级官员方面没有那么大的权力，只有少数的议会监察专员拥有起诉权，也不像司法大臣日常出席部长委员会会议。但是芬兰的议会监察专员在监督普通官员违法以及不良行政行为之外，更主要的是受理来自于公民的对于不良行政行为作出的申诉，同时还拥有人事权、调查权、批评权和建议权。正是由于芬兰在政治框架内的权力分立与制衡的良好设计，使得双重监察专员制度能够很好地运行下去。

司法大臣与议会监察专员的职权毕竟是存在重叠的部分，如何协调两者之间的关系也成为一个重大课题。最初，两者的分工没有那么明晰，特别是议会监察专员出现得较晚，大部分的监察工作还是更习惯地归于传统的司法大臣。从 1993 年开始，为了能够使当时政务繁杂的司法大臣减轻负担，议会监察专员接受了来自监狱和军队的申诉。本来属于司法大臣的日常视察工作，特别是关于政府机构、法院、监狱、行政裁判所的视察逐渐交给议会监察专员专门负责，只有涉及特定主题的视察工作才会由司法大臣负责，而每年这样的特别视察也是少量的。

从功能角度分析，芬兰的双重监察制度共同铸造了预防官员不良行政的“双重壁垒”。司法大臣与议会监察专员在监察过程相互补充，如果在具体运行过程中，哪一部分出现暂时性问题，则另一个壁垒也能弥补其不足。正是基于此，芬兰才构建了一个较为严密的监察制度，推动了整个芬兰政府的良好行政，保障了芬兰法律被严格遵循，使得芬兰连续五年成为世界上最清廉的国家之一。

(二)丹麦蓝图：议会监察专员

在国际性非政府组织“透明国际”发布的全球清廉指数排名中，丹麦一直位于前列，被誉为“第一清廉国家”。这是多方面的结果，包括其建立的完善的公民道德体系、行政透明度公开、严格的公务员管理，健全的反腐败立法、高薪养廉制度和精确的廉政考核标准。其中起着关键作用的，正是在对“瑞典模式”进行改良之后建立起来的监察专员制度。

历史上，丹麦长时间处在君主制度之下，直到1849年宪法颁布之后，民主的观念才开始深入丹麦社会。但是，在那个时期，法院的效率缓慢以及行政机构权力的膨胀给民众申诉带来的不便就已经暴露出来了。因此，民众迫切需要一个机构来倾听他们的呼声。受到同样是北欧国家的瑞典模式的影响，1946年由丹麦宪法委员会提出议案，建议借鉴瑞典的议会监察专员制度来监督政府。1953年，在其宪法修正案中，构建议会监察专员制度被明确提出。自此，丹麦成为世界上第三个建立监察专员制度的国家。1994年6月11日，丹麦议会通过专门的监察法案——《监察专员法》，随后又颁布了《监察专员指导准则》。

丹麦监察专员制度的重要目的，就是代表最高国家权力机关来强化其对行政机关的监督，因此也被称为议会监察专员。在丹麦，监察专员仅有一名官员，由议会直接任命，每届任期两年，在议会对其失去信任之前可连选连任到70岁退休。值得指出的是，丹麦的监察专员制度虽然被称为“议会监察专员”，他要对议会负责，在监察过程中涉及立法、行政法规修改的案件处理时，要向议会的司法委员会作报告，但在其具体工作过程中，又是相对独立的，不接受议会的投诉，议会也不得干涉，从任职资格要求上看，他必须具有法律的学业背景，同时不能在各级议会中担任议员。监察专员拥有自己的办公室，可以聘请办公室人员，这些人员多是法律工作者。丹麦的法规规定，公民可以就地方当局和国家机关作出的决定向监察专员申诉，监察专员监察范围包括了中央及地方政府行政人员与自治团体、军事机关及所属公职人员，包括部长及民选官员。因此，丹麦监察专员处于议会、行政机关和公民之间一个承上启下的位置。

丹麦的监察专员拥有调查权和建议权，通过受理公民对行政机关的申诉，也可主动就其发现的一般法律和原则性问题进行调查，以达到保障人权的目的。其具体工作包括通过调查和处理具体案件中的不良行政行为，对官员的具体行政行为进行合法性、合理性的审查，审查过后在具体陈述中可以提出自己的意见，但这种改进的意见只能针对行政机关，不可批评议会的法律，且不具有法律约束力。监察专员同时还会拥有咨询职责，帮助政府改进日常工作。大部分情况下，政府相关部门都会采纳监察专员提出的改进建议并适时作出改进。从这一角度上说监察专员并不像看起来的那样“与政府作对”。在丹麦，监察专员不仅监督官员的个人行为，同时也关注政府机构的行为，实现了全面的监督，可以说，丹麦监察专员不仅纠正了个案不公，而且推动了政府机构整体管理水平的提高。①

丹麦的监察专员制度之所以取得如此大的成功，是以其制度设计的独特性为前提的。首先，监察专员由议会选任，但是却独立于议会。这种独立性获得了两个方面的保障：一方面是充分的财政支持。仅 2009 年一年，丹麦监察专员机构就拥有超过五千万丹麦克朗的预算经费，折合人民币超过 6000 万，而其每年处理的案件数量大约 4000 件，经费还是非常充裕的。另一方面

① 张腾腾：《丹麦监察专员制度对中国廉政工作的启示》，载《黑龙江社会科学》2016 年第 3 期。

是其拥有法律上的保障。在70岁退休之前，监察专员可以一直获得连任，除非议会基于不信任予以解雇，但是这种情况很少发生。因此，自创立以来丹麦只出现过四任监督专员。其次，监察专员制度具有更高的灵活性。在审查遭到投诉的行政行为时，它不仅关注了行政行为的合法性，而且是否适当地给予了公民应有的权利也是其审查的重要范围。同时，监督专员所采用的书面审查方式较之一般的行政诉讼具有更强的便捷性。据统计，2009年丹麦国会监察专员作出驳回申诉请求决定的案件中，有39.4%的驳回决定是在受到申诉申请之日起的10个工作日之内作出的，这类案件的平均处理时间是36.1日，而一个进入完整调查程序的案件平均审结时间为163.6日。① 最后是专业性。对于监察专员的任职资格，相关法律规定明确要求监察专员必须是法学专业毕业，甚至在四任监察专员中有两位具有法学教授背景，在法律方面拥有无可挑剔的专业性。

美国著名学者Linda C. Reif在其著作《监察专员、良好行政及国际人权体系》一书中提出了检验监察专员机构是否成功的11项标准，丹麦的监察专员制度基本达到了这11项要求：(1)经过长达一百多年的努力，丹麦的民主政治日趋成熟；(2)虽被称为议会监察专员制度，但在具体监察过程中却是独立于议会的；(3)监察专员所管辖的范围较广，大部分行政机构及自治团体都纳入了监察范围；(4)监察专员的权限较大，不仅具有审查权，还有主动调查权以及对政府提出建议的权利；(5)监察专员机构与公众接触密切；(6)监察专员机构与议会保持了较为密切的联系；(7)财政充足、人员保障充分；(8)监察专员机构的透明度很高；(9)监察专员有很强的专业背景；(10)对于监察专员提出的建议，政府相关部门一般都会采纳并予以改进；(11)监察专员在社会公众心中具有很强的权威性。更为重要的是，丹麦监察专员制度还在实践过程中不断进行改进，探索新的发展路径，并使其影响更多的国家和

① 郑宁：《丹麦国会监督专员制度考察》，载《团结》2010年第5期。

地区，成为此后世界多数国家建立监察专员制度所参考的蓝图，同时也是最先向欧盟建议设立欧盟监察专员机构的成员国。

（三）东欧模式：人权监察专员

东欧模式，是在现代发展起来的新型监察专员模式，虽冠以“人权委员”的名称，但却是以监察专员模式建立的国家人权机构，其主要职责是监督政府的行政行为是否违反了人权。这种模式率先在西班牙建立，在监察专员制度中加入了人权的维度，因此也被称为“西班牙模式”和人权监察专员。东欧剧变之后，前苏联的加盟共和国和东欧国家纷纷引入这一模式，以此种方式建立起监察制度和国家人权机构。在这些国家中，监察专员的名称各不相同，但都包括了“human rights”这一关键信息，例如俄罗斯称为“俄罗斯联邦人权专员”，匈牙利称为“国家权利和少数民族议会专员”①。

20 世纪 80 年代末，随着东欧剧变和苏联解体，中东欧国家的政治、经济和社会都发生了巨大的动荡，西欧国家以全方位援助的方式，强调中东欧国家“回归欧洲”，积极加入既存的西欧区域性国际组织。在回归欧洲的过程中，其中最重要的一点就是加入欧洲理事会建立的欧洲人权保护机制。同时，中欧国家在自身转型的过程中，还面临着巨大的经济、民族和宗教的历史遗留问题，前苏联的官僚主义作风导致了公共行政部门和民众的关系出现矛盾，公众对于政府甚至法院的权威性和公正性都产生了怀疑，民众也不满足于现有的救济手段，各类申诉不断。在这种情况之下，中欧国家决心引入西班牙的人权监察委员模式，以一个独立的机构监督行政行为，同时保护公民的权利，达到监察和捍卫人权的双重目标。大部分的中欧国家都在宪法中对监察专员制度的这两方面功能作出了规定，以波兰为例，在其《宪法》的第 208 条就规定：“民权保护委员应保障人民及其他法律所规定的权利自由。”其《宪法》第 80 条也同时规定：“人民可就公权力机关侵犯其权利或自由的行为向民

① 袁钢：《欧盟监察专员制度研究》，中国政法大学出版社 2013 年版，第 35 页。

权保护委员寻求协助。”

基于人权监察专员这一定位，东欧各国监察专员机构的一项重要职能就是接受对于行政机关及其机构或者部门、行使公共行政职能的组织机构和公职人员的申诉。有的国家甚至在其监察法案中将具体申诉对象一一列明，以保证公众对其申诉范围有足够全面的了解。监察专员在审查这些事项的时候，有权自由查阅文件、强制要求相关者出示材料、进行现场调查、询问任何对调查有帮助的单位和个人。同时还能够对不配合其工作的行政机关作出惩罚，以特别报告的方式告知国会并通过媒体公之于众。如果申诉的事项已经发生了侵犯人权的情况，则监察专员有权向议会提出建议。在调查过程中如果发生了犯罪情况，则有权将其委托给监察机关进行处理。而在受理公民的申诉之外，人权监察专员还有主动调查权，这主要集中在发现行政机关侵犯人权的行为发生后，其目的主要是为了保护容易受到侵害却无维护自身权益能力的弱势群体的人权。在设立了宪法法院的中东欧国家，监察专员机构同时拥有提起宪法诉讼的权力，当然其提出的违宪审查的规范性法律文件主要都是涉及违反国际人权公约、侵犯人权的范围。它还可以就法律中关于人权的总体政策向立法机关提供建议，协助政府执行国际人权标准。可以说，东欧模式下的监察专员制度是在监督公权力机关基础上，将保护人权的概念很好地融入其每一项职权之中。除了监察事务，由于其同时也是人权机构，因此虽然法律上没有明确规定，但是现实中人权监察专员还都实际履行着开展人权教育和增进人权意识的职能。

这些国家的监察专员制度都设立得较晚，因此在他们设立监察专员制度的时候，在国际上已经成熟的监察模式基础上，揉入了较为成熟的国家人权机构理念，进一步将监察专员认定为国家人权机构。但值得注意的是，其主要职权定位仍然是监督公权力机关，并不是被赋予了《关于促进和保护人权的国家机构的地位的原则》(简称《巴黎原则》)中要求的其他人权机构应该具有的职权，所以，也有人将其称为“监察专员与人权申诉混合型”，其中部分国家的人权监察机构获得了促进和保护人权的国家机构国际协调委员会下属的资格认证小组委员会的认证，获得了国家协调委员会的资格。

虽然东欧国家建立人权监察委员的时间都不长，但是其工作效率确实与西欧其他类型的监察专员制度不相上下，在本国民主法治、清廉高效政府建立过程中的作用不言而喻。这些国家的监察制度更是根据自身的国家背景和现实情况形成了自己的特色。进入现代社会以后，人权问题受到了更多国家的关注，许多国家的监察专员更多地承担起了《巴黎原则》中界定的国家人权机构的职责，在审查行政机关行政行为时也会将侵犯人权的情况考虑进去，因此，在这种情况下，东欧模式的人权监察专员制度势必会给予正在逐步建立自身监察制度的发展中国家以有益启示。

第七章 问题与回应：中国御史文化视域下的监察委员会创制

深层次的政治体制改革似乎总是吸引眼球，自2016年年底相关文件相继出台后，国家监察体制的改革便毫无疑问地成为当今社会的主流议题。究其政治依据，集中体现为“一个方案”①与“一个决定”②，其中，中共中央的方案为本轮改革奠定了政策基调，全国人大常委会的决定则提供了具体的试点运作模式。伴随着改革的深入，监察委员会创制过程中的系列问题渐渐浮现，这也成为学界趋之若骛的研究时尚。综观当前的研究成果，研究视角涵盖法制史、宪法学、立法学等，不可谓不全面；研究内容则涉及中国传统监察制度、监察委员会的监督机制、职能定位、覆盖权限、制度设计等问题，不可谓不立体。③ 本章试图结合多方面的视角，以当前监察委员会创制过程中的主要问题为导向，再从中国御史文化中寻求回应，希冀通过传统文化为监察

① 2016年11月7日，中共中央办公厅印发《关于在北京市、山西省、浙江省开展国家监察体制改革试点方案》。

② 2016年12月25日，十二届全国人大常委会第二十五次会议表决通过《全国人大常委会关于在北京市、山西省、浙江省开展国家监察体制改革试点工作的决定》。

③ 当前关于国家监察委员会的研究视角主要涵盖法制史、宪法学、立法学，其中法制史视角的相关研究可参见张晋藩教授的《中国古代的监察制度》、赵晓耕教授的《中国传统御史监察制度的经验教训》、李青教授的《中国古代监察机构的演变及其改革的经验教训》等；宪法学视角的相关研究可参见秦前红教授的《监察体制改革的宪法学思考》、焦洪昌教授的《监察委员会的宪法定位》、朱福惠教授的《国家监察体制之宪法史观察——兼论监察委员会制度的时代特征》等；立法学视角的相关研究可参见童之伟教授的《国家监察立法预案仍须着力完善》、李勇教授的《对监察委员会的监督制度设计》等。

委员会的现实问题提供可行的解决路径。

一、机构创制与问题凸显

从现代国家政治体系架构来看，监察制度的角色与地位愈发重要，它的完善与否在一定意义上决定了行政权力的透明程度。正如学者所说：“监察制度作为对行政权力实行监督、制约的一种政治制度，它是政治经济发展到一定阶段后，政治体系中不可缺少的一个重要组成部分，任何缺少监察制度设计的政治体系，均谈不上是一种成熟的政治体系。”①国家监察体制的改革恰是我国政治体系逐步走向成熟的标志，这一改革绝非一蹴而就，它必然会经历新制度建构与新机构创制的阵痛过程，各方面的问题会在不断地试错中得以凸显。

（一）多元到一元：集中统一的国家监察体系是否必要？

在本轮国家监察体制改革之前，我国的监察体系呈现出多元化的特征，监察权被分别赋予行政监察机关、审计机关、人民检察机关以及党的纪律检查机关。其中，行政监察机关主要负责行政监察，对象是行政机关公务员以及行政机关任命的其他人员；审计机关负责以财政收支为主的审计监督，可视为严格意义上的监察权②；人民检察机关作为法律监督机关，享有对贪污贿赂、渎职犯罪的侦查与起诉权；党的纪律检查机关则负责党内的纪律检查，这是我国监察体系中极为重要的一环。

当前国家监察体制的改革试图将监察权的多元分散向一元转变，建立集中统一的国家监察体系，正如十二届全国人民代表大会常务委员会第三十次

① 王晓天：《中西古代监察制度之比较》，载《湘潭大学学报》（哲学社会科学版）2015 年第 6 期。

② 在议会监察体制的国家，审计权作为监察权由议会行使。中华人民共和国成立初期的行政监察体制，审计权由监察部行使，实行审计与监察合一。参见朱福惠：《国家监察体制之宪法史观察——兼论监察委员会制度的时代特征》，载《武汉大学学报》（哲学社会科学版）2017 年第 3 期。

会议通过的《关于在全国各地推开国家监察体制改革试点工作的决定》中所强调："将试点地区人民政府的监察厅(局)、预防腐败局及人民检察院查处贪污贿赂、失职渎职以及预防职务犯罪等部门的相关职能整合至监察委员会。"换言之，改革后的监察权将集中由国家监察委员会行使，形成一套独立、完整、统一的国家监察体系。

问题由此产生，在固有多元模式的顺畅运行下，强行打破既定的权力划分设计，将分散的监察权集中统一是否有必要？权力的调整不仅会带来机构增设与裁撤、人员调动、新旧制度衔接等一系列问题，且建立集中统一的国家监察体系是否会产生"1+1>2"的效果尚未可知。

(二)合署与分工：监察委员会与党的纪律检查委员会的关系定位

本轮国家监察体制改革之前，监察部便与中央纪律检查委员会合署办公，实行一套工作机构、两个机关名称，履行党的纪律检查和政府行政监察两项职能。这种党纪检查与政府监察一体化的模式，有其优势，如监察范围得以扩大至党员干部群体且反腐效果更突出；也有其弊端，如党的纪检机关作为党的工作部门，其实施监察缺乏明确的法律依据。长此以往，反腐败的实效虽得以提高，但也导致法定的监察机构长期缺乏独立权威性和监察主动性。

改革之后，全新的监察机关产生，即监察委员会。"新的国家机关在原有国家机构框架内出现，往往会以'吃进'或压缩其他国家机关权力的方式获得自己的权力(即职权或权限)，从而引起权力在一定范围内的重新配置。"①监察委员会切实地贯彻了这一权力获取惯例，整合了政府监察部门、预防腐败局及人民检察院查处贪污贿赂、失职渎职以及预防职务犯罪等部门的相关职能，化身为集监察与反腐于一身的国家监察机关。

那么，监察委员会与党的纪律检查委员会的关系如何定位？现有政策指向仍是合署办公，中共中央设计的《方案》明确提出"党的纪律检查委员会、

① 童之伟：《将监察体制改革全程纳入法治轨道之方略》，载《法学》2016年第12期。

监察委员会合署办公”，习近平总书记在十九大报告中则进一步强调“深化国家监察体制改革，将试点工作在全国推开，组建国家、省、市、县监察委员会，同党的纪律检查机关合署办公，实现对所有行使公权力的公职人员监察全覆盖”①。合署后的具体关系处理虽未涉及，但可以预见的是，相较于过往监察机构，监察委员会已弥补过往机构的职能缺陷而获得了足够的监察和反腐权限，故其与党的纪律检查委员会的关系应有一定的变化。

（三）重叠与交叉：监察委员会与司法机关如何衔接

直接参与国家监察体制改革的马怀德教授曾明确指出，本轮改革的难点有两个，其中一个便是“如何实现国家监察机关与司法机关的有机衔接”②。究其缘由，一方面，原属检察院的反贪局、反渎局和预防职务犯罪局的职能将整体转隶监察委员会，新旧机关的交接必然涉及衔接环节；另一方面，监察委员会所享有的监督、调查、处置权限及其配套的搜查、留置等措施似与司法机关的部分权能存在重叠与交叉，有必要进行区分与衔接；其三，监察委员会履行监督与调查职责后，自然应将案件推入司法程序，此时前后分别负责两个环节的机关势必存在衔接要求。

具体而言，衔接问题可从三个层面展开：首先，调查层面。职务犯罪案件通常较为专业复杂且侦破难度较大，原先检察机关在自侦过程中便常有公安部门的协助，而案件管辖权的转移并不会降低侦破难度，那么监察委员会在调查案件时如何与检察机关、公安机关衔接？其次，公诉层面。监察委员会在完成案件监督与调查并作出处置决定后，对涉嫌职务犯罪的，应当移送检察机关依法提起公诉，那么检察机关对其移送的案件享有哪些权力、如何衔接？再者，审判层面，审判机关对公诉案件进行最终的检验，包括案件事

---

① 《习近平十九大报告（全文）》，http：//news. sina. com. cn/o/2017-10-18/doc-ifymyyxw-3516456. shtml，访问时间 2017 年 10 月 23 日。

② 马怀德：《国家监察体制改革的重要意义和主要任务》，载《国家行政学院学报》2016 年第 6 期。

实是否清楚、证据是否合法确凿、留置期与刑期的关系处理等问题，而监察委员会作为案件最开始的调查主体，自然会与审判机关就所负责案件产生直接关联。

总之，这一问题无可避免，其有效解决与否将直接影响监察委员会的改革效果与存在意义。若实现了有机衔接，监察体制与司法体制将相辅相成，极大地促进腐败案件的侦办、起诉与审判，并改善当前的官场腐败局面；若衔接失败，监察委员会则将成为国家政治体系中一个尴尬的存在，毕竟其作为诸多违法行为的监察主体与司法机关出现断层。

（四）监督与被监督：如何实现对监察委员会的监督与制约

监察委员会在国家机关体系中的起点定位很高，它“不是简单的合署办公、协调案件、统筹关系，其整合反腐资源涉及组织架构、人员安排诸多方面，力度前所未有”①，甚至“可能是当代世界各国同类机构中权力最大最集中的”②。国家试图以其为核心，打造全新、集中、统一的监察体系。而按照现代国家权力体系的惯例，与权力运行相匹配的永恒话题便是权力的监督与制约，这就决定任何一项新的权力或新的机关从一开始便会面临被制衡的局面。因此，监察委员会在履行监督职责的同时，应接受其他主体的监督和制衡，这也恰恰印证了马怀德教授所说的另一个改革难点，即对监察委员会自身的监督和制约如何实现。

监察委员会作为横空出世的监察巨头，自然也备受学者与社会各界人士的“青睐”，各种专门监督与制约的方法纷至沓来，以防止其成为凌驾于其他国家机关之上的超一流机关。从当前研究成果来看，设想的监督与制约渠道主要包括：(1)监察委员会的内部监督；(2)人大及其常委会的监督；(3)司法机关的监督；(4)其他监督，包括但不限于社会监督、新闻舆论监督、党

① 焦洪昌：《监察委员会的宪法定位》，载《国家行政学院学报》2017年第2期。

② 童之伟：《对监察委员会自身的监督制约何以强化》，载《法学评论》2017年第1期。

内监督等。① 这些渠道的落实均涉及一个相当复杂的系统工程，其背后有着繁琐的制度设计、机构人员配置、监督机制运行等问题需要解决。

可见，如何实现对监察委员会的有效监督与制约，这一问题既需要在保障其监察职能充分发挥的基础上对其进行反监督，还需要综合考量监察机关与其他国家机关的关系，确实是国家监察体系建构过程中所面对的一大难题。

二、御史文化与路径回应

任何社会的政策、法律及制度均有其特定的功能，无论其表现形式如何，只要在功能层面有所重合或交集，就具备了比较的基础。② 无疑，传统中国社会的御史制度与当代国家监察制度在功能层面有着明显的重合，这便决定二者不仅可以进行比较，时间序列靠后的一方更可对前者进行借鉴与省思。而监察委员会在创制过程中所凸显的现实问题，除了可向境外的相关制度寻求解决之法，似乎更应汲取制度本身所适用地理空间的本土资源，从传统中国社会的御史制度与御史文化中获取路径回应。

（一）御史制度与御史文化

中国社会的监察制度源远流长，其“与考试制度同为我国固有之政治制度”③，产生于“中华民族的文化土壤，体现了中华民族的智慧和创造力”④。该项制度映射到古代职官体系，则集中体现为御史，围绕御史所构建的制度体系可谓监察制度的核心。就其发展历程来看，御史制度萌芽于先秦，形成于秦汉，稳固于隋唐，完备于宋元明清。首先，机构与职官层面，先秦时期

① 参见李勇、余响铃：《对监察委员会的监督制度设计》，载《国家行政学院学报》2017年第2期。

② 参见[德]K. 茨威格特、H. 克茨：《比较法总论》，潘汉典、米健、高鸿钧等译，第63页。

③ 陈世材：《两汉监察制度研究》，商务印书馆1944年版，第1页。

④ 张晋藩：《中国古代的监察制度》，载《党政视野》2017年第2期。

即出现了兼掌监察实职的御史。① 秦代构建了“御史大夫—御史中丞—侍御史—监御史”的御史监察体系。汉承秦制，在秦的基础上正式开创御史台，使其成为独立执掌监察职能的中央机构。唐代进一步发展了御史制度，并将御史台分为“台院、殿院、察院”三院，御史自身的职能及配套的制度得以进一步细化。明清时期则设立都察院取代御史台，突显原有“三院制”中察院的职能，属于皇权集中的产物。其次，法律制度层面，从汉朝的《六条问事》、三国两晋南北朝的《察吏六条》《六条诏书》《诏制九条》，到唐朝的《监察六条》、宋朝的《监司互监法》《职制令》《职制敕》、元朝的《宪台格例》和《行台条画》，再到明朝的《宪纲总例》《纠劾官邪规定》《出巡事宜》《巡抚六察》和清朝的《钦定台规》，监察活动日益法律化、规范化。②

著名的文化学者本尼迪克特认为：“文化是通过某个民族的活动而表现出来的一种思维和行为模式，一种使该民族不同于其他民族的模式。”③伴随御史制度的变迁，中华民族特有的御史文化亦得以不断积淀和充实。就御史文化的内容来看，主要是传统中国社会与御史监察相关的理念、思维与行为模式等；就其表现形式而言，则体现为一种决定或指导人们进行社会行为选择的精神观念的存在；就其作用模式而言，则是通过精神观念的影响路径而指令人们遵循其规则。④ 基于此，作为中国族群中的每一个个体，在涉及与监察相关的活动时，御史文化将会持续发挥其指令作用，引导人们按照其积淀的情感、观点、思维与行为模式开展相关活动。而“通过传统和教育承受了这

---

① 《历代职官表》卷18载：“周官御史次于内史外史之后……然考其所掌，如赞冢宰以出治令，则凡政令之偏私阙失，皆得而补察之，故外内百官，悉当受成法于御史。”

② 李青：《中国古代监察机构的演变及其改革的经验教训》，载《国家行政学院学报》2017年第2期。

③ ［美］维克多·埃尔：《文化概念》，康新文等译，上海人民出版社1988年版，第5页。

④ 本文赞同法律文化是一定民族从历史传习中获得的指令系统，总是在无形之中要求民族下属个体按特定模式进行法律实践和法律思维活动。参见陈晓枫：《中国法律文化研究》，河南人民出版社1993年版，第18页。

些情感和观点的个人，会以为这些情感和观点就是他的行为的真实动机和出发点”①。

（二）吏治文化：有必要建立集中统一的国家监察体系

官吏是治国之要，察吏是治国之本。② 御史文化的繁荣折射出对官吏的治理在传统中国社会法律秩序中的重要性，也昭显了中国实行官民分治的本质特征。究其缘由，莫过于“随着王权政治向皇权政治的一步步转化，贵族政体逐渐为专制官僚政体所取代”③，统治秩序中出现了另一带有社会身份标签的群体——官吏集团。这一集团的特殊性在于，相对于王权政治中的贵族而言，官吏集团不具有与君主或宗主天生固定的血脉联系；相对于民众而言，官吏集团又掌握着国家重要的权力且参与利益的分配。因此，统治者为确保王位永固，必然针对这一特殊群体设立专门的管理或监督机构，这是专制政体的客观必然。在这种背景下，历朝历代均构建了以御史为核心的统一监察体系，对特殊的群体实行特殊的管理，御史大夫、御史台、都察院均是这种体系的集中体现。且在严重缺乏民主因子的传统社会，该体系确实发挥了明显的效果，“使官吏的腐败速度与皇权的滥用受到一定控制”④。

鉴古知今，监察委员会创制过程中凸显的第一个问题便得以回应，有必要建立集中统一的国家监察体系。一方面，虽然中国社会的性质已发生根本性的变化，但官本位意识在某种程度上依旧存在，民众对官员这一群体亦抱有复杂的心理，故针对行使公权力的国家公职人员的专门监察仍有必要。另一方面，从御史制度的运行效果来看，除非君主或权臣对其进行直接干扰，这种独立、集中、统一的监察体系所取得的成果仍然值得称道和借鉴。再者，

① 《马克思恩格斯选集》（第 1 卷），第 611 页。

② 张晋藩：《中国古代监察思想、制度与法律论纲——历史经验的总结》，载《环球法律评论》2017 年第 2 期。

③ 赵贵龙：《中国历代监察制度》，法律出版社 2010 年版，第 7 页。

④ 谢元鲁：《论中国古代国家监察制度的历史经验》，载《社会科学辑刊》2004 年第 3 期。

监察权自身的性质决定其更适合集中统一，毕竟分置意味着权力的分散或者机构的冗余，而权力的集中更便于统一行使，避免了多重机构之间繁杂的沟通程序。

（三）权威核心：监察委员会与党的纪律检查委员会在党的领导下各司其职

虽说御史在某种程度上属于独立监察的个体，但其所处的社会发展阶段决定其仍无法完全摆脱权威核心即皇帝的控制。这种现象是必然的，监察制度本身便是皇权私心的产物，皇帝通过御史而集权力于一身，即“一县之众必由于令，一郡之众必由于守，守之权归于按察，按察之权归于天子”①。而御史日益提升的官吏品阶和扩大的职权范围亦是在皇帝的推动下才得以实现，故御史只能保持相对的独立性。换言之，若非享有与权威核心直接联系的天然优势，御史监察的权威性、独立性、优越性将大打折扣。而回顾御史制度的发展历程，从掌管王庭文书之事的小吏，到位列三公的御史大夫，再到享有独立机构与上奏渠道的御史台和都察院，无一不是作为权威核心即皇帝的“耳目之司”而“代天子巡狩”。即便存在与御史享有相同职权的机构，也一同归属皇帝的统筹协调。因此，御史文化中对监察有着特定的要求，即必须经权威核心的授权与认可，在权威核心的领导下方能实现自身价值。

回到现实社会，当前国家统治秩序的权威核心在于党，只有坚持党的领导，方能有效推进国家的各项改革。明确了这一前提，监察委员会与党的纪律检查委员会的关系定位难题便迎刃而解。首先，二者必须获得权威核心的认可，即在党的统一领导下开展国家反腐败工作。正如《方案》中所说：“深化国家监察体制改革的目标，是建立党统一领导下的国家反腐败工作机构。”其次，二者应结合自身性质各司其职。监察委员会由人民代表大会产生，相关工作人员亦由人民代表大会选举或任免，故其属于国家监察机关，监察对

① 《唐鉴》卷9《顺宗》。

象包括所有行使公权力的公职人员，包括党员干部；党的纪律检查委员会则由党的代表大会选举产生，属于党的纪律检查机关，检查对象仅限于党组织与党员。因此，二者合署办公实质上是国家机关与党机关的合并，但党机关绝不会因此撤销，只不过党会按照国家机关的设计来要求党机关保持一致性。① 至于二者在具体工作开展过程中如何分工，有待试点经验的积累与探索。

（四）良性互动：监察委员会与司法机关的有机衔接

在传统中国社会，国家政治体系是以皇权为中心的“大行政”体系，监察机关、司法机关均归属行政机关，并非当今社会的独立之系统。因此，御史文化可能无法就监察委员会与司法机关的衔接问题提供直接的路径回应，而只能从御史与古代司法机关互动的角度进行侧面借鉴。以唐代的御史台为例，其从最开始的监察百官，到后期参与“三法司”的审判活动，实现了从监察机关到准司法机关的转变，但该过程中一直保持着与刑部、大理寺等司法机关的良性互动。第一，司法机关及其官吏属于御史的纠察监督范围。刑部的复审、疏理囚徒以及大理寺的审判事务均受御史监察，“刑部有按时疏理囚徒的职责，‘凡禁囚，皆五日一虑焉’，在理囚过程中，御史大夫或中丞前往监理，‘则与刑部尚书参择之’，督促刑部长官不得玩忽职守。……《唐六典·太常寺》记载，大中四年，御史奏请监察‘九寺三监’的‘文案’，反映御史是可以对寺监的事务进行全面监督的，进而通过事务督察纠举其官员的违法犯罪行为”②。第二，独自或与司法机关一同参与审判活动。如贞观年间的长乐郡王案，即由皇帝“遣侍御史孙伏伽鞫视（长乐郡王），无异辞，遂赐死”③。

① 习近平总书记在十九大报告中便强调：“制定国家监察法，依法赋予监察委员会职责权限和调查手段，用留置取代‘两规’措施。”这说明监察委员会将与党的纪律检查机关长期共存，只不过后者会在党的领导下也逐步遵循监察委员会的相关设计。

② 龙大轩、原立荣：《御史纠弹：唐代官吏犯罪的侦控程序考辨》，载《现代法学》2003年第2期。

③ 《新唐书》卷78《宗室·李幼良传》。

若“其事有大者，则诏下尚书刑部、御史台、大理寺同按之，亦谓此为‘三司推事’”①。

监察委员会与司法机关的有机衔接亦可通过良性互动得以实现，但互动的形式应有所变化。首先，司法机关的公职人员应当接受监察委员会的监察，包括但不限于公安机关的侦查行为、检察机关的公诉行为、法院机关的审判行为等。其次，司法机关应在接受监督的同时保持自身的独立性，拒绝监察委员会对自身产生非正常影响。与御史不同，监察委员会不应成为司法机关的一部分，其功能仅限于监察，更不得凭借其职权对司法机关的独立产生不良影响。再者，司法机关或监察委员会在履行职责时，若法律允许且有必要，可互相邀请对方予以协助或配合。如监察委员会与公安机关合作侦查，检察机关与审判机关对监察委员会的调查结果予以审查并要求配合等。

（五）同体与异体相结合的制衡格局：加强监察委员会的自我监督与其他监督

御史文化中蕴含着丰富的权力制衡内容，御史在监督他人的同时，也受到同僚以及其他机构或职官的监督与制约，从而形成了同体与异体相结合的制衡格局。具体的制衡模式主要包括三种：其一，内部的自我制衡。御史台通常包括多名御史并分设内部机构，故御史亦可监督同僚。如唐代武周时期，侍御史张仁愿便弹劾监察御史孙承景虚增功状，后者最终被贬职②。其二，皇帝制衡。皇帝作为受理御史弹劾的唯一主体，自然可通过特有的渠道直接对其进行制衡。其三，其他机构或职官的制衡。如汉武帝时期设立的司隶校尉和丞相司直，其中司隶校尉是皇帝特设的独立监察机关，负责监督京畿地区百官，理当包括御史；丞相司直监察政府行政官吏，亦包括御史。

御史文化中同体与异体相结合的制衡格局无疑为实现对监察委员会的监

① 《通典》卷24《职官六》。

② 《旧唐书》卷93《张仁愿传》。

督与制约提供了一条颇有价值的路径。一方面，监察委员会应完善自身的内部监督机制，鼓励监察人员加强自我监察，防止腐败从监察机关内部开始蔓延。另一方面，加强权威核心即党的监督。监察委员会既然与党的纪律检查机关合署办公，党的纪检人员亦可对监察委员会中的党组织和党员实施纪律检查。再者，人民代表大会作为监察委员会的产生机关，有必要在内设机构中明确对监察委员会的监督。此外，社会监督、新闻监督等方式亦可锦上添花，从而完成彼此监督与制衡的全方位格局布置。